课程引导力探究·案例篇

魏　林　主编

贵州人民出版社
贵州出版集团

编委会

序

课程引导实现育人目标

周 进

2014年3月17日，在贵阳市教育发展大会上，市委、市政府提出了"教育立市"战略，把贵阳教育提到了一个前所未有的战略高度，体现了教育在社会发展中的基础性和不可替代性。同时也明确要求，贵阳教育必须有历史担当，坚持在全省走前列，做表率，发挥"火车头"、"发动机"的作用，"用五年的时间大幅提升贵阳教育整体水平，用十年的时间建成教育强市、人力资源强市"，向"做人民满意教育"的目标奋进。

要实现这一战略，贵阳教育就必须要改革创新。当前，教育面临诸多问题：教育改革创新该怎么突破？怎样认识素质教育与应试之间的关系？素质教育如何深入？应该通过什么样的载体，采用什么样的方法，探寻什么样的途径，采取什么样的手段，才能实现育人的目标，完成育人的根本任务？这是贵阳教育人都在思考并不断探索、实践的问题，也是各级各类学校不断实践付诸行动的课题。

对如何把"教育立市"这一战略落到实处、如何走学校内涵发展之路，贵阳市民族中学以"课程立校"为核心，在课程建设方面进行了积极的探索和实践，并取得良好的效果。在贵阳"教育立市"战略大背景下实施的贵阳市"三名工程"中的"魏林名校长工作室"全体成员，以对教育的认识和对教育立市的理解，在示范性高中学校课程建设方面做出了有益的探究。

课程是育人的核心，是育人的载体，育人目标的实现只有也只能通过课程来实施。在魏林和她的团队看来，课程建设中需要关注和研究三个群体的三种力：一是校长群体的领导力，即校长对课程的规划、统筹、建设、创新能力；二是教师群体的执行力，即教师对课程的组织、实施、引导、评价能力；三是学生群体的学习力，即学生对课程的实践、理解、感悟、探究能力。学校教育通过课程引导学生自主学习、合作学习、探究学习；教师在课程的实施和执行中，体现其作为组织者、指导者和参与者的角色转变，通过课程的引导实现"学生发展、教师发展和学校发展"。

贵阳市民族中学和"魏林名校长工作室"全体成员以及成员所在学校的教师，通过开展对"课程引导力"的思考、实践、调研，对如何通过课程功能、课程内容、课程管理、课程实施、课程评价等方面的定位和构建，做出了有益的尝试。在国家、地方和学校三级课程的管理下，开齐开足国家课程，体现国家意志；开设实施地方课程，彰显地域文化；开发建设校本课程，构建学校特色。实现国家课程校本化，地方课程本土化，校本课程创新化，对普通高中阶段深化教育改革创新，通过课程引导破解素质教育之困做出了积极、有益的探索。

自2010年以来，贵阳市民族中学通过课程引导，教育教学质量大幅提升，连续几年，在贵阳市高考入出口评估中名列前茅。学生自主研究的课题多达560项，获各级各类奖共241项，其中获全国性奖39项，省级奖60项，市级奖142项；学生创新精神、社会责任感和实践能力等综合素养全面提高。

应该说，"课程引导力"的提出与实践，是西部欠发达地区的教育工作者以对教育的深厚情怀和执着追求，实现教育自觉的具体体现，是贵阳市示范性普通高中抓住课程建设这一育人关键的特色凸显，是贵阳教育工作者智慧的结晶，尽管这一探究还有待于在实践和理论方面进一步的深入和提高，但已经迈出的这一步，无疑是一种创新，是一种突破。

2016年9月

（作者系贵阳市教育局党委书记、局长）

/目　录

果落春晓 初试啼声

——"叩问果落村的明天"课题指导策略

王义兰 张军

摘 要：《叩问果落村的明天》这一项目，可以说是我校开启新课程的一个重要起点，三个中学生完成的课题，帮助果落村的孩子修好了一条上学路。本文从课程动员、团队建设、选题指导、实践过程和问卷调查指导、课题推进几方面做了案例陈述，以突显综合实践对新课程的重要引领作用。

关键词：课程 引导力 农村教育 社会责任

《叩问果落村的明天》这一由三个中学生完成的课题，引起了教育行政部门的关注，最后为果落村的孩子们修好了上学路，这一意外的收获也引发了媒体的报道。回放五年前的记忆片断，我的视线有些模糊，我几乎无法界定，到底是我引领了学生的成长，还是他们推动了我的再成长。

一、果落起舞——小学撤并引发的关注

最初，是吴辉华说他们老家有50多个学生的村小撤并了，所以他想做有关农村教育的课题。经过一周的论证，他们最后选择了离贵阳花溪较近的（23公里）党武乡果落村。选择这个村子，起因还是村小撤并问题，他们从同学杨培贤那得知，果落村原来的村小有150多个学生，但2005年撤校合并。他们最初的想法，是去了解一下，撤校合并是利还是弊，可我知道他们真正的目标，是希望能帮果落村小恢复建制。这一课题从最初起步，就蕴藏着孩子们不同于一般中学生的野心和行动力。

二、果落秋阳——四访果落村

（一）专业引领的高起点

为了保证调查资料的科学性，我请华中科技大学社会学系的学生舒遥辅导三个孩子和我，重点对访谈设计和问卷调查进行专业性的指导。我们学到了许多新名词：李克特量表、沙氏通量表、相倚问题、等距抽样等。在此基础上制作了三份调查问卷，分别是学生卷、家长卷、教师卷，以期对果落村的教育进行全方位的调查。

专业性的调查，必然要求专业性的分析。三人第一次统计结束后，发现自己忽略了一个重要信息：问卷上的年级层次。我说算了，680多份问卷，重来太痛苦了。这时候，我见证了这个团队的坚韧和勇气，在金志中的坚持下，他们又开始了艰苦卓绝的二次统计。结果证明，重新统计是非常有必要的。他们发现：从一年级到六年级、从初一到初三，学生认真学习的程度呈递减状态。这让以为毕业生更努力的我们大吃一惊，通过讨论分析，孩子们的结论是高年级的学生两极分化严重，因为升学希望渺茫而放弃者众。

统计以后指导他们对问卷进行了归纳分析，专业的数据分析，为后续的建议与对策研讨做了坚实的铺垫。

（二）坚定执着的行动力

2010年的秋日艳阳中，何育林、吴辉华、金志中来到了果落村。果落村小的破败样子让他们的野心受到了第一次打击，恢复果落村小的初衷似乎有些不接地气。于是有了第二次下乡，走访果落村孩子们上学的励志小学和花溪六中。后来，每发现一些问题，他们就走一次果落村，直到果落村的秋日艳阳变成了冬日寒霜，依然能看到他们的身影出现在这个村寨。

最后一次，他们在果落村住了一夜，第二天一早，跟着村里的孩子一路走到励志小学，而那一天，恰巧大雨，孩子们满脚的泥水浸透了鞋袜，却要湿淋淋地在学校过一天。这个镜头给他们留下了深刻印象，坚定了他们向教育局申请恢复村小的信心。

（三）不厌其烦的精细调研

课题组的第一建议是恢复果落村小。当时我提了个问题：你们有没有想过，为什么要撤并果落村小？

为了解答我的问题，课题组补充设计了一份精细的李克特量表，全方位考量果落村孩子上学的花溪六中、励志小学以及撤掉的果落村小。通过这次补充调查，发现不论是主张恢复果落村小还是撤并果落村小的，都认为果落村小的教学设施、教学质量远远比不上励志小学和花溪六中。

到此，学生有很深的失落，他们最初雄心勃勃想要为果落村孩子争取的恢复村小之举，陡然变得没有意义了。但是放弃，显然不是这个三人组的风格，他们转而思考：自己可以为果落村的孩子们做些什么？

三、果落春晓——推进行动

同学们迅速地将调研成果转化成行动力，采取了以下行动：

（一）分发教育论著，讲"南风效应"的故事

针对问卷调查中95%以上的家长经常采取"棍棒教育"的现象，他们到村里给家长讲"南风效应"的故事。还自费印刷了《世界上最伟大的教育法则》，分发给果落村的家长们。

（二）给教育局长写信

孩子们一共提了五点建议：（1）修路；（2）办家长学校；（3）成立留守儿童关爱中心；（4）调研整个花溪区的实验室、图书馆、计算机室等教学设施；（5）关爱农村教师，给农村教师搭建成长的平台。

2011年春天，贵阳市花溪区教育局的三位局领导和教办主任到我校，对五点建议——答复，其中最让学生振奋的就是当场承诺协调各部门修好果落村孩子的上学路。2012年9月底，果落村那条泥巴石子路变成了宽敞的水泥路。

果落村项目让我们见证了中学生的行动力和社会责任心。

四、果落梦回

后来，我们两次回到果落村，村里四通八达的水泥路和村民表达的感谢，让我有难以言喻的欣慰和感伤。欣慰的是，同学们的小小努力帮助了一个村子的村民；感伤的是，有多少孩子能有这样的勇气和毅力去为他人努力？果落村项目让我体会到，在课题指导中专业引领和思维启发都不是最重要的，最重要的是呵护学生对于社会的信任和关怀。是他们心中崇高的社会责任感和使命感，驱使他们去为素不相识的孩子奔走呐喊，为别人奔走的同时，他们自己的行动力也前所未有的增长。

我依稀看到初试啼声的雏鹰，在果落村的上空盘旋，然后翱翔。

案例

叩问果落村的明天

——贵阳市花溪区果落村教育现状调查

贵阳市民族中学2012届　金志中　吴辉华　何育林

指导教师：王义兰　许　晶　张　军

摘　要：修身齐家，格致为本。建国君民，教学为先。毋庸讳言，教育决定一个民族的崇高与卑贱。由此看来，对教育的观照特为重要，而农村教育又是重中之重。在本次课题研究中，我们课题组借助问卷调查、采访、聊天等手段，详细了解了贵阳市花溪区果落村的教育现状和存在的问题。所谓窥斑而见全豹，通过对果落村教育的调查与研究，我们对全国农村教育现状有了一定的认知，希望我们的结论对改进贵阳市的农村教育有一定的参考意义。

关键词：果落村　农村　教育现状

一、引言

我国是一个农业大国，据官方统计，我国学龄儿童入学率为99.1%，但由于学龄儿童基数过大，没入学的0.9%，其人数实际超过了110万人，而这其中的绝大多数辍学儿童生活在农村。中国农村人口占全国总人口的65%，人口素质低，文盲和半文盲人口2.19亿，平均文化程度为4年，小学文化程度者占37.2%，每万人口大学生数为4名，这种状况成为中国现代化进程的沉重包袱。大力发展农村教育，把沉重的人口负担转变为人力资源的优势，不仅是教育发展的重要目标，也是现代化建设进程的战略性任务。美国经济学家舒尔茨在《穷人的经济》中指出："改进穷人福利的关键因素不是空间、能源和耕地，而是提高人口质量，提高知识水平。"对于中国而言，提高人口质量和知识水平最有效、最关键的途径便是大力提升农村基础教育水平。

二、农村教育现状堪忧是全球性问题

农村教育，是一个沉重的命题。世界前进的脚步太快，全球化、信息化、城市化的浪潮，淹没了广大农村地区，农村教育经历着前所未有的挑战。中国如此，世界亦如此。

（一）国外农村教育现状

我们查阅了大量资料，了解到近代日本、欧洲都曾为农村教育问题头痛，就是现如今的美国和澳大利亚，农村教育也是一个十分棘手的问题。

据《美国农村教育问题及解决举措》一文统计美国有43％的公立学校位于农村区域，农村在校生占全国学龄儿童的31％。根据美国1995—1996年联邦教育部调查，大城市公立学校学区每年一学生均投入是7010美元，在农村公立学校学区，这项开支只有5302美元；在1998—1999学年，31％的公立学校、21％的公立学校学生，40％的教师是在农村和小城镇，但他们只得到了23％的联邦教育拨款；中心城市、市郊／大城镇、农村公立学校学生升入四年制大学的比例分别是42.8％、43.7％、37.4％，私立学校则分别是78.0％、77.5％和67.9％。由此可见，农村学生的教育状况远远落后于他们在城市和市郊高中里的同龄人。

美国农村教育面临的教师短缺、乡村学校规模偏小、农村教育投入不足等问题，同样出现在澳大利亚。

澳大利亚是南半球主要发达国家之一。据《澳大利亚发展农村教育的重要举措》一书中说，由于经济发展、地理环境等方面的原因，其城乡教育发展呈现出一定的不平衡性，农村教育事业落后于城市，办学规模很小，乡村学校覆盖面小，在教师队伍的建设上，也表现出教师数量不足，专业化水平不高等问题。

此外，印度、南非、阿根廷，几乎所有地广人稀的国度都深为农村教育困扰。巴西迄今为止都还没有推行义务教育，所以不难理解，为何巴西副总统若泽·阿伦卡尔在访问中国教育时会潸然泪下，伤感巴西农村教育之落后。

（二）中国农村教育现状

我国作为一个拥有8.8亿农村人口的大国，农村教育形势更为严峻。

中国国家审计署2008年7月4日发布了对16个省《54个县农村义务教育经费保障及使用管理情况审计报告》。审计署发现，54个县义务教育负债沉重，并且普遍存在挪用专项经费和乱收费的问题；54个县中，有46个县的中小学和教育财政部门共挤占、挪用公用、校舍维修改造等专项经费1.15亿元。从中可以看出，我国农村教育经费严重不足。

我们看到《农村调查报告》一文中有关重庆市酉阳县铜鼓村和水坝村的教育调查报告中有这样一组数据：

表1：铜鼓村和水坝村受教育程度统计　　　　　　　　　　　单位：人

教育程度	0—20岁	21—40岁	41—60岁	60岁以上
小学	71	89	27	36
初中	18	11	5	0
高中	2	0	0	0
大学	1	0	0	0
共计	92	100	35	36

注：263个人的村子，只有1位大学生，2位高中生。

这个表格告诉我们，我国农村居民受教育的程度普遍偏低，低到令人心痛的程度。

何涛的《农村教育问题调查之反思》写道：甘肃全省中小学约22820名未评职称的教师中，城镇只有5245人，农村却高达17575，分别占全省未评职称教师；数的23%和77%；农村中小学高级教师仅占农村教师总数的1%，而城镇高级教师却达到16%。这份统计数据，凸显了我国农村师资力量严重不足的问题。

那么，农村的基础教育设施情况又怎么样呢？《关于海南省农村教育的建议》一文统计，海南省农村人口占全省总人口的75%，但拥有的教育资源，仅占全省教育资源的35%；临高县临城镇32个农村小学的调查，仅有35%左右的学校教室有楼房，大部分教室基本是危房，体育、文教和其他配套设施基本没有。可见我国农村教学设施依然不完善。

农村教育问题是如此严重地困扰着世界各国，无论是发达的美国、澳大利亚，还是落后的中国，印度，都在农村教育的问题上殚精竭虑，思谋对策，这是工业革命推动的城市化给我们带来的刺痛，也是教育革命急切的呼唤。那么，贵阳市的农村教育情况又如何呢？基于对自己家乡农村教育的关注，我们决定选取一个点进行调查。经过反复论证研究，锁定花溪区党武乡果落村进行调查，而在果落村实地调查的结果，是我们不得不将调查延伸到它周边的茅草村小学和花溪六中，因为果落村的子弟，绝大多数在这两个地方上学。

三、对贵阳市花溪区果落村教育现状的调查

（一）调查过程

2010年10月25日—30日，设计学生问卷，家长问卷，教师问卷三部分，拟定对果落村教师和村领导的采访问题。

1. 2010年10月31日，到果落村采访村主任、村民；分发问卷。

（1）采访果落村退休教师王老师

问题1：您以前的班上有没有学生辍学，什么原因导致？

答：有，只有几个，都是因为家里大人出事了，回家帮忙做农活。

问题2：以前的果落村小情况怎么样，欠缺什么？

答：欠缺的多了，好老师、教学设施等，但学生们都很好，很敬爱老师。

续问：家长的支持怎么样？

答：有些家长还是不怎么管教孩子，只是想让孩子跟着读，读得好坏没意见，认为读书没用。

（2）采访果落村老村长夫人

问题1：果落村现在有多少户孩子上学的人家？

答：大概130户都有孩子上学，不确定啊。

问题2：果落村小被撤并了，孩子们现在去哪上学？

答：都是到二十六厂的花六中，还有茅草小学啊。

续问：大概离这里多远？

答：茅草离这点有2~3公里，二十六厂离这里5~6公里，而且路不好走啊。

问题3：您对这农村教育发展有什么看法或意见？

答：也没其他的，就是想这果落村能把学校再建立起来，孩子都小，每天我们又要做农活，还要半夜就起床帮孩子准备，送他们上学，很劳累，孩子也辛苦。

2. 2010年11月8日，到花溪六中采访相关领导和老师、学生，发放问卷。

采访花溪六中谭心主任

问题1：学校现任教师有多少个？大学毕业的多少？

答：67个，这些年来的年轻老师基本上都是大学毕业的。

问题2：学校的资金能不能充分满足需求？

答：肯定不能，多媒体设备都只有两台。老师们都排着队等着用。

问题3：近几年学生升学率怎么样？

答：不太乐观，初中生大概只有30%的可以读到外面好的高中，高中生不到

5%的可以读个二本。

续问：那您认为怎么样才能改变现状？

答：这个不好说啊，应该首先加大教育资金投入，改变学校教学状况，多分派些好老师来这教学，互相学习，学生和家长的态度也希望能通过再教育进行改变。

3. 2010年11月27日，到茅草村励志小学采访，再度回访果落村，徒步考察果落村至茅草村的小路，并在两个村子发放调查问卷和家庭教育专著《世界上最伟大的教育法则》。

4. 电话采访采访党武乡工作人员张凯。

问题1：花溪区党武乡管辖范围有多少所学校？

答：17所。

问题2：党武乡对农村学校教育怎么样进行资助？

答：不确定啊。

5.走访花溪区教育局，得到数据：全区有中心城区小学4所，在校学生6029人；乡镇中心小学14所，在校学生5345人；村级小学99所，在校学生27421人；教学点13个，在校学生545人；有中心城区初中4所，初中在校生4495人，乡镇初中19所，初中在校生10896人；

综合上面的数字，九年义务教育的学生总数为54731人，农村学生为44207人，占总数的80.7%。我们陷入了思考：80%以上的农村学生，是否享受了花溪区80%以上的教育资源呢？

（二）调查方法

1.调查

为达到深层次了解花溪区农村现状的目的，我们使用了问卷调查，分为学生卷、教师卷、家长卷三部分，以便全面调查果落村的农村教育。

2.访谈

为对花溪区农村现状较深层次的内容有比较详细的了解和使数据更具真实性，我们对个别重要相关人员进行了采访，有果落村小学的退休教师王老师、果落村老村长夫人王仁梅、花溪六中的谭心主任和花溪区党武乡秘书张凯等。

3.观察

在调查花溪六中、茅草村小学和果落村小学的时候，我们都广泛地使用了观察法，细致了解学校设施和校园文化氛围，以及果落村的经济状态，这些都直接影响果落村的教育现状。

4. 文献研究、定量分析、功能分析

我们对问卷结果分析和制定建议时使用了文献研究法、定量分析法和功能分析法。从问卷中提取有效数据来进行分析，看清果落村、茅草村励志小学和花溪六中的教育发展问题，从而以小见大，反映花溪区、贵州省以至中国的教育现状，再通过文献研究法进行对比、参考，更进一步地反映问题。功能分析根据需要，表达我们的意见，提出有关花溪区果落村及其周边地区的建议。

5. 李克特量表

李克特量表是属评分加总式量表最常用的一种，属同一概念的这些项目是用加总方式来计分，单独或个别项目是无意义的。该量表由一组陈述组成，每一陈述有"非常同意"、"同意"、"不一定"、"不同意"、"非常不同意"五种回答，分别记为1、2、3、4、5，每个被调查者的态度总分就是他对各道题的回答所得分数的加总，这一总分可说明他的态度强弱或它在这一量表上的不同状态。

李克特量表比较容易设计，它的五种答案形式使回答者能够很方便地标出自己的位置，我们在问卷设计过程中便采用了此方法，用于果落村小学、茅草村励志小学和花溪六中三所学校的情况对比，来论证学校应建设在哪里。

6. 相倚问题

在设计调查问卷时，选择A项的，去回答某道题；选择B项的，去回答另一题，这种问卷设计方式叫相倚问题，能够更客观地反映被测者的心理状态。在学生卷、教师卷和家长卷中，我们都采用了相倚问题的设计手法，如教师卷第12题："如果有机会调到城镇中学，您会选择：□留下（跳至14题）　□调走（回答13题）。"这样的设计也使得问卷更活泼，被调查者也更乐于接受。

（三）调查结果及分析

1. 问卷设计

我们的调查问卷经过了多次修改，因为经验不足，第一次的问卷没有经过试调查，我们就直接到果落村去做了第一次实地调查，结果发现问卷存在许多缺点，于是二次修改，还咨询了华中科技大学社会学的大学生，他推荐了几种问卷设计的技巧，比如李克特量表、沙氏通量表、相倚问题等；此外，还建议我们用等距抽样的方式确定调查对象。

最后定稿的问卷一共分三份：学生卷、家长卷、教师卷。我们力求全方位地了解果落村的教育情况。

2.问卷统计分析

问卷统计比预想的复杂很多，第一次的统计没有区分学生的年级和年龄段，在金志中的坚持下，我们重新分年龄段统计，通过对666份问卷艰苦的统计，我们渐渐找到了规律，也认识到了分年级统计的必要性。依据三份问卷涉及的内容，我们分别作了归类统计分析和典型案例统计分析。

（1）问卷归类统计分析

表2：家长对待孩子学习的态度

选项 / 学校	A 内容	A 比例	B 内容	B 比例	C 内容	C 比例	D 内容	D 比例
1.是否支持读书	支持	84%	不支持	16%				
2.文化程度的影响	无	19%	有一些	70%	很大	11%		
3.学习成绩的要求	很好	57%	中等	26%	随便	17%		
4.学习的重要性	农活	9%	学习	91%				
5.是否支持孩子								
在上学年龄外出谋生	是	0	否	100%				
6.读书没钱怎么办	贷款	26%	卖东西	74%	退学	0		
7.孩子至少学到	小学	0	初中	87%	高中	13%	大学	0
8.家长水平对孩子影响	无	9%	有一些	82%	很大	9%		
9.家长支持教师	是	92%	否	8%				

如表2所示，近90%的家长都支持孩子上学，但是认为孩子应该拿到大学文凭的家长却是尴尬的一个都没有。在支持孩子读书上，有16%的家长选择了否；在回答文化程度会否对自己造成影响时有19%的家长选择了不会；有9%的家长认为农活比孩子的学习更重要。综合数据分析来看，家长们都希望孩子学习知识，但是考上大学并不是所有家长的终极目标。家长们更多地把学习当作一种谋生的辅助技能，在经济利益与知识文化的天平上，经济利益明显胜过了知识文化，而这恰恰是我们不愿意看到的。或许这就是影响普九含金量的关键所在。

表3：家长的文化程度

学校＼选项	A		B		C		D	
	内容	比例	内容	比例	内容	比例	内容	比例
1. 家长学历	小学以下	27%	小学	50%	初中	20%	高中	3%
2. 怎样帮孩子学习	指导	5%	监督	19%	自己学	71%	不管	5%

　　如表3所示，家长的文化程度普遍偏低，77%的家长没上过初中，这意味着父母对孩子的教育很大程度上是盲目的。这反映了我国普九工作的一个未解的迷局——是否应该把对农民的再教育纳入到普九工作中来？国家是普九工作的规划者，而农民却是一个真正意义上的实施者，将实施者置于教育之外，确实有待商榷。在回答怎么帮助孩子学习这个问题时，71%的家长选择了让孩子自发学习，说白了就是自生自灭。看来农民这个普九工作的天然实施者并不称职。如何让其真正发挥应有的作用，是我们应该深刻思考的问题。

表4：家长对于自己接受再教育的态度

调查内容＼选项	A		B		C		D	
	内容	比例	内容	比例	内容	比例	内容	比例
1. 若办对成年农民的培训，会去吗	肯定去	37%	有时间就去	52%	不去	11%		
2. 希望听哪些内容	农业	65%	教孩子的方法	9%	电脑知识	13%	打工前培训	13%
3. 需要有人指导教孩子吗	需要	34%	不需要	66%				

　　如表4所示，家长想接受再教育，但他们最想听到的是关于农业生产的知识讲座，而把教育手段的学习放到了最不重要的位置，这让我们感到很意外，也深为担忧。多数人没有意识到教育孩子也是一种需要学习的知识。从这表4看来，农民对再教育的理解未免有些短视和经济利益至上了。这说明了长期以来，家长要么放任孩子自生自长，要么认为教育孩子是教师的责任，没有意识到家长的言传身教和技术性的教育手段的重要性甚至超越了学校和社会教育，农村里有很多出人才就出在一家子的情况，这就有力地说明了家庭教育的重要性，当然，这也提示我们，应该看到普九工作中存在的盲区。

④教师的教育态度、教育能力及个人发展情况。

如表5所示：学生对教师的负面看法比较多，而教师对农村教育环境普遍不满意。一名对工作环境不满意的教师，谁又能指望他对工作专注呢？当今，农村教育的困惑是：所有人都不愿意留在农村，能进城的都不愿意在乡下。工作环境和工作条件太差是一个原因，但是对终生发展的失望才是最根本的原因。这样一来，学生对教师的负面看法较多也就顺理成章了。我们的普九工作遗漏了比较关键的另一点——教师的地位问题。只有教师的心安定下来，普九工作才能取得实质性的成功。

表5：学校问卷统计

调查内容 \ 选项	A 内容	比例	B 内容	比例	C 内容	比例	D 内容	比例	C 内容	比例	D 内容	比例
1. 学生对教师的看法	敬业	54%	有爱心	59%	知识扎实	21%	水平高	44%	为人好	52%	责任心不强	23%
	知识欠缺	28%	冷漠	13%	水平不高	23%	不理解	36%	不安心教书	7%		
2. 教师是怎样看待发展的	不断发展	75%	在农村难发展	19%	在农村无所谓	3%	凑合干就行	3%				
3. 城区教师支教效果	很好	29%	一般	61%	不好	10%						
4. 若有机会调到城镇，你会	留下	55%	调走	45%								
5. 想调走的原因	工资低	8%	环境差	22%	设施差	14%	在农村难发展	**25%**	现实基础差	22%	其他	8%

表6：学校的教学设施和教学管理情况

选项 调查内容	A		B		C		D	
	内容	比例	内容	比例	内容	比例	内容	比例
1. 是否有多媒体	有	97%	无	3%				
2. 教师用计算机上课情况	常用	13%	很少用	8%	从不用	19%		
3. 学校管理情况	严格	44%	一般	52%	松散	4%		
4. 学校组织活动情况	从不举行	13%	偶尔	74%	经常	13%		
5. 学校设备情况	缺乏	20%	将就	38%	比较丰富	37%	丰富	5%
6. 是否有图书馆	有	26%	无	74%				
7. 书籍是否丰富	是	47%	否	53%				
8. 是否对学生开放	是	41%	否	59%				

如上表所示：多媒体设备多数处于闲置状态，74%的学校无图书馆，在有图书馆的学校中，53%的书籍匮乏，且59%的图书馆不对学生开放。多媒体设备闲置的原因是数量少、落后以及没有几位老师会用。这暴露了农村教师队伍知识技能的缺乏，而下一个调查表中，我们的教育部门专门对教师进行了教育技术的培训，培训效果如何在这里已经是一目了然了。认为学校设备欠缺的人占到了20%，这是一个硬性指标，直接反映了普九工作的落实缺乏监督。

表7：教育培训的情况

选项 调查内容	A		B		C		D	
	内容	比例	内容	比例	内容	比例	内容	比例
1. 教师是否参加过教育部门的培训	是	93%	否	7%				
2. 参加后收获如何	很大	41%	无	0	有一点	48%	流于形式	11%

如表7所示，93%的老师都参加过教育部门组织的培训，41%的老师认为收获大，48%的老师认为有点收获，11%的老师认是流于形式。从数据看来，有超过半数的老师认为从教育部门举办的培训获得的收获很少或是没有。这说明，我们的培训无论是从组织上还是从培训内容上都是存在问题的。教育部门举办的针对教师的培训必须从根本上得到改善，不能流于形式、走过场。

表8：学生对学习的态度

是否逃过课					
年龄	答案				
	是	否			
（8-12）	2%	98%			
（13-15）	4%	96%			
（16-18）	1%	99%			
对学习的感觉					
年龄	非常有兴趣	有点兴趣	无所谓	枯燥	不得不学
（8-12）	80%	13%	1%	5%	2%
（13-15）	46%	39%	4%	7%	4%
（16-18）	37%	45%	3%	10%	5%
做作业时					
年龄	独立完成	参考别人	抄袭	不交	
（8-12）	81%	19%	0%	0%	
（13-15）	60%	35%	3%	2%	
（16-18）	76%	20%	4%	0%	
教师认为学生的学习热情					
年龄	好	一般	差		
（8-18）	31%	67%	2%		

如表8所示：在问及是否有逃课经历的时候，多数孩子回答很少有逃课经历。但经过观察以及私下交流得到的结果是，这个数据并不可靠，因为种种原因，多数孩子没有给出真实的答复。造成学生逃课的原因，可能是因为学习的负担繁重，学习压力大，或是因为贪玩，逃课去上网打游戏，以及参加一些不良的活动，比如打架斗殴之类。

在对学习的感觉一题里，学生对学习的态度，随着年龄的增加而消极，导致学生厌学的可能是过大的学习负担及来自社会上的不良影响。此外，知识的难易度、对教师的兴趣、商品经济的诱惑、学校办学条件差等都是孩子们离开课堂的诱因。这些诱因中，知识的难易度、学校的办学条件、对教师的兴趣都是学校的问题。这些孩子辍学，或者折射出普九工作的局限性所在。

（2）问卷之典型案例分析

①教学器材的使用状况

我们关注的重点问题之一是普九后农村学校的教学设施和使用状况，通过上述两道题的分析，我们发现存在不少问题。无论是花溪六中还是茅草村小学，教学设施都很少，条件也差，严重缺乏的比例比较高；很少用计算机教室甚至有些从来不用。教学设施的配置是普九的重要内容，也是深度推进农村教育改革的前提，这些条件如此欠缺，使农村教育的发展受到了很大限制。

②学生对教师的满意率

学校对教师的有效管理与指导，教师自身教育理念和职业操守的践行，可以透过学生对老师的满意率来分析，从下表可以看出，学生对老师的满意率比较高，至少说明教师在关注学生的成长与心灵健康方面，是做出了努力的，所以才能得到农村孩子对等的回报。我们在花溪六中和茅草村小学看到的老师，也真的给了我们如沐春风的感觉，相信学生给出的这个数据，是真实的。

③学生的学习效率

通过学生作业完成的数据，来解读学生的学习效果。大多数学生的作业是独立完成的，但参考、抄袭加上不交的，比例也不低，小学生达到19%，初中生达到了40%，高中生24%，这个比例引起了我们全新的思考，初中生的学习状态不如比自己年龄小的，更不如比自己年龄大的，究其原因，是初中学生自觉学习的主动性较差，这个数据出来的结果，让我们意识到了分年龄段统计数据的必要性。

④教师队伍的不稳定性

据我们调查统计，花溪区农村教育是存在许多问题的，这次调查的教师平均年龄在34岁，并且女性教师占65%。教师年龄已青年化，不是预想中都是些退休的人员，说明现在人们毕业后也能响应国家社会号召，去农村工作。可能还有一个有利于农村教育的情况是：现在大学生就业越来越难，这对于急缺人才的农村，尤其是农村教育来说，应该是一件好事。

我们采用相倚问题的手法设计了上述两题，从中可以看出，如果有机会调到城镇中学，选择调走的占44%。一支队伍如果有近一半的人不安和躁动，那是不是会严重影响教学质量？

我们进一步分析他们想调走的原因，20%认为居住环境不好，23%认为个人发展前景受限制，7%认为工资低，12%认为农村设施差，20%因为学生基础差。总的来说，制约农村教师流动的主因，并不是工资低，这一方面说明普九以来，国家对于农村教师的工资调控是有效的；另一方面，也说明农村的外部环境依然是制约农村教师队伍建设的重要因素。

⑤农村教育最欠缺的是什么

这道调查题的各项比例惊人的一致，说明农村教育各方面都还需要进一步加强建设。他们谈及农村教育，感觉欠缺的很多：55%说差经费，34%说差好老师，26%说差学生的意愿，37%说差家长支持，34%说差教育后续工作，教育没有直接为学生的生存服务。

⑥学生的学习热情

在老师看来，学生的学生热情一般的占64%，好的占33%，差的占3%。可以看得出来，大多数学生的学习目标不明确，处于被动学习状态。即便这样，老师们也极力反对学生休学外出工作。

⑦支教的效果

对于农村的城区支教教师的教学效果，29%认为很好，61%认为一般，8%认为不好。城区教师支教是执行多年的一项政策了，旨在推动城乡之间的教师资源的平衡，帮带农村学校的教学。但事实上，由于执教时间只有一年，城区骨干教师往往并不下派支教，支教者本人的素质和职业态度等，也影响了支教应有的效果。

3. 用李克特量表对果落村小、茅草村小学、花溪六中调查结果

为了更准确地了解这三所学校在学生和家长心中的位置，准确测知哪所学校更适合培养学生，我们制作了一份李克特量表式问卷卡，委托果落村的同学发放了30份。依据问卷每题的选项分别按5~1分计算，最后分别统计出三所学校在村民和学生心目中的得分。经过对比发现，花溪六中的得分高于茅草村小学和果落村小学，果落村小学的分数是最低的。由此我们得出结论：果落村小学的撤并，是有其合理性和必要性。

李克特量表式问卷一共发放30分，回收24份有效卷，其中只有6份回答了有关花溪六中的问题，24份问卷都回答了有关励志小学和果落村小的问题。

问卷统计如下，依据李克特量表的分值计算，完全同意记5分，然后依次递减为4、3、2、1，我们将每所学校的得分加起来，再除以回答问题的人数，得到下列数据：花溪六中25.5，茅草村小学22.916，果落村小学22.75。

上述数据告诉我们：

① 花溪六中优势明显。学校虽然远，学生还是认可它在教学设施、教学管理，以及教学水平上明显高出另两所学校。②茅草村小学略胜一筹。虽然分数领

先不多，但是，排除果落村孩子的偏心因素，茅草村小学的优势还是明显的。③学生们在填问卷里，即使是很喜欢果落村小，也还是有一些孩子很客观地承认果落村小设施差。从中可看出小学撤并的动因。④这次问卷的结果还是有很明显的不客观因素。也许是调查的指向太明确，学生希望恢复果落村小，所以才会有很多问题回答得不客观。尽管如此，我们还是从这份问卷中得到了启发，也许，恢复果落村小并不是最理想的做法。

通过调查问卷的分析，我们渐渐对果落村的教育有了清晰的了解，发现果落村教育确实有着许多不尽如人意的问题。在此基础上，我们把视线投向了国家有关教育的法律法规，想为解决这些问题寻找依据。

四、我国有关农村教育的政策法规

教育是我们民族的未来，而农村教育更是我国现阶段教育改革的重中之重。针对教育问题，我国出台了许多政策法规，我们查阅了其中关于农村教育的条款，深感国家对农村教育的重视，下面摘取几款：

（一）《中华人民共和国义务教育法》

第六条　国务院和县级以上地方人民政府应当合理配置教育资源……保障农村地区、民族地区实施义务教育，保障家庭经济困难的和残疾的适龄儿童、少年接受义务教育。

第三十一条　各级人民政府保障教师工资福利和社会保险待遇，改善教师工作和生活条件；完善农村教师工资经费保障机制。

第三十二条　县级以上人民政府应当加强教师培养工作，采取措施发展教师教育。

县级人民政府教育行政部门应当均衡配置本行政区域内学校师资力量，组织校长、教师的培训和流动，加强对薄弱学校的建设。

第三十三条　国务院和地方各级人民政府鼓励和支持城市学校教师和高等学校毕业生到农村地区、民族地区从事义务教育工作。

第四十四条　义务教育经费投入实行国务院和地方各级人民政府根据职责共同负担，省、自治区、直辖市人民政府负责统筹落实的体制。农村义务教育所需经费，由各级人民政府根据国务院的规定分项目、按比例分担。

各级人民政府对家庭经济困难的适龄儿童、少年免费提供教科书并补助寄宿生生活费。

（二）《中华人民共和国教师法》

第二十七条 地方各级人民政府对教师以及具有中专以上学历的毕业生到少数民族地区和边远贫困地区从事教育教学工作的，应当予以补贴。

第二十八条 地方各级人民政府和国务院有关部门，对城市教师住房的建设、租赁、出售实行优先、优惠。

县、乡两级人民政府应当为农村中小学教师解决住房提供方便。

（三）《未成年人保护法》

第二章 第十二条 父母或者其他监护人应当学习家庭教育知识，正确履行监护职责，抚养教育未成年人。有关国家机关和社会组织应当为未成年人的父母或者其他监护人提供家庭教育指导。

《中华人民共和国义务教育法》涉及教育资源分配、教师工资待遇、教师专业成长、加强农村师资队伍建设、农村教育经费保障等问题；《中华人民共和国教师法》强调了对教师权益，尤其是农村教师权益的保障；《未成年人保护法》中，明确提到父母和监护人应该学习教育知识和教育技能。这些法令措施，集中体现了我国政府对农村教育工作的高度重视。但是，具体到地方政府，又是如何执行中央的教育法规的？执行的力度又如何？为此，我们采访了花溪区教育局，进一步了解到贵阳市的教育规划情况。

（四）《贵阳市"十一五"教育事业发展专项规划》

教育事业发展的主要目标——坚持"两基"重中之重地位，全面提高教育质量；重点加强农村义务教育，努力降低农村初中阶段的辍学率。推进城乡义务教育均衡发展。贵阳市十个区、县（市）到2010年基本实现义务教育标准化办学。……所有乡镇建成中心幼儿园。有条件的村建设好幼儿园，扩大规模。

（五）"十一五"期间教育事业发展重点任务

——基础教育以农村义务教育为重点，促进城乡教育均衡发展，基本实现义务教育标准化办学。按标准新建、改扩建初中、小学，解决贵阳市城镇居民、农村子女和流动人口子女入学需要。各级政府加大对教育的投入，确保教育经费依法增长。重点推进农村教育改革与发展，加大对农村地区教育的投入力度和政策倾斜力度，按编制配齐学科教师，取消代课教师。

贵阳市的教育规划表明，贵阳市政府关注到了城乡教育平衡、农村幼儿教育、农村辍学率、农村教育设施、农村师资等问题。从文件上看，很好地履行了《中华人民共和国义务教育法》中关于农村教育的法规。

五、结论与思考

（一）果落村教育存在的问题

我们把到果落村小学、茅草村小学和花溪六中实地调查了解到的情况，与国家的相关教育法规和贵阳市的教育规划进行比较，发现果落村目前的教育存在着以下问题。

1. 果落村的孩子上学难

难者，在于村里现在没有学校，2005年果落村小学撤并到茅草村小学，如今147个在校学生，分别在距本村近4公里的茅草村励志小学和距本村5公里左右的花溪六中（有小学、初中、高中）就读。孩子和家长一般在早晨5点起床，才能保证孩子在8点按时到校。家长都认为太早上学不安全，经常要送，碰到天气不好，路不好走，有些孩子便不去上学了。所以，在我们采访时，村民和学生强烈要求我们代为向上反映，恢复果落村小学，解决本村孩子上学不便的问题。

2. 家长教育水平不高，而且严重忽视教育技能的学习

家长们普遍认为，既然孩子上学，那教育孩子就是老师的事，家长不需要关心。一方面，主观上不重视，很少有家长想过，作为一个成年人，要去学习培养下一代的知识，其实他们没有静下心来想，种树种花都要学习种植技术，养育一个孩子，怎么能不学习育人技术呢？另一方面，也没有人系统地、有目的地为农民做教育知识的培训，农民自身也不知道从何学起。

3. 留守儿童多

我们还发现村里的成年劳动力基本在外打工，村中只有他们的父母与子女，这样造成了村里大批留守儿童的出现。我们发放调查问卷时，大多数孩子都是爷爷奶奶带着，还有的是兄弟姐妹一起留守家园。这些留守儿童没有得到父母的管理和监督，不仅不能认真专心地学习，还要干相当重的农活，缺少关爱会造成情感饥饿，有些儿童就可能受到一些不良的社会影响，这将使教育问题发展成严重的社会问题。

4. 师资力量有待调整，教师专业水平急需提升

茅草村小学和花溪六中的师资力量，相比于前几年有所改善，但依然问题严重。花溪六中有67位教师，却只有一位高级教师；无论是茅草村小学还是花溪六中，教师队伍都有老龄化的趋势，英语、语文、数学、体育、音乐、美术等学科都欠缺专业教师。老师们抱怨学校很少组织有效的培训，课改只是摸着石头过河，很少能有机会直接和先进地区交流，这就造成了教学上的闭门造车，难以进步。此外，我们发现教师工资问题已经退居次要地位，而农村生活环境差，才是

教师队伍不稳定的原因。

5.教学设备不完善，教学设施差

花溪六中，是小学、初中、高中都有的全日制学校，我们了解到那里的设施很不齐全，多媒体总共两台，老师要用得排队，而且设备很陈旧。我们学校派去支教的老师说，他们的多媒体设备比我们学校淘汰的还要老，所以学生几乎没接触过多媒体。图书馆书籍很少，长期不开放，以至于在填写问卷时出现了戏剧性的结果，一部分填有图书馆，一部分填没有。

花溪六中如此，茅草村小学的条件就更差，两栋两层的教学楼设施简陋，别说计算机，连乒乓球台也没有，篮球场虽有一个，两个篮板却已是破烂不堪。唯一的亮点是一块很长的黑板，全是学生们的黑板画和作文。教室旁边一棵大树，见证着学生们的风雨上学路。

总体来说，果落村民和学生最热切的希望把撤并的小学重新恢复，至于村里在教育方面存在的其他问题，如教育设施、教学水平、教育方法、教育前景等，大多数村民都没有什么想法。这种麻木和集体无意识，让我们深感痛心。

（二）我们的思考与建议

通过实地采访、考察、问卷分析，我们了解了果落村及其周边地区的农村教育问题，由果落村的教育现状延伸开去，我们想到了更多的问题。参考美国和日本的农村教育经验，我们想为贵阳市的农村教育把脉，提出我们的改进建议。

1.关于果落村小学的恢复问题，建议修建果落村到茅草村的近路

第一次调查果落村时，我们也认为拥有147名学生的村子应该恢复原先的小学，这样才更能体现人性的关怀。但是后来走访该村学生集中上学的花溪六中和茅草小学后，我们理解了上级部门为何要撤并学校，茅草村和花溪六中的条件本来就差，但果落村小的条件比这两所学校又差了太多，恢复村小会严重影响教学质量。

那么，到底选择教学质量，还是选择就近上学？有没有其他的解决途径？

我们从果落村抄近路走到了茅草村，其实这条路走下来，只有20来分钟，但是路况很差，有些路段满布石头，大约只有80厘米宽，不过路程却比现在学生们走的那条路缩减了一半有多。

所以我们建议，教育部门、果落村、茅草村、党武乡联合修好这条路，既解决学生上学的困扰，又可带动两村经济的互动。我们从村主任那里了解到，果落村周围正在开发辣椒种植基地，这条路若能建成，将是一举两得的事。

2.关于提升果落村家长的教育能力的问题，建议开办家长学校送书下乡

在前述引用的《未成年人保护法》中，第十二条明确规定，教育部门有提供家庭教育指导的义务。我们建议：

（1）教育部门以学校为依托，组织优秀教师和优秀家长，或聘请专家，举办家教讲座；建议花溪六中和茅草村励志小学开办这样的家长学校，师资力量可以请求城区学校友情支持，这样，家长会就不再是告状会，而是学习和互动的场所。

（2）送书下乡。虽然果落村的家长学历不高，但大多数还是有阅读能力的，他们也想学习教育孩子，但不知道该看一些什么样的书。我们上网查阅了一些资料，也征求了老师的意见，老师说推荐几本就可以了，太多了让人一看就烦，所以我们为果落村的家长们开出下列书单：

《世界最伟大的教育法则》（中国　贾黛翙）

《好妈妈胜过好老师》（中国　尹建莉）

《孩子，请把你的手给我》（美国　海姆·G·吉诺特）

但是，很多家长半辈子都没有进过书店，买书对于他们来说是一笔舍不得的支出。建议教育部门发动城区师生和家长，为农村的爸爸妈妈买一本书。我们自己也将行动起来。

3.关于留守儿童的教育问题，建议党武乡、果落村的负责人，调查留守儿童及其父母的情况，采取相应措施：

（1）依据未成年人保护法，父母必须承担教子而不仅仅是养子的责任，父母至少应有一方留守家中，既可教育孩子，也能照顾家园；

（2）地方政府为村民在家乡创造更多的就业机会，要求用工单位优先解决学龄儿童家长的就近就业问题。

（3）建议花溪六中和茅草村小学，成立留守儿童关爱中心，将留守儿童的问题上升到教育的战略性高度。有了爱，那些幼小的心灵才能得到应有的呵护。

4.完善教学设施，加强远程教育

（1）提请贵阳市教育部门对农村中小学的教育设施进行全方位调查，从实验设备、图书馆、阅览室，到计算机房、多媒体教室、网络设施；尤其要注意对设备设施质量的调查，然后划拨专项资金，改善农村中小的教学设施。在义务教育法和贵阳市的教育规划中，都强调了在经费上对农村教育的倾斜，可是我们看到的，却是城区中学动辄上千万、上亿的资金，农村中学却望穿秋水也难盼到更新一个实验室的资金。我们民中的改建资金，也许可以为整个贵阳市的农村教育设施更新买单。

（2）请教育局和贵州电视台联系，落实教育频道、科技频道的覆盖面。

（3）必须有计划地创造条件建立数字化远程教育网络，苏格兰、日本、澳大利亚，都把远程教育作为解决农村教育的重要手段。希望贵阳市教育局的领导，也能把实现农村数字化远程教育作为一个理想，这是一个可以实现的理想，只要你们愿意，只要你们努力。

5. 建设一支稳定的农村教师队伍。

（1）学习日本的工作分派体制(就业服务制度)，对那些完成学业后想参加工作的学生，指导他们参加就业，向用人单位推荐优秀的毕业生到农村工作，提供优惠政策和专项资金，招聘和挽留合格农村教师，给大学生到农村从教敞开一条绿色通道。

（2）与其他城区学校结队帮扶，请将帮扶落到实处。目前的情况是，结对帮扶的学校仅限于偶尔派个支教老师，更多的是派个别老师到农村学校上一节课，录像存留交差。建议教育局建立一个网络平台，让老师们上网沟通交流，帮扶的纪录，也可以从网络平台上体现出来，这样才能力求缩小城乡教育的差距，促进教育资源分配的平衡。

（3）组织老师外出学习，拓展视野，结交名师；为农村教师的专业成长提供条件。更重要的是，关心农村教师的生活，让他们感受到自己的付出得到尊重，让他们内心得到平衡，也就等于给了他们安宁与幸福。

（三）我们的行动：

1. 发放家长教育资料。2010年11月27日，我们复印了四本《世界最伟大的教育法则》，每三章一册（本书共30章），分装成40份，分发给果落村和茅草村的村民，告诉他们可以相互交换着看，并做了"教育孩子也是一门技术"的宣传，讲了"南风效应"的故事。有些村民很高兴地接了，当场就认真地看起来，但也有个别村民，随意地丢置在案头。我们不敢奢望村民们全部就此觉醒，但是，如果能够有一位父亲或者一位母亲，潜心地读过这其中的章节，将来在教育孩子的时候，能够心有所动改变一下教育方法，那么，我们的几次果落村之行，就是有价值的。

2. 给教育局长写信。果落村教育调查过程中，我们最大的感受是农村家长不懂得教育孩子，一个有教养的母亲，对孩子的一生影响重大。所以，我们郑重地给贵阳市教育局长写了一封信，呼吁关注对农村家长的教育，将报告中的相关内容附上，真诚希望提升家长的教育能力。信中将我们这次课题研究发现的问题和建议一并附上，以表达我们对于农村教育的热切关注。

六、收获和体会

终于可以坐下来写体会的时候，才感觉曾经的过程那么漫长。

做这个课题的艰辛，超出了我们的预期。但这个艰难的过程，检验了我们的成长。从开题到现在，我们已经不仅仅是为完成任务，而是切实地关注着果落村的教育。一次一次地追寻着果落村孩子们上学的脚步，我们对于农村教育的认知也跟着一步一步地成长，农村教育在我们的印象中，不再是一个抽象的话题，而是具体的感知，切实的存在。做农村教育课题的人很多，但是，我们国家很大，有很多像果落村这样无助的村庄，默默企盼着世人的关注。当我们尝试着走进这个村子的时候，当我们尝试着给村民们讲"南风和北风"的故事的时候，我们发现自己不仅走进了社会，更是走进了自己的内心深处。

以前，科学研究对于我们来说，是一个不可企及的话题，也觉得跟自己没有关系。但这次课题研究让我们懂得，没有思考，就不会有智慧的积累，更不会有成功的积累。课题研究过程中，我们开始尝试真正思考一个切实的问题，而不再是泛泛而谈；真正尝试寻找解决问题的方法，而不是无端抱怨；真正开始尝试关注我们之外的群体，而不再是无病呻吟。

通过参加这次课题活动，我们懂得了如何与人交流、沟通，懂得什么叫作坚持，懂得了什么叫作团结协作，懂得了什么叫作严谨，懂得了什么才是写作，懂得什么才是踏实；当然，也懂得了什么叫作感恩。

（本课题获2011年第26届贵州省青少年科技创新大赛三等奖、2012年入选全国中学生领导力十大项目《行动的力量》）

从艺术审美到课程审美

——以"寻找最美历史传承——牙舟陶"项目为例

张 军

摘 要：课程的价值在于育人，学校的一切教学行为都是在课程的引导下进行的。学校依托校本课程，组织学生开展课题研究，从而体现课程的育人功能。《寻找最美历史传承——牙舟陶》课题缘起一次课前三分钟的演讲，在教师的引导下，学生对传统手工艺的认识由感性的惋惜上升为理性的拯救。课题组通过网络宣传、文字调查、实地宣传、实地考察等一系列工作完成了课题研究。课题研究活动，提升了学生审美的能力，使学生形成了自主学习、合作学习、探究学习、能动思辨、创新思维的素养，培养了对传统文化的浓厚兴趣和传承的自觉。

关键词：课程 引导力 传统手工艺 文化传承

一、一则公益广告引起的担忧

在一次课前三分钟的学生演讲中，演讲者讲到她看到的一则公益广告：昏黄的油灯下，一位白发苍苍、精神矍铄的民间手工艺人从陈旧的牛皮袋子里拿出他亲手制作的传统手工艺品，他的眼神闪烁着信念和笃定的光芒，然而令人遗憾的是，他是这个世界上最后一位会制作这种传统手工艺品的人。演讲者的故事讲得绘声绘色，加上背景音乐的渲染，在场的听者无不动容。教师抓住时机对学生说："同学们，时间会带走这位老人，从此以后，世界上再也没有人会制作老人一生的坚守，我们的下一代只能从博物馆里欣赏老人的骄傲了。"一名学生站起来说："我觉得政府应该拯救这种传统手工艺，应该组织人去学习它，不能让他失传。"另一个反对的声音说："可是这治标不治本，仅仅是学习，不能让这种传统手工艺产生经济效益的话，学习它、传播它的激情终究会消散的，激情消散之后，这种传统手工艺还是难逃失传的命运。"课堂一时陷入了沉寂。看到学生的思考陷入停顿，教师启发道："学习和继承这种传统手工艺，是一个不错的想法，可是有没有什么办法可以让传承它的人增多，还能扩大它的经济效益呢？毕竟这样的传承才是有生命力的啊。"这时候有学生提出可以让这种传统手工艺走进我们的课堂，将它纳入校本课程"研究性学习"的范畴，让更多的学生学习这种传统手工艺。看到学生思考的进步，教师暗自欣喜，但是这仍然没有达到预期。于是教师又提出了新的问题："感谢今天的演讲者跟我们分享的故事，然而，让我们来学习演讲者故事里老人的传统手工艺毕竟是不现实的，可是我们的身边有没有这样濒临失传的传统手工艺呢？如果有的话，我们是不是能做点什么？"

教师在课堂留下来的问题很快就有了反馈，历史老师在课堂上给学生讲到了在我们贵州黔南的牙舟镇有一种传统手工艺品，叫作牙舟陶。碰巧的是牙舟陶也面临着后继乏人的窘境，这使学生萌发了极大的兴趣。于是，学生自发成立牙舟陶课题研究小组，开展课题研究，宣传牙舟陶，拯救牙舟陶，传承牙舟陶。

二、手工艺的传承与保护

确立了牙舟陶课题研究目标之后，学生开始了对牙舟陶的调查和研究。

一开始，学生掌握的与牙舟陶有关的主要资料都来源于网络。他们天真地以为，现在网络发达，他们对牙舟陶的研究，只需要通过网络信息整合分析就可以做到。教师对他们的想法提出了意见：如果我们仅仅用这种拾人牙慧的办法开展课题研究，那我们研究的严肃性、科学性何在？我们传承传统手工艺的诚意何在？学生接受了意见，调整了课题研究的思路，准备从以下几个方面来做课题研究：

1. 收集牙舟陶相关资料，拟定调查问卷，采访牙舟陶手工艺人；
2. 网络建设牙舟陶贴吧、微博和淘宝店铺，开展各种形式的宣传活动；
3. 实地亲身感受和制作牙舟陶。

资料的搜集和整理相对简单，但是对问卷调查的整理分析、手工艺人的采访，现场的实地宣传，还有实地亲身感受和制作牙舟陶，每一项都很艰难。牙舟镇远在黔南的平塘县，距贵阳市有四个多小时的车程（课题研究初始阶段）。而且当时国家正在对道路进行改造，路途颠簸，走走停停，有时还要从泥泞的道路里把车子推出来。课题组总共三次到牙舟镇实地调查，每一次的行程都异常艰辛。但是，最终孩子们通过自己的努力，完成了牙舟陶课题研究，撰写了研究报告。

三、工艺审美的感受与启迪

牙舟陶是中国十大名陶之一，在中国陶瓷界独树一帜。牙舟陶整体给人一种淡雅之美，这正好契合课堂上给学生讲的道家名言——大象无形。抽象的道家名言遇到具象的牙舟陶，独特审美感受就不言自明了。

牙舟陶课题组第三次到牙舟镇的目的是亲自参与牙舟陶的制作流程，加深对牙舟陶的审美理解。在手工艺人张禄方师傅的引导下，孩子们学会了从造型、线条、色调、神韵等多方面欣赏牙舟陶的艺术美。牙舟陶的精品，常常因窑变而生。牙舟陶以淡雅的绿色和黄色为主，但是如果产生窑变，就可能会出现红色，这样的牙舟陶可谓独一无二，自然价格不菲。窑变可遇不可求，它凝聚了牙舟陶手艺人的智慧和灵气。课题组的学生实践了牙舟陶从和泥到滤泥、拍泥、拉坯，一直到造型、上釉、烧制的整个流程，复杂的工艺让学生明白要做好一件事真的不简单。

四、意外的收获

2015年6月底，牙舟陶课题一期研究工作结束，整个研究过程让学生收获了很多。

课题组通过网络、电商、实地销售宣传牙舟陶的举措行之有效，牙舟陶离开黔南深山为更多热爱传统手工艺的人所熟知。孩子们在贵阳市人民广场实地销售牙舟陶时群众反响很好，人们纷纷倾囊购买牙舟陶产品。人们购买的不仅仅是一件工艺美术品，更多的是体现出对学生工作的尊重，对中国传统手工艺的尊重，对美的尊重。

2015年7月25日，全国中学生领导力展示会在北京举行，这次比赛汇聚了全国、海外七十多所中学一百多个项目的精英，其中不乏全国名校。牙舟陶课题组以小组第一名的身份进入决赛，并在决赛中获得全国特等奖！

五、课程审美的升华

牙舟陶课题的萌发点仅仅是一次课前三分钟演讲引发的隐忧，在课程引导下，在教师的指导下，学生将这种隐忧转化为一种责任，然后又将这种责任内化成对传统文化的保护和传承的自觉。学生从发现美、欣赏美、感悟美到体验美、展示美和传播美，从欣赏手工艺品走向了传承传统文化，形成了自主学习、合作学习、探究学习的深度学习模式，从而实现了育人的目的，体现了课程育人之美。

案例

寻找最美历史传承

——关于牙舟陶探询之旅的报告

贵阳市民族中学2017届　于江森　张平珍　杨博文　高凤麟
　　　　　　　　　　　肖国梁　陈郁舟　张熊瑞捷

指导教师：王义兰　张　军

一．最美的夏天——我们的相遇

我们总是一直前行，却忘了当初为何出发。

2015年，我偶然在电视上看到一个公益广告——一位白发苍苍、身形消瘦得仿佛一阵风都可以吹走的民间手工艺人，在触碰到他传承的那一份手工艺成品时，他的眼神中充满了信念和笃定。我难以忘怀在谈到自己的手艺后继无人时那位民间手工艺人的一脸遗憾。我想，在时间的光影里，有多少我们祖先文化的符号在岁月的激流中跌宕殆尽，现代人习惯了向前看，却忘了当初我们为何出发。因为这个公益广告，我们课题组毅然决定为那些即将逝去的记忆做点什么。

凑巧的是，在一次历史课上，我们的历史老师王义兰老师无意中拓展课文提到了贵州黔南深山里的牙舟陶，也就是因为王老师的拓展，让我发现了这隐藏在深山里即将失传的瑰宝。于是在今年三月份课题组确定课题方向时，我就向王义兰老师提出了做这个课题的想法，王老师欣然同意了。在当时，这是一个班级课题，为了更好地展开课题行动，我和高凤麟同学一同讨论了同学们的分组和职能，按照同学们的特点，我们分别将他们分进了行动组、外联组、策划组、技术组四个组中。可以说，最后我们五位同学可以来到北京，站在这个参赛台上，将我们的成果展现给大家，离不开前期班上每一位同学的共同合作。为了在实地研究开展前能有个底，我们开始在网络上竭尽所能地去了解牙舟陶。

大部分与牙舟陶有关的信息，都可以说是触目惊心，最让人焦虑的是黔中早报的一条消息——"贵州牙舟陶面临失传，真正传人仅2人"。两人，多么让人寝食难安的数据！报道的时间是2013年，已经过去了整整两年，两年足以改变太多事情，不知道如今的牙舟陶传承人还剩下几个呢？拯救牙舟陶迫在眉睫。

二、一寻牙舟陶

初步认识了牙舟陶，接下来就是整合网页上的那些信息，并且将实地调查时要提问的问题整理出来，准备好调查问卷。为了更方便调查，我们将调查问卷分为AB两卷，A卷针对当地民众提问，B卷则针对牙舟陶的手工艺传承人提问。在写调查问卷时，王义兰老师建议我们分工合作，一同完成，虽然在之前我们有过一些分工，并且也出现了几位工作骨干，但是作为课题组长的我却总是放不下心来交给组员们，结果就是自己急匆匆地整合资料，熬夜写完了调查问卷，但这显然没有发挥集体的力量，没有使小组内每一位组员得到锻炼，这算是一个小小的遗憾吧。我和张平珍同学一同将采访的问题决定下来，在同学、家长、老师的帮助支持下，我和张平珍、杨婷婷带着自己的相机坐上车兴冲冲地向我们的目的地——贵州省黔南布依族苗族自治州的牙舟镇进发。

7月18号，我们到了牙舟镇。眼前的牙舟镇非常美丽，她像一个孤独的婴儿静静地躺在黔南的群山之中。一眼望去，牙舟镇全是拆迁过后留下的破败景象。出乎我们意料的是，这个传说中的牙舟陶原产地竟然没有我们之前想象的浓厚的牙舟陶文化气息，街边没有看见牙舟陶的小贩和商店，小镇上也没有大肆宣传自己的地方特色，关于牙舟陶的东西真是少得可怜。在牙舟镇的入口处有一个不起眼的广告牌，上面写着"牙舟陶艺小镇"几个方块字，要不是这几个字，我们还真怀疑是走错了地方。看到如此景象，心中泛起了几许失望。在热情好客民众的帮助下，我们顺利找到牙舟陶的传承人宋洪建师傅。宋师傅是一个憨厚老实的汉子，他刚接手家族的这份手工艺事业不久。在整个课题的研究过程中，他一直都在无私地帮助我们，竭尽所能地为我们提供便利，如在后期的牙舟陶实地销售时，就是他为我们提供的货品，第二次探寻牙舟陶的过程中也是宋师傅为我们讲解牙舟陶的制作步骤，细心地教导我们制作手法。

走进宋师傅的作坊，简陋的情景让我有些动容，简简单单的摆设，雕刻牙舟陶的地方就是一个已经使用了很多年的简易木桌子，拉坯就用最原始的脚踩转台。作坊里四周都是用木头片搭成的格子，里面排放着一个个牙舟陶原胚，虽然还没来得及上釉，但已足以让人感觉到那生动的形象。全身布满鳞片花纹的龙提壶，龙头的做工十分精细，每一道刻痕都倾注了制作者无数心血。而另一边的小房子里则摆放着已经烧制好的牙舟陶成品，虽然小房子里的灯光看起来十分昏暗，却也无法掩盖里面那些牙舟陶的光芒：栩栩如生的公鸡茶罐，活灵活现的蓝绿鲤鱼仿佛下一秒就会从那木板上一跃而起，充满着异域色彩的灯台上小人一脸认真，还有让每一个孩子都会爱不释手的十二生肖泥哨。十二生肖里的每一只小动物都被宋师傅用刻刀还有那一双手演绎得活灵活现。最让惹人眼球的就是左边格子上放着的一个红绿参半的含珠水龙，身上栩栩如生的鳞片自不用说，单是龙肚子的火焰红色窑变处，就让人把玩不停，爱不释手。

我们向宋师傅问起关于火焰色釉质的产生原理，宋师傅听到我们提到这个，一脸憨厚地笑了笑，眼中尽是掩盖不住的骄傲。他说这种火焰色釉质就是牙舟陶在烧制的时候发生了窑变，本来上的是绿色的釉，但是因为烧制的时候形成了窑变而变成了红色。窑变是十分难得一见的，可以说每一个窑变作品都是宋师傅的骄傲，牙舟陶去全国参赛的窑变作品也屡屡受到好评。除此之外我们还注意到牙舟陶翠绿的外表上有着和碎冰一样的纹路，在阳光的照耀下，显得晶莹剔透，让牙舟陶平添了一丝独特的魅力，这就是牙舟陶具有特色的冰裂纹。

当看到宋师傅作坊旁边那一排像猪鼻子一样的东西，我们心中都泛起了一个疑问——"这是什么？"，宋师傅许是看出了我们的疑惑，解释这是他用来烧制牙舟陶的柴窑，比起另一位手工艺人张禄麒师傅的气窑相比，烧制的成本要贵一些，而且也更加难以控制火候，另外气窑会避免很多柴窑容易出现的问题，比如在烤制的时候掉陶掉釉等问题。但是柴窑是祖辈上传下来的手法，也最原始最有味道的烧制方法，而且柴窑烧制出来的陶瓷比起气窑烧制的更加有光泽度，窑变的可能性也更大，宋师傅认为，牙舟陶这种东西，最重要的无非就是保存那一份从古至今传到现在的制作手法。如果丢掉了古朴也就砍掉了牙舟陶的文化。

原生态并且带有历史厚重的气息，这也许才是牙舟陶被称文化遗产的原因吧。尽管制作牙舟陶收益远远不如外面打工得到的多，宋师傅还是义无反顾地回到家乡传承这家族的手艺，也许这就是手工艺人心中那让人敬畏的责任心和使命感。宋师傅的作坊外堆砌着一堆堆的泥土，那是牙舟陶的制作原料——陶土。牙舟陶的陶土并不是随处都有，而是必须在一定的地点才能采挖到，因为只有牙舟镇固定的几个地点，盛产紫砂陶土，而这紫砂陶土就是牙舟陶的秘密。紫砂陶土是较珍贵的陶土，陶土本身具有2%的吸水率和5%的气孔率，有着良好的排水性与透气性，这是形成牙舟陶独特品质的重要因素之一。所以说起这个的时候，宋师傅难掩神伤。牙舟陶陶土采挖地因为房地产开发的原因就要被政府填埋掉了，在宋师傅这一辈，还可以用积存的陶土，但是他的下一代可能会面临无处取土的窘境。到那时，牙舟陶真的会销声匿迹了。

在采访调查了宋师傅的手工艺作坊后，我们驱车前往另一位手工艺人——张禄麒师傅的工厂里。来到张师傅的工厂，进门前路过的一面砖墙上摆放着几个零散的牙舟陶摆件，而正大门的左边则挂着一个牌子，上面写着"贵州省平塘县牙舟陶瓷商会"。一进大门，一根高大的布依族图腾柱，一下就吸引了我们的注意，图腾柱上全是一个个面具，每个面具表情都不一样，各具特色，看起来费了制作人很大的心思，凝聚了手工匠人对陶瓷文化的热爱。

正当我们被这充满少数民族韵味的工程震撼的时候，张师傅来到了我们的面前，四十出头的汉子皮肤黝黑。我们向张师傅表明了来意，张师傅表示对我们的到来非常欢迎。张师傅告诉我们，这个图腾柱上的每一个面具都是牙舟陶制作的，都是一个个烧制好了之后再镶上去，这让我们不禁对手工艺人的智慧和艺术灵感所折服。

三、问卷分析

在走访牙舟镇时，我们把AB卷两种调查问卷派发给不同人群，这个过程中，最让我们感到有趣的，就是聆听老一辈镇民对牙舟镇以前景象的记忆和描述。

接下来在当地民众的热情配合下，我们也收集齐了一张张调查问卷，分析问卷后，让我们担心的发现是，当地的民众对于牙舟陶的了解也只是片面的，内在的了解并不深刻，周边的城镇，比如平塘县的民众，甚至对牙舟陶都表示前所未闻，或者只是听说过名字，具体一点也不清楚等回答。

在采访了两位师傅之后，结合A卷民众的调查结果我们发现了几个以下几个问题：

1. 牙舟陶面临后继无人的困境
2. 平塘县政府没有给予牙舟陶足够的重视
3. 牙舟陶的大众认知度很低
4. 牙舟陶的市场销量不理想

这就是牙舟陶的现状！为了解决这些问题，我们在回到学校后，决定针对这几个问题采取相应的行动，拯救牙舟陶！

四、拯救之路

在我们在为解决方案苦思冥想计策的时候，张平珍和我突然想到，也许开个淘宝店，利用网络宣传、效果会不错。现在是信息时代，信息在网络上的传播最为迅速。我们当即决定下来，开设牙舟陶的百度贴吧，淘宝网店，而宣传牙舟陶的新浪微博我们早就有创立，这个微博随时跟踪着我们小组的课题动态以及牙舟陶的现状，作为网络迷的我，很快就在贴吧里创建了牙舟陶的贴吧，接下来我们运用自己的ID账号，在陶瓷吧、贵州吧、贵阳吧等相关贴吧相继发表了有关牙舟陶的帖子，虽然没有多少人回复，有些甚至很快就沉贴，但是起码有人看见了我们的故事，这也就有了传播的希望。

在创建淘宝店之前，我们就联系过宋师傅，在和他确认了贵阳有一家可以供货的商家后，我们驱车前往，老板也是黔南人，姓王，看见我们显得十分热情，迎接我们的到来之后，他带我们参观了宋师傅牙舟陶的展示处，并且表示自己一定会支持学生创业，承诺无条件提供牙舟陶给我们，我们可以卖出去后再付费，剩余的可以还给他，我们不用承担任何风险。面对如此真诚热情的王老板，我们倍感温暖，希望自己将来有一天，也能像他那样有予人玫瑰的底气和温暖。

在解决了供货问题后，淘宝店便成功开设了，接下来我们把目光投向了政府部门。我们决定以手写信件和网站建议的方式向平塘县政府表达我们的意愿，我们首先手写了一封给牙舟镇所属县平塘县县政府的信，信中包括了对牙舟镇未来建设的几点建议和对牙舟陶前景的担忧，我们希望平塘县可以将牙舟镇改造成一个陶艺文化小镇，仿造青岩古镇那样，将小镇六百年的制陶历史带有的沉重文化气息体现出来。因为在采访当地民众的过程中，曾经有一位镇民说："听父辈们说八十年代的牙舟镇，街上两边都是木房子，房子的房顶都是用自家烧制的牙舟陶瓦盖着的，屋顶黄黄绿绿的，阳光洒下来的时候漂亮得很哩！"他的描述很有画面感，我们恍然走进了有着彩色屋顶的两排木房簇拥的街道上，街道两旁的小店里有匠人劳作，有妇人卖陶。然而现实很骨感，我们身边的牙舟镇和普通小镇并无二致，我们深感惋惜和痛心。牙舟陶代表了一个以陶器为中心的文化内涵，要拯救牙舟陶需要先构建一定的文化符号，也就是仿古建筑。否则，单单靠牙舟陶器恐怕势单力孤难以遂愿，所以，我们打算将手写信件通过网络渠道发送到了平塘县县政府的平台上。

随后为了更加实际地保证牙舟陶的宣传到位，我们来到了贵阳市博物馆，希望可以在博物馆里给牙舟陶争取到陈列的一席之地。

在宣传的过程中，同学们的积极提问，我们一一尽自己所能解释。每一次的实地采访，发放调查问卷，都让我们从内向害羞变得大方自如。我们来到了贵阳市城管局，争取实地销售牙舟陶的许可，可是因为时间紧迫，我们资料不足，没有得到正规的许可证，这让我们感到有一些失落，但是我们还是决定冒一次险，当一次"无证小贩"。

5月30日，我们来到了贵阳市筑城广场，准备摆设实地销售的摊位，本以为应该没有人摆摊的筑城广场却人山人海，还到处搭满了蓝色的帐篷，帐篷下是一个个学院的摊位，这让我们有些好奇了，难道这里在弄什么活动吗？可是时间紧迫，我们也懒得上前探个究竟，正准备搭建桌子开始摆摊的时候，却被保安给拦住了，这可让我们愁坏了，这下可怎么办？没有办法，我们来到了不远处的筑城广场办事处，希望可以得到临时的许可，可是领导的态度也很坚决，眼看精心准备的销售宣传计划就要泡汤，组里的一个女生都差点哭了起来。在原地踟蹰了一下，当看到眼前的那一排排蓝帐篷的时候，我们眼前一亮，决定去和帐篷里的那些姐姐哥哥争取一下，希望可以得到他们的帮助，当他们听说了我们拯救牙舟陶的故事后欣然应允，还把营业执照挂到了我们的胸前。

感谢之余，我们很快就完成了我们的摊位摆设，当时已经是下午，时间不多了，那要怎么吸引游客呢？我们组中的陈家豪同学自告奋勇决定当一次"流动展板"，挂着海报到处发放宣传单，结果效果还真不错，来了不少的人，也有同校的同学来给我们帮忙，为我们加人气。大家都是第一次做销售，实地摆摊，途中居然出现了没有零钱的状况，这着实是让人哭笑不得，还有记不得价钱的状况，总结起来大家的确是在准备的时候忽略了太多细节，在销售的时候也遇到了几位来自平塘县的民众，看到我们的牙舟陶，竟然来劲地帮我们给别人讲解起来了，这倒是让我们没有想到，也许正是牙舟陶上的家乡感牵动了他的乡情吧，时间过得飞快，很快销售就结束了，这一天出现了很多变故，但是却让大家更加明白了团结的意义，还有很多小教训小经验，这都让我们成长，让我们学会很多。

五、二寻牙舟陶

为了进一步调查研究，我们第二次来到牙舟镇，来到这个让我们牵挂了许久的小镇。7月18日，当天早上八点，我们小组成员于江淼、张平珍、高凤麟等一行人又一次驱车前往那个藏在黔南大山里的美丽小镇。在去的路上，我们与平塘县牙舟镇牙舟小学的王校长取得联系，并且了解到她所在的牙舟镇小学早就开设了关于牙舟陶的课程，这让我们惊喜万分，于是在电话中得到她的同意后，我们决定去参观牙舟小学开设的关于牙舟陶的课程教室及设备等。

中午时分，我们终于到牙舟小学，在当地老师的带领下，我们进入了一间简简单单的教室里，首先映入眼帘的是一张大大的关于牙舟陶的宣传海报，海报前摆放着一台拉胚机，一张木桌子上摆满了各式各样的牙舟陶，一个个小巧精美、栩栩如生，让人难以想象这些都是小学生自己动手制作的，而教室后面的柜台上更是摆满了精美的陶器，独特的窑变技术让每一件作品都是独一无二的，这样的手工艺怎能不让人尊敬，这样的作品怎能不让人喜爱？

参观完学校的课程设备，我们又马不停蹄地赶往手工艺人宋师傅家的作坊，又一次踏进宋师傅的作坊里，有了与第一次不一样的亲切感，仿佛这就是自己的家一样。进入房间后，我们发现宋师傅的拉胚机等器械都增加了，我们由衷为宋师傅感到高兴，随后在宋师傅的带领下，我们开始了牙舟陶的第一次制作。

我们来到一个装满泥水的水池旁边，将事先挑好的泥土用锤子砸成小块，推入水池里，经过泥水的浸泡，坚硬的泥土变得松软，把泥土搅拌，到此，牙舟陶的制作第一步就算是完成了。这一步骤虽然看似简单，但是真正动手做了后才知道是有多难，这一步里力气和耐力就足以考验一个人的能力了，这一刻，我深深地感受到牙舟陶缘何如此流光溢彩，因为那是手工艺人倾入了灵魂和汗水的杰作啊！

随后，我们又来到了一堆搅拌好的陶土旁边，望着一堆陶土和一把铲子，我们迷茫地看着宋师傅，在听了宋师傅的解释后，我们明白了，原来这第二道工序就是用铲子把陶土砸紧，让土的黏性更强，原以为很简单的我们，在动手做过了之后，深感这其中的不易，这对臂力的要求极高，否则就不能及时供应足够的陶土来制作陶器了。

体验过砸土的艰苦后，到了我们最期待的拉坯环节，坐在拉坯机的前面，先将分好的陶土用力地甩在拉胚机的中心，然后通过手动把机子转动起来，用脚来维持机子的转动，双手的肘关节处放在脚上，以维持手的不动，然后手掌向内成半圆状，拖住陶土，使陶器的原型被拉出来。因为是初次尝试，尽管宋师傅为我们起了一个头，但是因为我们手的力度不均匀，经验不够，尝试都失败了。陶坯全部成了"缺口少嘴"的模样，让人啼笑皆非，最终我们只能放弃，这是需要不停地锻炼及长期实践才能完成一件好的作品。虽然我们没有成功，但是这让我们更进一步地了解了牙舟陶，切身体会牙舟陶每一件手工艺品里蕴涵的汗水和努力，一个个看似简单的动作，其实都需要手工艺人长期的训练才能有的技艺。一件好的作品足以见证一名手工艺人精湛的技艺。

当一件件作品从手工艺人的手里出来后，经过雕刻工人的细腻雕琢，一件件初品瞬间被附上美丽的容颜，看着一把把不同的刻刀在雕刻工人的手里龙飞凤舞，游刃有余，不一会一个精美的作品就呈现出来了，一件件作品被雕琢好后，在经过太阳的照射或者晒干后，就是上釉的时候。

上釉？釉长什么样呢？要怎么上呢？当我们正沉浸在这无尽的遐想中时，宋师傅已经把一个不起眼的陶罐子放在了我们面前，里面装着一罐黄色的像油又像水的东西，原来这就是传说中的釉，上釉前要先加适量的水进行搅拌，当釉被搅匀了后，再进行上釉。这上釉的活虽然简单，可是还是需要耐心和细心，否则就会因为釉没有上好而毁了一件作品。

这釉上好后就是等待了，等釉干了以后，就可以进行最后一步，烧制。烧制时讲究火候、时间，有时候还要看天气和风向，稍有不慎，就会导致这一批陶器被毁掉，这也就意味着工人们将近大半个月的心血被毁掉，这是何等的考验师傅们的烧制技术。

在宋师傅的带领下，我们从头到尾地体验了一把制作陶器的艰辛历程，通过这一步步的尝试，我们也身临其境地体会到了宋师傅这样的手工艺人坚持做陶的精神和不易，在时间的累积下，他们用自己的青春年华沉淀着这一技艺，不断地提高自己的技术，不断地累积自己的经验，让一件件美丽的作品得以问世，正是因为他们的坚持不懈和对牙舟陶的热爱让这一手艺得以传承至今，为此，我们打心眼里向他们致敬。

六、课题所感所获

时间滴滴答答地流逝，从这个课题开始到结束，也过去了将近一年。一年里，我们都与牙舟陶磕磕碰碰地牵绊着，对于牙舟陶的初识，就和我们刚刚走入高中校园的感觉一般，青涩，稚嫩，又有些无知，后来渐渐地成长，牙舟陶伴随着我们一路走来，让我们对这些不会说话的物什，产生了深厚的情感，我想，它们虽然不会说话，青色流光的外表下，却充满了一段段古老黔南的故事；它们不会说话，我们却可以听到它在唱黔南大山里动人的苗族飞歌；它们不会说话，我却听到了一个苍老有力的声音为我们讲述着黔南大山的汉子们六百年来的不变匠心。它们看似静止的花纹山水表面，为我展示了一幅幅生动秀丽的黔南山水风情，我想，我是深爱上了这些美不胜收的牙舟陶，更是深爱上了它表面下蕴藏的东西。

在北京展示的时候，评委老师曾经问过我一个问题："为什么会想到做牙舟陶这个课题呢？"我想，牙舟陶不仅仅是一个普通的陶罐陶器，它身上带着的手工艺人兢兢业业的品质和这份独特手工艺的传承，和它相关的那些人和事，让我们感动的，让我们敬佩的，都是我们想带出来给大家的东西，包括最开始的初心——尽自己所能地去拯救那些濒临失传的手工艺，我们希望可以有更多的人，去关注这个问题，去关注这些即将失传的手工艺，关注那些还默默无闻的手工匠人！

在第二次去牙舟镇的途中，一直十分关心课题进展和青少年实践活动的魏校长给张军老师打来了电话，学校决定将制作牙舟陶这一门课程纳入学校，聘请宋师傅作为老师，来到我们的校园指导，为我们的同学带来更多的有关牙舟陶的丰富知识，让每一名在校的学生都可以尽可能地了解这一份传承在我们贵州大山中的牙舟陶。

也是在去北京参赛的前一个月，我们收到了宋师傅的好消息，贵阳市博物馆决定将牙舟陶纳入展厅中，供游客们欣赏观看，让更多的人感受到这一份贵州的民族文化。

从北京回来后不久，打电话向宋师傅了解情况时，宋师傅说牙舟陶的生意开始多了起来，一切都在向着好的方向发展了，我想，这也算是小小的成功了吧。

虽然平塘县政府的确切回复我们还没收到，但是我相信，在不久的将来，牙舟镇的情况一定会有更多的改善，我们会继续努力让平塘县政府，乃至贵州政府意识道牙舟陶保护的重要性。

整个课题下来，最让我感触深刻的是一路上遇见的那些帮助过我们的陌生人，我们不知道他们的名字，从没有见过他们，可是在我们遇见麻烦时，他们总是无私地帮助着我们。"科技展览会"上贵州大学的哥哥姐姐，热情帮我们解说牙舟陶的路人，尽可能帮助我们的王老板，包括在北京的比赛中为我们解决疑难困惑的志愿者们，我们和他们素不相识，初次谋面，可他们却用那一颗真挚善良的心感动了我们，因为他们的存在，无论是什么困难都不会让我们放弃。感谢的话我们心心念念的一大堆，可是临到头来又不能完全表达，所有帮助过课题小组的人们，所有为牙舟陶保护做出贡献的人，我们都想对他们发自内心地说一句"谢谢！"严歌苓说"我总是依靠陌生人的善意"，我想，我要感谢这些暖暖的善意，让我们在一次又一次孤独无助的时候，感受到这个社会上的人情味儿。

因为这些不断积累的善意，我们明白了困境时刻帮别人一把是多么贴心也是多么珍贵，我们学会了帮助人，在困难时坚持，也许在你真诚的沟通下，不放弃，不抛弃，总会有成功的时刻。

感谢每一位指导过课题的老师们，因为有你们的存在，才有了今天的"寻找最美历史传承"课题小组。

一年的时间，小组里的五名主要成员，都有了不同的变化，相同的是，我们都在成长，都在感悟，在青春里挥洒着值得的汗水。

小组里的张平珍同学是感触最深的，她平时不爱说话，遇见陌生人总是会有些紧张，但是在课题的进展中，一次次的沟通训练，和陌生人的交流，发放传单，走班宣传，采访路人，都让她的能力得到了极大的提升和进步，从最开始的怯场胆怯，成为一个可以大大方方走上舞台侃侃而谈的女生，别看她个子小，却可以说是我们组中最能干的，无论是摄影还是交流沟通，现在的她都可以独当一面。

于江森同学，作为小组的组长，算是最爱发脾气的人了，但是在课题的实施过程中，她也在不断地努力改进，从不会很好地给每个组员分配合理的工作而自己独揽工作，和组员的沟通不愉快，变得更加能为他们着想，我想，一个leader最重要的品质，就是做到适时的谦让，找到合适的时机，将组员们的心紧紧联系在一起，一个懂得关注别人感受的人，才会得到大家的肯定和认同，一个小组才会坚定不移地走下去。

张雄瑞捷同学，是组里的大块头，总是开玩笑说他是组里的力量担当，作为块头最大的人，张同学却格外注重细节，在PPT和视频的修改剪裁方面，张雄也在不断进步着，从最开始对视频剪裁软件摸不着头脑，变得对一切都手到擒来，所有的变化，都是实践对他磨炼的成果。

至此，我们希望可以有更多人去关注牙舟陶，了解牙舟陶，并支持牙舟陶的传承，使这份古老的手工艺文化可以更好流传。最后，我们团队能够做到今天，离不开老师们、同学们以及家长们的默默支持。在此，我们表示衷心的感谢！

（本课题获2015年第六届全国中学生领导力大赛特等奖）

引领学生的社会化发展

——以"图云关——抗战时期的红十字丰碑"项目为例

王义兰 杨 红 李 健

摘 要：学校教育的重要任务之一，是促进学生的社会化成长。"图云关"文化遗产保护宣传项目立足于历史文化遗产教育，推动学生深入了解本土历史，尝试网络信息传播，在项目推进过程中，承续了国际主义精神和红十字精神，培养学生的社会属性，促进了学生的社会化发展。

关键词：课程 引导力 图云关 红十字精神

荀子说"涂之皆可以成禹"，每个青年都可以成为济世之才。那么，我们应该为这些将要步入社会的学生们"涂抹"些什么，才能让他们成为济世安民的"大禹"？才能够承担起民族的未来？

这其实是在要求我们履行学校教育的另一重任：鼓励学生接触社会，关心和参与社会事务，以实现学生的社会化发展。而教师作为学生社会化的承担者，利用历史文化，引领学生立足历史，纵观未来，方能成就青年一代的大思维与大格局。

然而，我们经历了一个有意遗忘的时代，对于一些无法言说的历史，我们自作聪明地闭口不谈，国际援华医疗总队曾停驻图云关的故事，便是这样一段明明应该被重视，实际上却被忽略的历史。

一、藏在森林公园中的纪念碑

图云关的选题非常官方，这也是目前我校所有课题项目中唯一的例外。2012年春天，时任教科主任的李健老师，把我们历史组的老师带到了图云关那块矮小的纪念碑前，不出他所料，他在党校培训时受到的震撼传染给了我们，作为历史教师，竟无一人知道贵阳的这片森林公园，曾经是抗日战争时期国际援华医疗总队的所在地，是中国抗战医疗救护的大后方。

惭愧之余，我们决定带领学生开展"图云关"文化遗产保护宣传活动，为学生，为市民，也为自己上一课，我们希望更多的国人能铭记这批在图云关奉献了青春和生命的外国医生。唯有铭记，才能感恩；唯有感恩，才能正视我们的过去与未来。期冀这段凝结了中外人民无私友谊、国共两党共同奋战的历史，能够让学生从更客观、更宏大的历史叙事中来审视现实，引领他们与社会的衔接，以便他们将来更好地履行社会义务。

二、追寻历史的影踪

确定选题后，同学们实地考察图云关遗址，采访居住在图云关附近的居民，发放问卷，在校内巡回宣传红十字精神，招募红十字会志愿者，开展"图云关知识竞赛"以及"图云关文学艺术创意大赛"；在校外积极利用百度贴吧和腾讯微博进行网络宣传。

一时之间，民中学生走到哪里，都在议论图云关。这段一度被忽略的历史，就这样走进了我们的视线，用历史的眼睛，为学生点亮一盏智慧的心灯，它照亮的，将是孩子们前行的路。

三、你们从此与众不同

在项目推进过程中，同学们遇到很大的挑战但也收获了成长。第一，培养了同学们的历史情感，增进了对于贵阳历史的了解和认同感。当重新捡拾起身边的历史遗珠时，同学们感到自己是如此前所未有地贴近了历史，也贴近了贵阳。第二，宣传了国际主义精神，也唤醒了同学们的奉献精神。原来，一个人真的可以爆发出很大的能量，在"国际援华医疗队"的牺牲精神的感召下，同学们集体加入了红十字会的志愿者行列，并唤醒了市民对于图云关历史的关注。我们想，这种奉献精神的传承，才是国际援华医疗队的志愿者们最想看到的结果吧。第三，培养了同学们的团队精神，也锤炼了我们的个人意志。在整个实践过程中，组员有过摩擦，曾经因为彼此意见不一而使工作停滞了一段时间，这让大家付出了更多的时间和更多的精力，由此得到了一个深刻的教训：沟通与合作，是成功的关键。第四，锻炼了同学们的社会实践能力。社会实践在同学眼里曾是遥不可及的，更何况是"推广图云关"这样大的一个社会课题。但这次实践活动，同学们懂得每一个成功都不会简单，每一个不简单都是无数个简单的积累。学会了如何与人交流，学会了做事不能急于求成，要敢于挑战新事物，心理承受能力也得到了提升。

历史的认同感，国际主义精神的传承，合作意识的觉醒，实践能力的增长，都意味着同学们的社会属性的生成，个体的社会化得到了相应的发展。

四、念念不忘 必有回响

尊重历史的人，总会得到现实的尊重。

2013年春天，图云关纪念雕像落成，从此图云关不再落寞。

2015年9月，反法西斯战争胜利70周年纪念活动，国务院相关部门和中央电视台联合行动，邀请当年援华医生的后人来到贵阳图云关，我校师生也接到了邀请，与外国友人的后代共同纪念那些远去的英灵。

这是师生们无上的荣耀，也是我们无限的欣慰，学生步入社会的脚印，一个一个都是如此地坚实有力。

睽睽目前中小学的教育现状，学生的社会化发展依然是一个难以践行的教育理想。我所看到的，依然只是一个一个孤立的点，在工业化时代批量生产人才的教育模式中艰难地寻找存在感。生活在21世纪的我们，又应该如何引领学生的社会化发展？综合实践课程中的全方位引领，或许是一个可以尝试的方向。

案例

让红十字的光辉永远闪烁在图云关

贵阳市民族中学2015届课程2班

指导老师：王义兰 杨 红

摘 要： 通过网络搜集资料、实地考察、发放问卷，较为深入地了解了贵阳市图云关发展现状，在此基础上反复论证和研讨，我们得出了相应的调查结论，为贵阳市图云关纪念景区提出了我们的宣传和开发建议。

关键词： 贵阳图云关 国际援华医疗队 志愿者精神 纪念性景区开发

一、项目论证

1936年11月，西班牙共和国与法西斯势力较量，一支"国际纵队"驰援西班牙共和国政府，其中有中国公民。

1939年7月，中国抗战的紧急关头，一支国际援华医疗队来到中国，其中有"国际纵队"的白衣战士。

何其有幸，这支国际援华医疗队的总后方，居然在我们的家乡——贵阳图云关。

春天，我们到过图云关，那时樱花静默，似在凭吊那些曾经挥洒在此的青春和奉献于此的生命；长眠于斯的高田宜，和她一起在这里工作过的27位外国医生，在这里拯救过无数的抗战伤员，也击退了当时肆虐贵阳的霍乱，为中国的抗日战争做出了重大贡献。

秋天，我们再到图云关，那时山山黄叶飞，我们只想拂去历史的尘埃，告诉贵阳人27个白求恩的故事，让曾经闪耀在图云关的国际红十字的光辉，继续闪烁在图云关，在我们每个人的心底，为国际援华医疗救护队筑一座永不倒塌的丰碑。

为此，我们宣传并发起"图云关·红十字"的实践活动，用我们的努力和真诚，来传递国际主义精神和奉献精神的火炬。

二、项目方案

（一）收集资料，了解现状，制作问卷：

网络查阅资料，收集信息，了解有关图云关的历史事迹及现状学习制作调查问卷，学习社会调查方法、统计方法。

（二）主题活动：图云关实地考察

时间：2012年9月

地点：贵阳市南明区图云关

活动内容：通过到贵阳市南明区图云关进行实地调查，初步了解图云关现状，尽可能寻找并走访知情人士。

（三）主题活动：发放调查问卷

时间：2012年10月

地点：人民广场、河滨公园、大十字、紫林庵一带、甲秀楼、阳明祠、文昌阁，贵阳市民族中学等人群聚集地。

活动内容：发放调查问卷，宣传图云关

（四）主题活动：走访调查

1.走访相关部门

地点：贵州省党史研究办公室，贵州省档案馆

活动内容：了解关于图云关国际援华医疗救护队更具体的信息，进一步汲取更多关于援华时期的知识。

2.采访专业人士

活动内容：通过对专业人士的采访调查，解决前期调查结论中的误差，进一步了解图云关历史。

（五）分析前期调查结论，拟定宣传方案

分析调查问卷，发现问题，小组成员共同讨论，提出相应的解决措施和方案。

（六）主题活动：成立"文化遗产保护科技小组"

活动内容：推动班级为项目宣传活动成立一个"文化遗产保护科技小组"。

（七）主题活动：校内宣传

1.校内走班宣传、发动"文学艺术创作大赛"

地点：贵阳市民族中学高一高二年级各班

活动内容：课题组成员组成流动宣传小组，走班宣传关于图云关的相关知识，并发动以创作文章、美术、影音等形式参赛的"文学艺术创作大赛"。

2．"文学艺术创作大赛"作品展览

地点：贵阳市民族中学1楼展墙

活动内容：将"文学艺术创作大赛"中收到的作品进行展览投票及评省选拔。

3．国旗下讲话

地点：贵阳市民族中学主席台

活动内容：项目组成员发表国旗下的讲话《图云关——闪耀着红十字的光辉》，号召所有师生参与了解并宣传图云关。

4．各班发放宣传单，并组织"图云关知识竞赛"

地点：贵阳市民族中学高一、高二年级各班

活动内容：以发放考卷的形式对高一、高二的同学进行图云关知识考核与宣传。

5．主题活动：选拔形象大使

活动内容：以图云关的知识竞赛试卷选出分数较高、意见及看法回答很有想法的同学若干名，并从其中以现场问答的形式选出一名图云关宣传形象大使。

（八）主题活动：网络宣传

1．创建百度"图云关吧"，作为大家对图云关话题、交流的平台。

2．申请网易邮箱，用来作为"文学艺术创作大赛"收纳电子稿作品和有关我们课题研究的建议和意见的一个途径。

3．申请新浪微博和腾讯微博，通过现今流行的网络互动平台引得更多的人关注图云关。

4．利用网络的漂流瓶装上同学们对图云关发展和对图云关这些医疗战士的感恩抛进网络的大海。

（九）向相关部门提出关于图云关规划建议

整理图云关景区开发规划的方案以书信的形式寄给市委书记。

（十）主题活动：清明节扫墓行动

时间：2013年4月4日

地点：图云关森林公园国际援华医疗队纪念碑

活动内容：邀请志愿者一同到图云关森林公园为曾经战斗在这里的国际援华医疗队的国际战士扫墓。

三、项目实施过程

（一）资料收集

1.网络调查

课题小组成员通过互联网查找图云关历史、图云关现状等相关资料并收集整理。

从网上调搜索的这些关于图云关的资料，都是关于图云关历史的零零碎碎的资料，但却没有详细的整体介绍，而且也没有关于图云关现状的资料。这让我们感到此次课题有着很大空间的扩展性。

2.实地考察

为了了解图云关现状，在2012年9月14日和29日我们分别两次来到了图云关。交通不便，公交车只有603一路车，且道路狭窄。指示牌：森林公园关于图云关的指示牌能轻易看见的只有大门处的一个。森林公园内的路标地图中"医疗救护站"无法找到。标有"国际援华医疗队"的旧址碑被竖立在去往公园途中一旁羊肠小道上。森林公园内没有相关图云关的历史简介，每天游客不足500人，游客进入公园，都称能驻足浏览的人文景观不多，只有援华医疗队纪念碑和高田宜墓。且多数是自己驾车来休闲烧烤。遗址损坏极其严重：

当地居民介绍曾经的放哨岗现被用来堆积废用家具；当地居民为我们介绍的图云关的遗址建筑破败不堪；部分建筑被农民工租来自居，房内依旧破败不堪。

（1）走访相关部门

2012年10月1日，我们与党史办及档案局取得联系。10月12号，我们走访了省档案局和省党史研究办公室。

在党史办以及档案局我们了解到关于图云关国际援华医疗救护队更具体的信息。在这里，我们再一次收获了很多关于援华时期的知识。我们了解到中国红十字会是在1938年从长沙、祁阳迁至贵阳图云关，而国际医疗救护队人员则是1939年冬和1940年春在陆续抵达贵阳图云关。且当时来到贵阳图云关的国际医生共26名，以及当时他们在贵阳图云关用生命谱写的一段段感人的故事。使我们受益颇多，更加坚定地想要把图云关历史宣传开来。

（2）采访专业人士

2013年1月28日，课题组成员来到金阳金华园小区的文史馆前副馆长史继忠老师家中，就"图云关"课题的资料获取问题、宣传问题以及关于书籍《经霜的红叶》的相关问题进行探讨与采访。

我们还了解到，在2006年为庆祝国际反法西斯战争的胜利，贵阳市新闻办专门出版了一本名为《国际援华医疗救护队在贵阳》的画册。经过商议，已向史继忠老师借到了这本十分具有纪念意义的画册。这本画册所含的信息会为我们以后整理图云关的历史提供巨大的帮助。

采访最后，我们向史继忠老师提出了请求，希望日后能有机会请他到我们的学校为我们学校的老师和同学上一堂以图云关为主题的班会课。

2013年3月2日，为邀请史继忠老师到学校做一次"图云关"的演讲和归还《国际援华医疗救护队在贵阳》画册，我们再次访问了史继忠老师。史继忠老师表示非常乐意到我们学校做这次演讲，而在我们归还画册时，史继忠老师把画册送给了我们，更令我们开心的是，老师又送了两本《经霜的红叶》给我们。

3.校内宣传

（1）国旗下讲话

2012年10月22日，我们以国旗下讲话这样的形式，让全校的同学都可以直观了解我们的课题目的及意义，同时也可以在全校范围内起到很好的宣传效果。项目组成员贾菲同学发表国旗下的讲话《图云关——闪耀着红十字的光辉》，号召所有师生参与了解并宣传图云关。

（2）走班宣传

2012年10月21日晚自习，课题组成员组成流动宣传小组，走班宣传推进图云关。

宣传内容：由主席分组（四组），各组组长带领组员一楼一组，一组五个班地宣传图云关的基本概况，及知识竞赛、文学艺术创作大赛的参与方式，大赛奖励、大赛主题及内容。

过程：每一组的组长身着贴有"图云关"字样的医生大褂，戴着由全班同学制作的护士帽，进入每一班进行校内图云关的宣传。同组的同学都手举图云关知识宣传板。

一进教室，校内宣传小组的形象引来了同学们惊异的目光。一出场，我们的宣传就有了第一个小小的成功。随后，组长用诙谐幽默的方式向同学们普及了图云关的知识，现场的同学们都十分兴奋。待知道图云关的知识竞赛和文学艺术创作大赛后，都纷纷表示愿意参与我们的活动。此次宣传效果非常好。

通过我们的宣传，高一、高二的同学们都知道了图云关的事，且大部分同学是赞成我们进行图云关的课题研究的，有的同学还积极参与了我们的各项活动。得到这样的结果还是给了我们很大的鼓励。

经过在校的走班宣传，我们学会了用亲切幽默的方式互相交谈。代替古板的照本宣科。宣传时营造活跃热闹的氛围也是我们通过此次宣传而得到的重要技能。

初次宣传的成功让我们颇为欣喜，也给了我们接下来的宣传活动的动力。总之，小小的成功推着我们不断走向最后的成功。

（3）文学艺术创作大赛

2012年10月至11月，我们征集参赛者以小说、散文、议论文、剧本、手抄报等文字和绘画形式的参赛稿。参赛者包括校内校外，以及对图云关感兴趣的网友。作品集齐后，将所有作品展出，邀请全校同学前来参观，在每幅作品旁放了一盒红十字贴纸，参观者可随自己意愿在喜欢的作品上贴上红十字。展出结束后，评选出最受欢迎的作品。

参赛作品除在校内展出外，还将在"图云关吧"上发起投票贴，进行网上选拔。

效果：引起了很多同学的关注，收到很多本校以及外校的作品，不过更多的同学表示，他们需要时间进一步了解图云关的历史，才能写出作品，那将是我们的二期宣传活动的重要内容。

目前，一期宣传活动结束，共收到作品51件，有手抄报、画、作文等。我们将前期收到的作品进行展览投票及评委选拔，选出了最好的一幅作品。目前以艺术大赛作品方式来宣传图云关，收到了不少的成效。

2012年11月27日，课题组成员将"图云关艺术创新大赛"中的作品进行展览。得到了很多同学的支持，为图云关宣传一期工作画了一个完美的休止符。

（4）图云关知识竞赛

2012年10月27日，我们以发放考卷的形式对高一、高二的同学进行图云关第二步宣传——知识竞赛。考卷内容涵盖了图云关的历史、抗日战争的历史，以及对图云关的宣传意见和看法。前两个主题是以选择题的形式出卷，意见及看法是以简答题的形式出卷。以图云关的知识竞赛试卷选出分数较高、意见及看法回答很有想法的同学若干名，并从其中以现场问答的形式选出了一名图云关宣传形象大使。

效果：高一、高二大部分同学对抗日战争历史回答得不错，但对图云关的历史部分了解还是不深，这说明我们的走班宣传还是具有一定的局限性，许多知识普及得不全面。而对意见及看法很多同学还是表示支持的。

结果：总体看来还是有宣传价值的。对少部分同学的疑问我们做过了改进的措施，对校内校外再一次发放了比第一次更加具有技术性的调查问卷。知识竞赛让我们发现了在宣传及调查过程中的不足，也促使我们进行了相关的改进，相信之后的宣传应可以进行得比较顺利。

4. 网络宣传

（1）创建百度"图云关吧"

在百度贴吧创建一个"图云关吧"，并将图云关的历史、发展、现状发表。将开发图云关纪念景区的过程细致地呈现出来，逐步揭开图云关神秘的面纱。

贴吧地址：http://tieba.baidu.com/f?ie=gbk&kw=图云关

（2）微博互动

微博是现代网络流行的一种互动平台，"发微博，引观众"，将图云关发展的过程内容通过微博的形式与广大网民进行互动，使全国的朋友都参与到这样有意义的活动中来，让更多的人用铭记来感恩，用行动来感恩，用施恩来感恩。

新浪微博：http://weibo.com/u/2898866463

（3）创建网易邮箱

由于开展一些文学艺术创作活动，其中会涉及电子稿，网易邮箱便是一个收稿的途径，邮箱也是一个收纳市民意见和建议的平台。

网易邮箱：tuyunguan@163.com

（4）网络视频

网络视频也是网民们搜索的热点，将图云关的相关视频发至网络可充实图云关的内容和提高在网络上的影响力。

（5）漂流瓶

漂流瓶已经作为许愿的象征，在网络上也较受欢迎，我们以许愿的形式来悼念这些勇士。分工在各种网络版的漂流瓶发送，如百度漂流瓶吧、百度漂流瓶俱乐部、QQ邮箱漂流瓶、阔地网等。

（6）论坛

论坛也是网络交流的一个热点平台，并且版面也较方便群众观赏，希望能通过论坛的形式将我们的课题展示在大家面前。

论坛地址：http://vip.ev123.com/vip_ivory2.html

3. 清明节扫墓

在参加"贵州省第28届科技创新大赛"时邀请到了许多志愿者。在2013年的清明节时，我们组织了部分邀请到的志愿者到图云关森林公园国际援华医疗队的纪念碑和高田宜医生的墓前扫墓，以缅怀这群曾经在这片土地上为中华民族的自由和尊严而战斗的人们。

上述活动有力推进了图云关历史宣传工作，现在我校高一、高二和部分高三同学，以及大多市民、外校学生都已经对图云关历史有了一个粗略的了解并且很支持我们将图云关大力宣传。前期宣传工作的顺利使课题小组所有成员信心大增，我们将会更加努力宣传图云关，让更多人知道贵阳，知道图云关。

四、采访与问卷分析

通过在网络查阅资料，收集信息，学习制作调查问卷，学习社会调查方法，统计方法，制作调查问卷。分别针对市民对图云关的了解情况、对图云关纪念性景区开发规划等设立了共十个问题。

2012年10月6日至8日，我们带着1000份问卷走上了贵阳市区，收回有效问卷897份。我们知道这不仅仅是简单的做课题调查，而是为了我们的责任感，为了让图云关这段不能忘却的历史被掩埋的责任感，我们在遭受了一次一次的拒绝之后，仍然选择坚持不放弃。

我们针对相关问题做出了统计，现挑选几个具有代表性的问题，为大家呈现：

据调查结果显示有80%的市民不知道图云关在何处，也不知图云关历史；14.5%的市民知道图云关的位置，不过不了解图云关历史；有5.2%的市民了解图云关，不过都只是很粗浅的了解罢了；仅有0.3%的人非常了解图云关的历史文化。这些沉重的数据，让我们意识到对于图云关红色革命宣传的推进，同为贵阳人，我们有着义不容辞的责任。

五、改进方案

针对我们看到的问题，我们针对图云关的现实发展状况、依据可行性和长期性，归类提出下列几点改进建议：

（一）规划建筑

1.在图云关附近增添雕像

为了加深广大市民对图云关的印象，可在图云关的纪念碑不远处修建一些雕像，如国际援华医疗队的成员的雕像、一群医生和护士在急匆匆行走的场面的雕像、医生在和受伤的战士握手的场景雕像等，但不要太多，选取有代表性的雕像来修建。也可以在从森林公园到图云关纪念碑的小路上修建一块大型浮雕，浮雕

上的内容可以是从医疗队迁到贵阳开始直到他们撤出贵阳的整个生活的状况

2.恢复旧址建设

寻找大量历史资料，修复图云关的旧址建设，让游客们可以更深地体会到当时国际援华医疗救护站的医生和护士们的生活以及贵阳人民抗日的艰辛。

（二）修整道路，改善图云关周围的环境

由于到图云关的道路路况不好且在森林公园不远处的油榨街是花鸟市场，人流较多，较为混乱。建议先整顿花鸟市场的环境，加强管理，同时扩宽道路。为了方便到达图云关，可延伸某条公交车的路线至图云关。与此同时对花鸟市场的商贩及森林公园附近的居民进行图云关知识的普及，让他们充分意识到图云关对于贵阳人的重要意义，使他们产生一种自豪感，有自觉想要保护图云关的意识。

（三）加大宣传力度

利用外界因素，加大图云关被人知晓的程度，可在森林公园内增添一些健民设施或娱乐设施，带动图云关的人流量。也可联系媒体针对图云关进行一个专题的报道。

（四）开展纪念活动

每年的5月8日在图云关开展一个纪念活动，这一天是国际红十字会的纪念日，邀请各界人士在这一天来到图云关，共同纪念在图云关英勇牺牲的烈士们，并把这一天定为"图云关烈士纪念日"，在这一天我们可以向来缅怀烈士们的人们免费提供图云关的纪念品（如棉花做的医生模样的小挂件、带有国际红十字会的标志的钥匙扣、印有国际红十字会的标志的护士帽等），并在这一天进行"图云关知识比一比"的比赛，前三名将会获得由银行提供的图云关纪念币一套。还可以联系邮局出台两套图云关的邮票，一套是图云关纪念邮票（具有收藏价值），另一套就是图云关系列邮票，争取联系红十字会，并得到红十字会的支持，让纪念邮票在市面上流通。

（五）开展救护体验活动

联系各大旅行社，跟他们进行合作，让他们把图云关当作一个固定旅游景点，把外来的游客带到图云关进行参观，另外我们可自行培养一些"图云关"的专属导游，当旅行社带游客来参观时，对游客进行图云关的介绍。成立一个志愿者的体验与活动中心，发扬志愿者精神，让现代人也体验一下当时医生和护士的生活，如救护演习。也可以向来参观的游客发放图云关的宣传册和图云关的纪念品，如印有国际红十字会标志的小包、折叠收纳布箱，温水杯等。

（六）创造作品

建议文化部门组织作家、文学爱好者创作相关题材的剧本和文艺作品和歌曲，让鲜活的中国红十字会救护总队动人的故事展现出来。

利用图云关的历史背景，将旧址复原后，可联系影片公司拍一部影视作品。利用图云关这不可多得的创作条件，拍一部围绕这些国际援华医疗队的成员在贵阳的这段生活的历史纪录片。这是那些怀念这段历史的人们的一个思想平台，可以让一些爱好者也加入到影片的制作中，或是成为其中的一个角色。

（七）整合开发

由于到图云关的道路路况不好且在森林公园不远处的油榨街是花鸟市场，由于人流较多，提议把花鸟市场提升规模和品位，使花鸟市场与图云关的开发串联在一起。在花鸟市场大力宣传图云关景区，凡是花鸟市场内的购买者，可直接免费乘专车到图云关参观与部分免费体验活动，而在图云关的游览者依票在花鸟市场购物可有打折优惠。

（八）加入《生态文明建设读本》教材

我们委托王义兰老师在参加《贵阳市生态文明建设读本》教材修订研讨会的时候，将图云关的历史写进读本，这一建议引起了教材编委会的高度重视，他们要去了我们的课题资料。我们会进一步建议市教育局在大、中、小学校本地教材中，加入贵阳抗战文化内容。为发展图云关打下牢固的基础，将国际援华医疗对在贵阳的这段历史充分展现在新一代的学生面前，使贵阳市的文化气氛更加浓郁，也以此来感恩这些抗战英雄，继承国际主义精神和奉献精神。

（九）房地产开发

借鉴小车河的经验，建议联系房地产商利用森林公园的环境进行保护性开发，而有了这样大规模的开发，图云关周边那些凌乱的建筑将得到改善，使住房与森林公园将通过一系列工程建设融贯一体，与山景合二为一。图云关景区可以打包给房地产商经营，有经济效益的驱使，图云关会开发得更好。

（十）交通广告

公交车与出租车已成为人们出行最便利与重要的交通工具。在车上展示出图云关的历史文化，让贵阳市民认识到这段历史的重要性，加深市民了解程度。公交车的车身广告与出租车的LED屏是一块很具有吸引力的宣传板块，与公交公司协定将图云关纪念景区的开发结果以图文并茂的形式贴于公交车身，用文字的形式显示在出租车的LED屏上，让图云关的宣传贴近人们的现实生活。

（十一）媒体报告

在我们将图云关的纪念景区开发的规划与宣传，联系广播电视台，得到电视媒体的支持，将成型的资料、过程、结果以电视播出的形式展现给观众，也可以让观众与电视媒体互动，让更多的人也能间接参与到图云关纪念活动中。

（十二）联合宣传

国际援华医疗救护队的成员也曾到达过中国的其他城市，我们可以与国际援华医疗救护队的各分站一起联合宣传，寻求网络支持，时机成熟以后建一个网站。在图云关已被更多人所熟知、我们的课题研究已得到初步的效果之后，就联合在广西、云南、四川、江西、湖南、湖北等地区进行宣传，发行邮票、联合纪念活动、文艺演出……共同合作使图云这段被掩埋的历史更大范围地展现在广大市民眼前。各城市把自己手中所掌握的关于国际纵队、国际援华医疗队的所有历史资料进行汇总整合，深入探讨这段掩埋的历史。

六、方案推进措施

为了推进图云关规划改进方案的实施，检验我们的方案是否具有可行性，我们采取了以下行动：

（一）我们曾在2013年3月22日给贵阳市委书记寄去了一封信。但可惜的是，没有得到回应。但我们最终还是决定，将此方案进一步地推进，为此我们在2013年6月27日将图云关的规划建议以书信的形式寄给了省长、贵阳市委书记、贵阳市市长、省教育厅厅长。宣传图云关，仅仅靠我们的力量是不够的，而想让更多的人都了解图云关，我们将坚持不懈地向相关部门传达我们的建议。而现在，我们已接到了省教育厅霍厅长的电话，他表示对我们的课题很感兴趣，将在7月中旬派人到我们学校进行详细了解。

（二）前期的网络宣传活动中，我们的"微博行动"宣传活动一直以宣传图云关的大概历史、课题的实施过程为宣传内容，但效果不佳。现在我们已经求助相关部门，并得到了承应将国际援华医疗队的战士的感人故事、图云关的现状等来引起各界人士的关注。

（三）为了弘扬红十字的奉献精神，我们计划在2012年7—8月的暑假期间开展一个"让红十字的光辉永远闪烁在图云关"的大型活动。我们已在联系邀请贵阳红十字会和我们共同创办此次活动，而通过6—7月一个多月的沟通，我们通过贵阳红十字会得到了花溪红十字的关注，并在6月27日来到了我们的学校（贵阳市民族中学）表达了他们对此次活动的看法并表示将大力支持此次活动并将继续在活动各方面与我们达成一致。

（四）我们的项目主席王嫣同学曾在2013年6月16日接受贵阳晚报的"达人秀"专访时，借此机会，向记者介绍了我们的课题。而贵阳晚报的汤记者对此很关注，我们的项目"图云关"课题将在7月12日报道。

七、项目评估

（一）评估报告

十个月的时间，对于一个历史文化的宣传实践活动来说，似乎太短了，但这一段时间，同学们依然收获良多。这十个月也只是推广图云关的开始，一路走来，过程是那么漫长，那么艰辛，有欢笑也有泪水。但是他们却从中成长了起来，如今，他们已经不仅仅是简单的做课题调查，而是为了心里的责任感，为了让图云关这段不能忘却的历史被掩埋的责任感。

在刚开始实施课题时，大家都怕耽误学习导致积极性不高，一位组员就曾经评价过课题"效率不高，信心不足"。但是在与组员交流以后使大家的积极性有所提高，懂得了在团队合作中交流的重要性。

项目主席王嫣的口语表达能力不好，其实刚开始时，这个课题有两位项目主席，而另一位项目主席王诗筑的口语表达十分优秀，所以王嫣同学一直在逃避这个问题，把所有需要上台讲话的事情都安排给王诗筑做。可是后来王诗筑同学因为转学放弃了这个项目，王嫣不得不开始尝试着训练自己的表达能力，直到现在，尽管还是很怯场，但总算是能表达出自己想表达的，也开始学会了微笑。

本项目组选择"图云关"作为课题主题，也体现出大家对社会问题的关注，有一份为社会尽力的责任心。因此在校内，采取了一系列的宣传方式，例如在国旗下讲话、走班宣传、文学艺术创作大赛、图云关知识竞赛。其中走班宣传给大家带来了很多的启示，甚至突破了自我。虽然开始大家都有些觉得丢脸但起到了很好的宣传效果。

在网络上，创建了百度"图云关吧"，作为大家对图云关话题的一个交流平台。公布了网易邮箱，用来作为"文学艺术创作大赛"收纳电子稿作品和有关于我们课题研究的建议和意见的一个途径。申请了新浪微博和腾讯微博，想通过现今流行的网络互动平台引得更多的人关注图云关。还利用了网络的漂流瓶装上同学们对图云关发展和对图云关这些医疗战士的感恩抛进了网络的大海。

在贵阳市，课题组去了森林公园管理处、党史研究室、贵州省档案馆、贵阳红十字会、贵州省文史馆。而走访这些上级部门，不仅大大增强了实施这个项目的意义，这也成为他们以后成长途中的宝贵经验。他们也尝试着借助媒体力量来进行宣传，不断地联系记者，打动他们。他们还一直坚持不懈地给相关部门写信，想要改变图云关的现状，这让我们看到了他们对项目的热爱，也为他们一次次打动政府，得到他们的认可而高兴。

在实施项目的过程中，也存在很多不足的地方。

发动组员实施活动的过程中，有一部分组员出现了不做事的现象。在时间上，并没有准确把握好做每件事所需要的时间，而且在做事前也没有提前预约导致出现后期工作因时间的原因有些推迟，没能够把每件事会遇到的困难做出应急方案。

而无论项目做得怎么样，这是他们成长的一个过程，是值得回味珍惜的。

其中有一些表现突出的同学，他们在实施过程中，有自己的想法。能够在过程中提出自己的意见。还有一部分同学也突破了自己，原来不善交流，性格比较内向的同学都积极地融入项目中，提高了沟通能力。

通过引导力这个课程，大家都学到了很多，懂得了怎样与他人沟通，学会与他人合作等等。

现在，他们已获得贵州省第28届科技创新大赛一等奖，全国第28届科技创新大赛二等奖并作为"文化遗产保护项目"已成为广东省希贤教育基金会、中国青少年教育基金会、四川广安中学教育基金会主办的公益活动"微善行动"的示范课题。

最后，希望大家的努力，能够让图云关被更多的人记住；希望有更多的人，能够加入到志愿者的行列中来，奉献自己的爱心。

（二）我们的收获

1. 这次活动培养了同学们的历史情感，增进了我们对贵阳历史的了解和认同感。我们不仅了解到国际援华医疗队远涉重洋奔赴中国各个战场救死扶伤的历史，也进一步了解到相关的背景史料，比如：纪念塔地名来源于柏辉章将军为了纪念抗日战场上捐躯的一万余名黔军将士在那里建过一座塔；晴隆二十四拐才是史迪威公路的真正代表，它见证了贵州省和贵阳市作为抗战大后方中转枢纽的历史。如烟的往事，似乎都尘封在了岁月中，而当我们重新捡拾起身边的历史遗珠时，我们感到自己是如此前所未有地贴近历史，也贴近贵阳。

2. 宣传了国际主义精神，也唤醒了同学们的奉献精神。图云关厚重的历史故事中，真正触动我们的是"国际援华医疗队"的牺牲精神，他们不仅在西班牙共和国面临危难时伸出援手，在对于他们来说遥远而陌生的中国遭遇日本法西斯蹂躏时，慨然远涉重洋奔赴中国的抗日战场，是什么精神的召唤，让他们不惜牺牲青春、亲情乃至生命？为此，我们查阅了国际红十字会的历史，我们对红十字会的创始人亨利·杜南肃然起敬，他以一己之力，唤起国际社会和交战双方对生命的尊重，对弱势群体的关注，原来，一个人真的可以爆发出很大的能量，原来，人们心底都有一块柔软的地方，那就是人性的光辉，只是看有没有人去唤醒，无疑，杜南做到了这一点。这让我们对于这次宣传活动的信心倍增，同学们首先唤醒了自己，集体加入了红十字会的志愿者行列，然后唤醒了市民对于图云关历史的关注。我们想，这种奉献精神的传承，才是国际援华医疗队的志愿者们最想看到的结果吧。

3. 培养了同学们的团队精神，也锤炼了我们的个人意志。在整个实践过程中，我们有过摩擦，曾经因为彼此意见不一而使工作停滞了一段时间，这让我们付出了更多的时间和更多的精力，由此我们得到了一个深刻的教训：沟通与合作，是成功的关键。这也是同学们第一次尝试用这么长的时间，做一件高强度、高品质的社会实践工作，学习的压力、安于享乐的诱惑、家长的不理解、实践活动本身有着我们似乎够不着的难度等问题，都需要我们自己一一化解，但也正因为如此，我们的个人意志得到了提升。沟通与坚持，是我们在这次活动中最大的收获，也将是我们人身成长中最重要的财富。

4. 锻炼了同学们的社会实践能力。社会实践在我们眼里曾是遥不可及的，更何况是"推广图云关"这样大的一个社会课题。但这次实践活动，让我们懂得每一个成功都不会简单，每一个不简单都是无数个简单的积累。我们学会了如何与人交流，学会了做事不能急于求成，要敢于挑战新事物，心理承受能力也得到了提升。

5. 培养了同学们的公民素养。作为一个现代社会的公民，我们首先是一个贵阳人，这次活动引导同学们关注身边的历史，关注自己的家乡，成为一个合格的贵阳公民；同时引导我们正视中国的抗战历史，以客观的态度审视国民党、地方军在抗日战争中的贡献，成为一个合格的中国公民；更进一步引导我们关注国际主义精神，培养我们的国际性视野和奉献精神，成为一个合格的世界公民。

记得第一次去到图云关那个地方，我们谁也没有想到那个医疗救护队的碑居然是在去森林公园路边的小山坡上。杂草长得高高的，抵着碑的文字，周围胡乱地长着几棵芭蕉树。关于那个碑的相关情况也是一位姓唐的老爷爷告诉我们的，状况极为不佳。这样的情况无以为我们的调查增加了难度。但再往山上走去，当我们看到高田宜医生萧条的墓地时，心里只觉一阵悲凉，曾为中国抗日战争做出重大贡献的国际友人，怎么可以被人遗忘至如此地步呢？那刻起，在所有人心中都有了一股信念，决心把图云关历史呈现于世人眼前的信念。也正因这股信念，才支撑着我们在后来的调查及宣传过程中尽心尽力、不怕苦、不怕累地研究下去。

国际援华医疗队的奉献精神感动了我们。白乐夫在中国做医生，肯德在常德扑灭鼠疫，两个德国犹太人的遭遇，三队患难夫妻的经历，甘扬道与中国姑娘喜结良缘，中国学员对顾泰尔的深切怀念。一桩桩，一幕幕，都给我们深刻难忘的印象。可如今的图云关，一个国际援华医疗队的旧址碑让我们找了三个小时，为找到一个了解图云关的当地人，我们在图云关徘徊了两个多小时。调查过程中有冷眼，有质疑；总结整理过程中有分歧，有争吵；宣传过程中有挑衅，有刁难。这些都使我们沮丧过，尴尬过，可我们从未放弃过，因为支撑我们的，不仅有这些国际友人的奉献精神和动人故事，更是在老师的指导、政府的支持、同学的热情中让我们一直坚持着最初的信念。

虽然完成这个课题付出了很多心血，但一次次的困境都有着我们成长的足迹。我们学会了自己提出问题，并你出方案解决；学到了许多研究方法，学会了怎样设计调查问卷，如何写作论文，更变得善于与人沟通。

每一个成功都不会简单，每一个不简单都是无数个简单的积累，其实课题的成功与否已经不是那么重要了，比赛结束之后，我们会继续关注图云关，做我们能做的，哪怕只是带着家人朋友为那些国际友人献一束花，我想我们就是成功的。

在我国，抗日战争胜利的意义，很重大，但图云关这颗属于我们贵阳的历史红星，正默默地等待着闪光的时刻。而现在，我们就是要擦亮这颗红星，让它再次散发光芒。

小结

今天的图云关应成为了解贵阳历史文化、人文景观和提高贵阳知名度的窗口，一处值得浓墨重彩推出并且需要重点开发的历史文化园区。国际援华医疗队的成员们，他们拯救过无数的抗战伤员，也击退了曾经肆虐贵阳的霍乱，为中国的抗日战争做出了重大贡献。可是这一段历史却淹没在岁月的尘埃中。我们现在想做的，就是拂去历史的尘沙，让曾经闪耀在图云关的国际红十字的光辉，继续闪烁在图云关，在我们每个人的心底，为国际援华医疗救护队筑一座永不倒塌的丰碑。

让图云关犹如一叶扁舟，游弋在中国历史的长河里，乘风破浪。

（本课题获2013年第28届全国青少年科技创新大赛二等奖）

民族文化传承中彰显行动的力量

——以"跫音不绝——重振神秘地戏文化"课题为例

赵相黔　王义兰

摘　要： 传统文化忠实记录了历史变迁，是先者智慧的结晶，是重要的物质文化和精神文化。在信息爆炸的现代社会，如何把学生的注意力引向我国传统文化，我们进行了思考与尝试。通过课程引导，使他们主动将目光转向我国传统文化，在学习和生活中处处留心，用心思考，积极行动，承担起保护中国传统文化的责任，实现文化的传承与创新。

关键词： 课程　引导力　地戏文化　文化传承

《跫音不绝——重振神秘地戏文化》课题是一个实践类课题，由2016级高一（9）班课题组完成。学生研究了贵州安顺地戏的历史、现状，学习了简单的地戏表演，对安顺地戏进行了大力宣传，承担起保护中国传统文化的历史重任。

一、保护"活化石"，我们在用心

传统文化是先辈智慧的结晶，是重要的物质文化和精神文化。保护传统文化可以培植社会文化的根基，维护文化的多样性和创造性，保证社会文化健康向前发展。

在信息爆炸的现代社会，让我们的学生将目光移向我国传统文化，学习、理解、认同、保护、传承传统文化是一件艰巨且长期的工程。在这一问题上，我们运用课程引导进行了探索与尝试，收到了良好的效果。

在历史课上学生了解了安顺地戏的相关知识，知道了号称"戏剧史上活化石"的安顺地戏正面临失传的窘境。他们很想为安顺地戏做些什么但却不知从何做起。这是一次让学生接触、了解、认同、保护、传承、宣传中华民族传统文化的好机会，于是我们以课题研究的方式引导学生踏上了探索神秘傩音的文化之路。

二、保护"活化石"，我们在思考

明确了研究的方向，还要引导学生设计、拟定研究方案。经过学生的周密思考和集中讨论，最终学生形成了较为统一的观点，并制定了详细的研究计划：1. 调查研究了解安顺地戏现状；2. 实地考察、收集资料了解安顺地戏；3. 学习安顺地戏；4. 宣传安顺地戏；5. 创新安顺地戏。

这一阶段，主要是引导学生深入了解课题研究当中如何制定计划、寻找合适的研究方法以及拟定适合的研究方案，为日后学生进行更为复杂的科学研究奠定坚实基础，是引导学生进行课题研究不可忽视的重要组成部分。

三、保护"活化石"，我们在行动

学生制订的计划是令人满意的，但保护传统文化更为重要的是实践。引导学生正确地展开实践活动，形成科学、严谨、务实的研究态度，做到"知行合一"是这一阶段的主要目标。

在科学方法的指导下，学生去贵州省图书馆、贵州省民族博物馆收集了史鉴材料、参观了地戏现存古老物件；采访了贵阳市市政府工作人员，了解地戏现状；到安顺屯堡进行实地考察、采访、学习、调查获取了大量有效信息；

通过一系列社会实践活动，学生获得了宝贵的第一手材料，经过科学地分析讨论，梳理出以下几个问题：1. 大众对安顺地戏认知度不高；2. 安顺地戏的表演区域太过局限；3. 政府对于安顺地戏的推广度不够；4. 安顺地戏的传承人较少。

了解到以上信息后，学生展开了进一步的行动。他们创新了推广地戏的方式。除了传统的宣传方法外，学生还加入了目前流行的"新媒体"宣传手段。自主研发了APP，开设了微博公众账号，网上建立了众筹项目，把筹集的资金用来宣传及纪录片拍摄，在学校成立了地戏社团，在筑城广场开展了一次大型宣传活动，在市中心演出进行了联校宣传。

学生对各种宣传手段是第一次接触，对他们而言是一个巨大突破！通过这些实践，他们感受到了行动的力量。

四、保护"活化石"，我们有收获

2016年7月，课题研究小组将研究成果带到了"第七届全国中学生领导力大赛"，在这由全国各地名校参加的活动当中，获得了项目一等奖的好成绩。

获奖不是主要的，重要的是学生借助更高的平台对"神秘地戏"进行了宣传和展示，让更多的人了解了贵州大山中这神秘的"活化石"，人们欣赏了粗犷、强力、阳刚的地戏表演后，惊叹于地戏浓郁的文化之韵！学生也在这次大赛当中取得了长足进步！

五、保护"活化石"，我们在成长

学生在这一保护我国传统文化课题研究当中的表现着实让人感到欣慰，他们真实体现了当代学生行动的力量。而课程引导在这一过程当中的助推作用是极其重要的。回顾整个研究，我们学生的收获和成长是无法在传统课堂实现的。

（一）坚持不懈

每一次的调查和考察，都是很辛苦的，但我们抱着不放弃、不气馁的心态认真做每一件事。即使遇到一些困难与挫折，受到别人的误解，也没有放弃，而是一如既往地坚持下去。

（二）团队合作

团队是最容易出现问题的地方，课题研究没有多长时间，同学们之间就产生了各种各样的矛盾，但是为了共同的目标，大家约定绝不放弃，于是学生打开心扉，用心交流，打动对方，精诚合作。

（三）团结奋进

参与这次课题研究的学生在谈论自己的体会与收获时都提到了团结的重要性，一个人是完成不了课题的，大家需要齐心合力，发挥每个人的长处与特点，分工明确，各部门之间要衔接完善，使课题变得井然有序、有条不紊。

（四）综合发展

在课题研究的过程当中，学生的素质得到了综合发展。他们学会了与人交流，学会了熟练运用电脑软件，学会了撰写项目报告，学会了表述自己的观点等等。

文化的保护需要全社会共同参与，中学生也是一支重要力量，文化的保护最重要的要"接地气"。我们有着这样一批以创新的理念对古老文化进行传承和保护的年轻人，他们不是坐在电脑前搜索一些信息然后就天真地以为保护和传承了传统民族文化，他们在实践、在行动、在传承、在创新，这不由得让我想起了梁启超的《少年中国说》，美哉我中国少年！

跫音不绝

——重振神秘地戏文化

贵阳市民族中学2018届　张晋锴　梁皓炎　吴羚榕　文芷若　金美美

郭　瑞　罗玉连　张美琳　平绍雯　徐皓瑜　周迪恒

陈昊迪　付中钰　刘　星　袁泽旭　班荣洁　肖赵俊滔

指导教师：王义兰　赵相黔

摘　要： 首先通过网络查找、图书馆收集安顺地戏相关史鉴，到安顺屯堡进行实地考察，采访地戏传承人，并深入考察地戏传承人的台前幕后，通过调查分析，梳理出安顺地戏传承的问题所在，针对问题提出我们的建议和改进方案。

关键词： 保护　安顺地戏　傩　传承　贵州　非物质文化遗产

一、项目背景

明洪武十四年，随着朱元璋三十万驻屯军的到来，汉族的众多文化现象也进入贵州，安顺地戏就是其中之一。它吸收了这片神秘土地的灵气，形成了独特的戏剧审美，它木质彩绘的面具有贵州文化的浓烈之韵，而气壮山河的武戏又兼具贵州山水的阳刚之美。安顺地戏以动作粗犷，力度强，动作美，被称为"戏剧史上的活化石"。2005年，安顺地戏被列入第一批国家级非物质文化遗产名录。并曾多次走出国门，造访法国、西班牙、韩国等多个国家。可是随着现代社会的飞速发展，地戏在逐渐萎缩，演员年龄偏大且队伍人数逐年减少，最终面临传承难的这一严重问题。

"安顺地戏"是我们学校上一届的学长们开题做过的一个课题，但他们在选题后没能进一步推进课题行动，我们去年开设引导力课程后，同学们对学长们留下的"安顺地戏"课题进行了网络调查，对于这一份文化遗产的传承工作表现出了浓厚的兴趣，我们高一九班决定接过这个项目继续行动，为安顺地戏的宣传和传承尽一点绵薄之力。

二、项目方案

1. 通过网络、图书馆、博物馆收集资料，拟定调查问卷。

　　时间：2015年11月11日

　　途径：图书馆收集史鉴材料、博物馆参观地戏现存古老物件

　　地点：贵州省图书馆、贵州省民族博物馆

2. 第一次实地考察，制定采访提纲，采访地戏表演者，学习地戏表演，购买其相关产品，发放调查问卷，收集信息。

　　时间：2016年1月17日

　　途径：问卷发放、学习地戏剧目、走访当地居民

　　地点：安顺屯堡

3. 利用现代科技进行推广。

　　时间：2016年1月15~26日

　　途径：利用叮当自主运营平台自主研发APP

　　地点：学校

4. 注册新浪微博账号。

　　时间：2016年2月8日

　　途径：开设微博公众账号时时更新课题进程

　　地点：学校

5. 在网上建立众筹项目，把筹集的资金用来宣传及纪录片拍摄。

　　时间：2016年2月21日

　　途径：众筹网发布众筹项目

　　地点：学校

6. 采访贵阳市市政府相关工作人员，以了解贵阳市及贵州省对于安顺地戏的推广力度。

　　时间：2016年3月15日

　　途径：采访贵阳市市政府秘书长张雪丽

　　地点：学校

7. 第二次实地考察，收集筑城广场摄影展的资料，联系服装。

　　时间：2016年3月30日

　　途径：联系服装供应商，拍摄屯堡地戏详细视频资料

　　地点：安顺屯堡

8. 在贵阳市民族中学建立地戏剧社，并招新。

    时间：2016年4月5日

    途径：设立地戏剧社

    地点：学校

9. 在筑城广场开展一次大型宣传活动，计划排练一段地戏，在市中心演出。

    时间：5月14日

    途径：举办摄影展、签名墙祝福语，演出地戏。

    地点：筑城广场

10. 联校宣传，争取初中母校的支持，回校进行地戏宣传活动。

    时间：6月7日

    途径：播放纪录片

    地点：贵阳市各中学

三、项目实施过程

（一）资料收集

地戏为傩戏的一种，地戏也称"跳戏"，由于不用戏台和苗台，就在村野旷地进行，故名地戏。安顺地戏只演"正史"，不演庞杂剧目，只有武戏，没有文戏。表演形式比较古朴，演员头顶面具，面罩青纱，背插小旗，手持刀、枪等兵器，在铿锵的锣鼓伴奏种相互唱、和、舞、打，场面热烈。

面具用丁香木或白杨木精雕细刻而成，做工讲究，神态生动。面具由面孔、帽盔、耳子三部分组成。面相分文、武、老、少、女五类，俗称"五色相"。除主将外，还有小军、道人、丑角、动物等类别。地戏脸子多为浅浮雕与镂空相结合，精细却不繁琐；色彩上用贴金、刷银的亮色，以及红、绿、蓝、白、黄、黑，几乎没有一种颜色不可拿来用上。有的面具还要镶嵌上玻璃片。

但随着时间的推移，安顺地戏濒临失传，面对人们对地戏的不理解，政府的不重视，学习地戏的人越来越少，我们对此感到很担忧。

（二）实践过程

1. 进行第一次实地考察

时间：1月17日

参与人员：张晋锴　罗玉连　吴羚榕　梁皓炎　平绍雯

过程：（1）早上10：00出发，12:10到达天龙屯堡。

（2）发放调查问卷，询问至演武堂，遇见许多慕名而来的游客，并对当地游客及地戏传承人进行调查，进一步了解地戏的面具、服饰及其表演，与地戏表演者交谈关于地戏由来及知识。

（3）向地戏传承人了解并学习地戏舞蹈动作，并购买了其相关产品。

（4）下午六点离开天龙屯堡，返回市区。

结果：由于是淡季，游客较少，信息量少；对地戏的服饰及面具有一定的了解，也是知道了跳地戏是为了去祭拜和感谢这些神的一种表达方式，并且我们通过当地居民、游客以及地戏表演者，我们知道了大家都希望地戏能被更多人所了解、学习、传承和保护，让地戏不被世人所遗忘。

感想：通过此次实地调查，我们知道了地戏并不是广为人知的，所以我们计划能在宣传和推广上下功夫，并且通过其他途径来收集有效资料。

2.进行网络宣传（APP 微博 众筹）

时间：1月下旬——2月初

过程：（1）1月26日，我们制作了一个APP（地戏掌中宝），并在上面上传地戏的图片、视频，至今已有30人下载。

（2）在2月8日，我们注册了新浪微博账号，在上面不断更新地戏的资料及课题的进展，并且现在已有1213人关注。

（3）在2月21日，我们在网上建立了一个以"登音不绝——重振神秘地戏文化"为名的众筹项目，我们将把筹来的资金用来拍摄一部有关安顺地戏的纪录片，发扬并传承安顺地戏。

感想：经过小组讨论之后，我们认为APP和微博上传的资料不足，所以我们想去博物馆收集资料。

3.省博物馆

时间：4月9日

参与人员；吴羚榕

目的；补充APP和微博的资料

过程：中午11点到达博物馆，进入馆内

结果：收集了一些有效信息，弥补了资料不足问题

4.采访市政府秘书长

时间：2016年4月21日

参与人员：张晋锴　吴羚榕　罗玉连

过程：当日我们采访贵阳市市政府秘书长，了解了市政府对于安顺地戏保护

和传承并不是特别重视，很少有相关课程的开展。

感想：我们认为我们应该再次收集资料，加强宣传力度。

5. 第二次实地考察

时间：5月1日

参与成员：梁皓炎　班荣洁　徐皓瑜　周迪恒

过程：（1）早上11:00进入天龙屯堡

（2）收集照片素材，商讨关于服装租借的事情，为之后筑城广场的宣传活动做准备

（3）下午6:00返回市区

感想：尽管到这里的游客有许多，但是了解安顺地戏的却还是知之甚少，我们意识到除了大力宣传安顺地戏我们应该更加注重传承的问题，加强传承力度，同时对地戏进行保护和传承。

6. 建立地戏剧社

时间：5月10日

过程：召集了许多社员，我们希望让更多的同学了解并学习地戏，所以在班上播放地戏的舞蹈视频，有许多同学被色彩各异、颜色鲜明的面具及服装所吸引，并且还学习地戏的唱腔及步伐，这让我们为地戏得到保护而感到高兴。

感想：除了宣传之外，我们还决定要找到对地戏进行保护和传承的措施。

7. 筑城广场

时间：5月14日

成员：张晋锴　罗玉连　平绍雯　班荣洁

周迪恒　张美琳　徐皓瑜　梁皓炎

肖赵俊涛　刘星　付中钰　袁泽旭

过程：（1）10:00到场布置展架，安放照片板，进行了摄影展及签名墙活动；

（2）下午我们参加了贵阳市民才艺舞蹈比赛，并且获得96.28的高分；

（3）在展览的过程中我们还接受了记者的采访，很幸运我们的展示活动还登上了贵阳日报。

（4）帮助活动方收拾桌椅；

（5）下午返回市区；

结果：此次活动很成功，有许多人前来参观以及观看我们的表演，我们很激动，因为我们不仅取得了好成绩，并且我们这次活动还上了报纸，这地戏的宣传

和推广是很有力的

感想：我的累并快乐着，我们之后发现了一个小问题，我们的宣传已经足够，但是政府对地戏的保护还不足，所以我们进行了项目推进。

8. 走校宣传

时间：6月7日

参与成员：梁皓炎　文芷若

目的：为了扩大中学生对安顺地戏的了解，使同学们了解到贵州本土传统文化，并且对安顺地戏进行了保护。

过程：我们在贵阳市第四十中学向同学们播放地戏的视频，将制作了的ppt展示给同学们观看，并且进行解说，让更多的同学了解和学习到地戏的知识，我们将视频播放给同学们观看，让他们近距离地感受地戏的美，感受那一股神秘的味道。

四、采访与问卷调查

（一）采访调查

通过分析，我们发现，安顺地戏的知名度不够，地戏演绎地区较少，推广范围不够广，只限于安顺本地，并且从安顺本地为中心向外拓展逐步减少。政府对其的发展规划定位偏向旅游开发和文化保护，但是却心有余而力不足。安顺地戏缺少周边产品的售卖，且物质文化部分得不到良好的传承，越来越少的人知道安顺地戏，这让安顺地戏的传承产生巨大困难。经过分析讨论，我们梳理出以下几个问题：

1. 大众对安顺地戏认知度不高；

2. 安顺地戏的表演区域太过局限；

3. 政府对于安顺地戏的推广度不够；

4. 安顺地戏的传承人较少。

（二）问卷分析（我们选取了几道典型例题分析）

面对安顺当地居民的A卷

1. 你知道安顺地戏的演出程序吗？

答：开箱、请神、顶神、扫开场、跳神、扫收场、封箱。

（这一道题，35%的当地人都无法回答，60%的人回答得迷迷糊糊，只有剩下5%的人可以完整回答。这一组数据说明了即使是当地人对安顺地戏的了解程度不够深刻和全面，当地居民对安顺地戏的参与度不高。）

2. 据您所知，政府是否有成立过关于安顺地戏的展览，或建造以安顺地戏为主题的展览馆？

A.有　　B.没有

（这一道题我们获得的信息为：80%的人选择了B，说明了当地政府做过一定宣传，但是并没有起到宣传应当有的效果，就连当地很多居民都不知晓。同时也证明了当地居民对其活动的关注度不高。）

3. 安顺地戏流传区域为？

答：在中国西南部贵州省地区广为流传，较为集中在安顺一带。

（根据这一道题，我们分析出了安顺地戏的表演区域太过局限，只集中于贵州省安顺地区，其他市县或省市都不知晓，所以导致其知名度不高）

面对贵阳地区居民的B卷

1. 你听说过安顺地戏吗？

A.从未听过　B.听说过　C.了解

（这一道题目中90%的人选择了A选项，8%的人选了B，他们的选择说明了随着时代的发展，科技的进步，人们在这个快节奏的生活中，渐渐遗忘了中国的历史，以及中国非物质文化遗产。也说明了他们对其不重视及对其无兴趣）

2. 你觉得政府应该给予什么样的政策性保护？

A.鼓励民众积极参与保护活动，并给予奖励

B.鼓励地方政府及民间团队举行关于地戏的文化活动，并加大宣传

C.政府成立专门机构筹集资金，给予资金支持

（这一道题目中50%的人选择了B选项，30%的人选择了A，20%的人选择了C，一半问卷参与者了宣传，说明人们认为政府对安顺地戏的推广度不够，且人们想宣传出去，让安顺地戏有更多的继承人）

五、推进措施

为了完成我们课题项目的目标：大力宣传安顺地戏文化，让更多的人了解并喜欢上安顺地戏，将这种贵州本土濒危失传的传统文化在传承的基础上继续发扬光大。时过境迁，随着时间的推移，安顺地戏文化在时间的长流中慢慢被冲刷掉，安顺地戏被许多人所遗忘，导致看安顺地戏表演的人越来越少，表演传承的人也越来越少，我们不想让安顺地戏成为历史长河的一粒尘埃，所以我们在网上运用一切宣传方式，用尽我们绵薄之力宣传与推广安顺地戏。

（一）网络宣传地戏

我们首先建立了一个众筹网为安顺地戏筹集资金，将其作为宣传资金然后建立了一个新浪微博账号，使大家可以一起探讨与交流地戏；创立了一个APP（地戏掌中宝），为地戏做全面完整的介绍，让大家更细致地了解到安顺地戏，我们还将其与我们学校联合在一起，走校宣传，让更多的学校与我们一起传播安顺地戏。

（二）成立地戏剧社

我们小组成员于3月10日在我校成立了地戏剧社，在一个星期后在学校开始了招新，紧接着我们开始第一次全体会议，向同学们介绍了安顺地戏，还选取了部分同学向传承人学习了安顺地戏，于5月14日参加了贵阳筑城广场市民才艺大赛，并获得了97.5的高分，第二天贵阳晚报为我们进行了宣传。

受此鼓舞，我们采取了下列推进措施：

1. 征得学校同意，决定聘请地戏演员为我校"地戏剧社"的客座教师，计划在明年能够独立进行一场演出。

2. 在6月7日进行了联校宣传，向贵阳市第40中学的学弟学妹们宣传我们的项目，播放了地戏的视频，呼吁大家一起宣传和保护安顺地戏。

3. 准备重点研究安顺地戏是应该商业化，还是去商业化的问题，为非物质文化遗产的传承探索一条更为可行的途径。

所以，对于安顺地戏的传承来说，仅仅只是开始；但对于我们而言，已经经历了很重要的成长；我们经历过资料全部丢失的崩溃，经历了三个主要成员离队的无助，经历了工作无法推进的彷徨，好在我们懂得了坚持，所以才能在今天站在这里，向全中国最有活力的一批中学师生们推荐我们的安顺地戏，请大家欣赏安顺地戏的面具，您是不是也从中读到了贵州山水的神秘呢？

结尾：走进天龙屯堡，我们听到了久违的跫音；

走近安顺地戏，我们触摸到历史的余温；

我们感念先民，我们敬畏自然，我们重振神秘的地戏文化，

跫音不绝，余韵长绕多彩贵州。

六、项目评估

1. 在每一次的调查和考察中，我们组员一起经历过千辛万苦，但我们抱着不放弃、不气馁的心态做每一件事，即使途中遇到一些困难与一些挫折，受到别人的误解，但我们并没有因此放弃，而是一如既往地坚持下去。

　　但也遇到了最大的困难，就是队员之间的关系与交流，因为队员的内部的关系矛盾，课题一二再、再而三停滞，但在大家不放弃的前提下，我们慢慢打开心扉，互相用心交流，打开了对方的心结，寻找了最佳的解决方法，队员之间关系又和好如初，然后我们又继续了对课题的研究。

　　2. 参与了这次课题，我们懂得了团结的重要性，一个人是完成不了课题的，大家需要齐心合力，发挥每个人的长处与特点，分工明确，各部门之间要衔接完善，使课题变得井然有序、有条不紊。

　　在完成课题的过程中，我们不断在学习中成长，收获了许多知识与感动。在这短短九个月的时间里，我们从见到陌生人不敢说一句话，到懂得如何与别人交流，从对电脑办公软件很陌生到熟练运用。在与队员交流及交往的过程中，我们也发现了许多自己在人际交往中的不足，并不断地改善与学习；在与陌生人的交往中，我们也慢慢学会了如何更好地交流，运用那些敬语比较好；在写报告与制作ppt方面，我们也学会了很多的方法及技巧。最后感谢这个课题，虽然在参与的过程中很辛苦，也很累，但也就是在这个过程中，我们长大了许多。

（本课题获2016年第七届全国中学生领导力大赛一等奖）

课题源于生活 体验带来动力

——急救中的"二次伤害"案例透视

田　毅

摘　要： 综合实践课程是应时代育人的需要而生，凸显实践育人，教师在实施课程中引导学生，培养他们的学习力，激发学生的潜能，彰显学生的个性，所以深受学生的喜爱。在一堂综合实践课上触动学生的同情心，深入医院实地调查确立"二次伤害"的课题研究，在实践活动中体验，在体验中带来学习动力，学生渴望使用合力推进急救机制的改革，凸显大爱情怀。通过课程引导学生进行课题研究，进行社会实践，增强了他们的公民素养，达到了课程育人的目的。

关键词： 课程　引导力　二次伤害　公民素养

一、课题来源于生活

一次综合实践课上，引导学生要留心观察生活，讲到网上有一则新闻：一位老教授在家突然晕倒，出现心脏骤停。他的学生立即为其做心脏按压，但是做了一个钟头都没有抢救回来。后来尸检发现，学生给老教授做心脏按压，用力过猛，把肋骨压断了三根，断骨插进了心脏。

这件事在学生中引起了极大议论。学生们纷纷表示对这种二次伤害造成的悲剧感到惋惜。为什么会发生这样的悲剧，怎样才能避免这样的悲剧？

借助此事故，引导学生对二次伤害产生兴趣，对如何避免产生二次伤害进行研究，在实际调查贵阳市病患急救中，学生们发现由于时间、空间和路段等因素，不少急诊患者在急救医生未到之前，得不到正确的紧急救护，而一些非专业的临时救护，甚至会给患者带来二次伤害。

认识到这是一个很好的研究项目，于是引导学生们自己组队，确定二次伤害这个课题。先设计方案在全班宣讲，全部学生集思广益完善方案，再实地走访贵阳市两家三甲医院和两家二乙医院。

二、体验带来了动力

学生们到贵州省人民医院和贵州医科大学急诊科受到医生的热情接待，医生为他们演示了心肺复苏的操作规程。

从两家省市急救中心4、5两个月急诊类型分析，每23个人中就可能有1人遭受二次伤害。二次伤害离我们并不遥远。于是学生们利用课余时间到附近的花溪人民医院和中医院学习急救知识。

2016年7月14日中午1:20，课题组六名学生经历了终生难忘的事：一个学生在学习过程中突然晕厥倒地，花溪中医院医生镇静地用食指掌弹压他的人中穴，10秒后学生就苏醒过来。其他五个学生惊呆了，学生们对医生高超的施救手段折服。这次经历后，学生们立志不仅自己要掌握急救常识，而且要把他们的经历和感悟告诉他人，要让广大百姓掌握基本的急救常识，救病患于危难之时，避免给患者造成二次伤害，于是他们自发建立了急救社区网站，他们先后开展了如下活动：

1. 在校内利用班会和课余时间，用广播对全体学生进行急救宣传和知识科普。

2. 向贵阳市人大常委会和贵阳市市长信箱投递了建议信。

3. 通过努力，他们获得报社主编的准许，终于成功地将"关于二次伤害"项目实践活动登在贵州都市报2016年5月13日第7621期上，能运用大众传媒的力量宣传急救方法及重要意义，相信受众面更广。

4. 利用公共微博发布急救小知识和心得，已引起数百网友的点击。

贵阳市人大常委会7月下旬在官网回复了二次伤害课题组6月1日的建议信，并建议贵阳市教育局将急救常识纳入健康教育课程。民革市委秘书长看了二次伤害课题组的项目报告表示极大的兴趣和关切，并建议上报市政协作为专题调研报告。学生们信心倍增，各方鼓励汇聚成前进的动力。

三、合力推进急救机制改革

走访花溪人民医院得知，目前确实无法规定救护车多少时间到现场，如何调动乡村医院是个难题，公益急救宣传空白。

学生们建议：各级人大应建立相关的法律法规，规范管理，设立社会互助急救基金；卫计委会同旅游局应在事故多发地点、旅游景点及社区治安亭配备急救箱，并附说明书；卫计委应在公交车站、休闲广场等人口聚集区宣传急救常识，制作急救动漫，让儿童成人过目不忘；每个社区医院必须配备懂急救的临床医生；中小学校应开设急救课程；中小学校按季节请社区医生到校为同学们开设有针对性急救讲座；电视台为专业医生开辟保健急救专栏；建议广大市民，特别是开车族自购急救药箱等等。

这些建议都来自课题组学生们的思考，他们认为，只有多方合力，就能推动我国急救机制的改革，为广大患者带来福音，造福于民众。

四、课程引导让学生感悟大爱情怀

学生们在医院的社会实践活动中，感受到生命只有一次，脆弱而宝贵，更加尊重医务工作人员，并迫切希望将所学的中西医急救方法传播给更多的人。正如一无名诗人所写：医者，崇高而神圣／头顶天使的情怀／脚踏生命的沃土／行走在生死之间／累无声无怨无悔／为天下生命守护。

综合实践课程是应时代育人的需要而生，凸显实践育人，教师在实施课程中引导学生，培养他们的学习力，激发学生的潜能，彰显学生的个性，所以深受学生的喜爱。就如学生们所说：如果我们不参与社会实践，我们就不了解急救的真正意义；我们现在不采取行动，那么等待我们的将来，可能会是一个没有安全感的将来，一个不是自己把握的将来。于是他们向社会呼吁，他们行动，感动影响更多的人……

学生们一路走来：一堂综合实践课触动学生同情心，一次次深入医院激发学生学习动力，一次体验让学生理解担当责任，一封回信增强学生自信心，一条条建议体现学生公民素养，一项课题研究引导学生大爱情怀。

案例

急救中的"二次伤害"

贵阳市民族中学2018届　覃梓欣　肖纪帆

王泽欣　文俪媛　吴佳佳　邹昊廷

指导老师：田　毅

摘　要：遇到意外事件，大多数人都会对病人进行现场急救。尤其在混乱的情况下，不懂得正确的急救常识，常常会给病人造成二次伤害，有时这种伤害比意外事件本身造成的伤害更为严重，甚至会因此而致其丧命。因此，在青少年中普及急救常识，将急救纳入健康教育课，势在必行。

关键词：急救　二次伤害　健康教育

一、研究课题背景

1. 根据2015年北京市卫生统计公报显示

在新加坡，每5位市民中就有1人受过急救知识培训。在美国，每4人就能有1位具备急救常识和技能。在中国北京，受过急救培训的人数与总人数比例为1∶150。

2. 发现公交公司没有相关急救措施

贵阳市公交公司党群部一名工作人员表示，目前没有相关法律法规要求公交车上必配急救箱。因此，急救箱并没有成为贵阳市公交车标配。

3.《院前医疗急救管理办法》进一步完善和细化

全国层面，目前尚无法律和法规，仅有国家卫生计生委制定的部门规章《院前医疗急救管理办法》，从院前急救的机构设置、执业管理、监督管理等方面作了规定。为体现立法的问题导向、需求导向和战略导向，使条例成为一部"立得住、行得通、真管用"的法律，全国人大教科文卫委应组织专家将《院前医疗急救管理办法》进一步完善和细化。

4. 其他国家的急救教育

比如美国法律规定：美国急救课程的设置从幼儿园就开始，小学阶段的急救教育，主要普及的是打急救电话以及一些简单的外伤包扎等；到初中，学生就会接触到真正的急救方法，如此一来，就完成了自救自护知识的普及。除了自救自护，美国还强调生存教育的重要性。从初三到高中，会重点普及心肺复苏术(CPR)，高中毕业时，学生还要参加相关考试获取证书。

5. 120急救缺少规范

大多数患者所面临的，则是120急救中心打不通电话和等不来救护车。卫生部与国家信息产业部就严禁医疗机构设置除"120"以外的其他院前急救特殊服务电话号码，而一些医院不甘心坐视收益可观的急救服务资源被少数几家医院所垄断，竞相设立十几个急救号码。除此以外，急救中心与医院急诊科室之间的关系，由于缺乏统一规范而混乱不清。

2003年国务院规定中国急救时间标准为15分钟，如今即便是北京中心城区都尚未达到此标准。

6. 因为错误的急救导致"好心办坏事"的新闻

案例一：

2013年8月26日，青岛两岁男童在家用手抓盛热粥的碗，整整一碗滚烫的米粥倒在孩子的脖子和胸口上，烫得孩子哇哇大哭。

看着烫伤的孙子，奶奶看在眼里，疼在心上，脑子里想起了老家的"土办法"，赶紧找来一些草烧成灰给孩子涂抹。可没有想到，这些草灰与烫伤的皮肤竟然混在一起，反而加重了孩子的病情。

太原市急救中心副主任医师李素青表示，很多人遇到紧急情况时都会用一些急救"土办法"，但有些错误的急救办法不仅耽误救援时间，甚至还会造成二次伤害。

（摘自山西新闻网http://www.sxrb.com/sxwb/c_0/43/2681529.shtml）

案例二：

2015年8月20日，男童龙龙玩耍时不慎跌入装满开水的大盆，奶奶抱出孩子后，用土方法在孩子身上抹上了碱。谁知，这样造成了对龙龙的二次伤害，被烫伤的部位全部发黑，目前仍未脱离生命危险。二度伤害！心痛！为什么不了解最基础的急救常识？急救知识的普及与学习迫在眉睫，不要让悲剧总是重演！

龙龙烫伤的详细情况（医生介绍）：龙龙身体80%的面积被烫伤，且均为三度烧伤，而家人敷在创口上的碱，对龙龙的身体造成了二度伤害，导致龙龙被烫伤的部位全部发黑，目前仍未脱离生命危险。遇到这种突发情况，医生说最好的办法就是尽快送医。（摘自搜狐公众平台http://mt.sohu.com/20150820/n419298206.shtml）

综上所述，在发现了那么多的问题后，我们对这样的天灾人祸和课程学习不足的情况感到痛惜与愤恨。为什么会有这么多悲剧的发生？为什么我们自身对紧急急救知识了解得这么少呢？我们能做些什么改变这样的局面？带着这样的心情与深思，我们的课题小组由此展开调查。

二、项目方案

1.团队成员与分工

①项目主席：覃梓欣

工作内容：分任务，监督各成员完成任务，问卷分析，解说词修改，PPT审查，完成项目报告。

②项目秘书：肖纪帆

工作内容：联系老师，制作发放问卷，获取数据。

③后勤保障：吴佳佳

工作内容：制作PPT。

④项目宣传：文俪媛

工作内容：校内宣传，校外宣传，媒体宣传

⑤项目监督：王泽欣 邹昊廷

工作内容：背景资料整合，提出问题解决方案，采访医生。

2.计划实施步骤

①收集资料，拟定问卷，采访急救专业人员

首先在网络上搜索有关急救知识和"二次伤害"的新闻，在网络资料与专业丛书的基础上拟定调查问卷的问题，并对医生或医护人员进行采访和咨询。

时间：2016年4月20日

地点：贵阳市民族中学

②在校内进行宣传，通过班会、校园广播的方式对同学们普及基本急救知识

时间：2016年4月24日

地点：贵阳市民族中学

③向政府提出建议

时间：2016年5月7日

方式：网络

④利用大众传媒进行宣传

时间：2016年5月16日

途径：贵州都市报

⑤学习专业急救知识并拍摄宣传视频

时间：2016年6月5—6日

地点：贵州省人民医院、贵阳市民族中学、花溪中医院

⑥获取真实数据进行详细比对得出"二次伤害"严重性的比例

时间：2016年6月11—12日

地点：贵州省人民医院、贵州医科大学附院、贵阳市紧急救援中心

3.计划可行性以及困难估计

计划一：网络信息的得到简单便利，可行性100%；通过在《现代家庭急救》一书中了解的正确急救知识进行问卷调查的拟定，可行性100%；采访急救专业人员须在医院等医疗地点，由于医生们时间宝贵，可能实行有点困难，可行性80%。

计划二：学校支持并鼓励我们的行动，所以班会与校园广播会顺利进行，可行性100%。

计划三：贵阳市设有市长信息及人大官网，可在其官网上以信访的方式表达我们提出的建议，可行性100%。

计划四：刊登在报纸上需要报纸主编的许可，但由于我们是学生团体，缺乏信服度，所以报纸不一定刊登，可行性60%。

计划五:学习专业急救知识需要专业急救人员的教授，医院医生时间宝贵，还需借用专业器械和场地，可行性70%。

计划六：由于病例和医院内部涉及隐私问题，和我们缺乏相关证明，可行性20%。

三、调查问卷的分析

拟定调查问卷，调查大众对急救的了解程度。我们在商场、学校、人员流动较大区域发放了500份调查问卷，收回472份，并对收回数据进行分析。

数据分析：

1. 请问您对急救"二次创伤"有了解吗？（　　）

　　　A.知道　　　B.略知一二　　　C.听说过　　　D.不知道

知道的有21%，略知一二的有19%，听说过的有26%，不知道的有34%。由此可知，大众对"二次创伤"的知晓度呈两极分化，知道者远远少于不知道者，而仅仅只是听说过相关知识的也占调查的大多数。

2. 如果您遇到紧急急救事故，您会采取下列哪些措施？（可多选）（　　）

　　　A.送到最近的医院救治　　　B.运用自身所知的急救知识进行现场急救

　　　C.将伤者移动至安全地带　　D.拨打120后离开现场

　　　E.拨打120电话后原地等待

　　　F.拨打120电话后与医生交流实施初步紧急措施

在本题中，A、B、C、D皆为错误选项，而选择了错误选项的人竟高达70%，其中A、C选项被选中率最高。事实上，贸然运送伤员存在两个盲点，第一是不知道具备救治资格的医院在哪里，不了解医疗机构的分布，先将伤者送到了社区卫生院，然后因为救治条件不够，才送到上一级医院，耽误了宝贵的抢救时间。第二就是因为非医学专业出身，许多人自行搬运伤者时，可能会导致二次伤害。比如颈椎受伤的人，不正确的搬运会给伤者造成终生遗憾，一些存在呕吐等情况的伤者，在搬运时需要特殊的体位。这些注意事项，如果不是专业的急救人员，一般都容易忽略。

3. 假设您正在紧急急救一位被烫伤的伤者，你会怎么做？（可多选）（　　）

　　　A.立即脱掉伤者衣物　　　B.用冷水对伤口做冰敷

　　　C.用牙膏或蛋清涂在患处　　　D.用湿毛巾捂在口鼻进行呼吸

　　　E.用酒精立即消毒　　　F.使用民间土方救治

在本题中，A、C、E、F均为错误选项，选择错误选项的人高于选择正确选项的人，其中，选择C选项的人最多，占总体的30%。烫伤后有很多民间验方，比如涂牙膏、蛋清等。一旦起泡，就不要在家里处理，应尽快去医院。因为乱涂药膏、蛋清后，到院后医生先给病人清洗伤口，通常情况下不可能给病人进行全麻处理，这种伤口清理不但清理起来很麻烦（蛋清冲洗起来全是泡沫，不易洗干净），而且会给病人造成疼痛。

4. 您认为"二次创伤"会给伤者带来生命危险吗？（　　）

　　　A.会　　　B.不会

在本题中，选择A、B选项的人各占77%和23%，显然知道"二次创伤"会给伤者带来危险的人占大多数，但这不代表那剩下的23%就不重要了.

5.您认为社会对急救知识的宣传做的是否到位？（ ）

A.到位　　　B.一般　　　C.完全不

对于急救知识在社会上的宣传力度，选择A的人仅占4%，而选择B、C的人各占56%和40%。

总结：

1. 我们可以从题1中得知对"二次创伤"有所了解或知道的人占大多数，而在之后的2、3题中选择了错误选项的人占70%和54%。那么，大多数人都了解"二次创伤"却在下面的几道题中纷纷选择错误，可知道他们了解的急救知识十分匮乏，可能仅仅只是知其一而不知其二，真正知道并选择了正确选项的人又有多少呢？寥寥无几。

2. 对概念和具体措施并不理解。对生活中大众常用急救知识没有怀疑，认为正确，如用牙膏和蛋清涂在烫伤患处。正是没有人对所谓的生活急救进行辟谣，才导致大多数人认为他们所知道的急救知识是正确的，事实上这也反映出大众对常见急救措施没有判断的能力，也就需要多方面进行宣传。

3. 宣传力度不满足人们所需。人们自身都认识到宣传力度不够的问题，除了自身进行了解以外，更重要的是社会和政府要提供这方面的平台，使大众有机会能够了解正确的急救知识，减少"二次创伤"的发生。所以，希望政府和社会可以加强此方面的宣传。

四、主题活动的项目实施

1. 在网络上搜集正确紧急急救的知识，购买家庭急救书籍，查找有关"二次伤害"的新闻

种种事例都在提醒着我们，自身储备急救知识是多么重要，急救知识事实上并不需要学习者自身具备太多的专业知识，有很多简单、基本的急救知识完全是老少都可学的，但是由于人们的不关心与紧急急救宣传力度弱，这些知识就这样被荒废掉，没有发挥出它们真正的作用。

2.主题活动的实践过程

①在校内利用班会对高一年级进行宣传和知识科普

又利用校内广播的方式进行宣传。

②我们向贵阳市人大常委会和贵阳市市长信箱投递了我们的建议信，说明了"二次伤害"的严重性，下面是给市长的信：

尊敬的刘文新市长：

很荣幸能向您写下这封信，向您表达我的一些观点或建议，希望您能抽出一点点宝贵的时间来仔细阅读。

您是否时常在新闻或电视上看到"二次伤害"这个词吗？现在许多伤病都有着最佳抢救时间内实施有效的急救措施，便能将无数个垂危的生命从死神的手中夺回。只是这个最佳抢救时间往往十分短暂的，专业的医护人员很难在如此短的时间内赶到伤病者的身边。因此，在发生突发情况时，现场的群众就是与死神抗争最强的力量。当遇到意外事件时，人们往往都有着现场急救的意识，但面对人体这个世间最为复杂和紧密的机器，那些对急救知识一知半解的非专业人士若是胡乱进行抢救，就极其容易导致生命面对更高的危险。

或许这听上去有些匪夷所思，抢救怎么还会造成更严重的伤害？生命是如此的脆弱，特别是在本来就性命垂危的关头，一点点的失误可能就划分了生与死的界限。曾经有一则新闻，一位老教授在家里突然晕倒，出现心脏骤停。他的学生立即为其做心脏按压，但是做了一个钟头都没有抢救回来。后来尸检发现，学生给老教授做心脏按压，用力过猛，把肋骨压断，断骨插进了心脏，谁能想到一个前一刻还在给学生传道授业的和蔼老人，下一刻便闭上了双眼，再也无法醒来。若是不去胡乱抢救，而是拨打120送去医院向专业人员求助，这样的不幸就不会发生，而现在呢？面对这样的消息，死亡的帷幕笼罩在我们的心头，我们只是永远的发怔，吞咽苦涩的泪，待时间来剥削这哀恸的尖锐，痂结我们每次悲掉的创伤。

在面对突发状况时，立刻施救固然不错，但若方法错误，那我们的"好心"就极易变成不亚于病魔的威胁。生命虽然脆弱，但唯其脆弱，我们才能用生命之火驱动文明的巨轮，从远处驶向现在，更驶向未来。这次发表这篇文章，虽不能避免二次伤害，但我却希望能在这条曲折的道路上略尽绵薄之力，为先驱者提供力所能及的帮助。

③我们的小组成员通过自己的努力，获得报社主编的准许，终于成功地将文章刊登在贵州都市报2016年5月13日第7621期上，运用大众传媒的力量，相信会让宣传更加有效。

④既然要宣传急救知识，那我们就要身体力行，自己就必须清楚急救知识。所以我们专程前往省医，和急诊科医生学习我们能够掌握的、专业的急救

知识。并运用我们学到的知识拍摄了一段教授日常急救知识的视频发布在网上供人学习。

⑤北京市的学习急救数据引起了我们的深思，为了确定急救"二次伤害"的严重性，我们查找了相关数据，但很可惜的是我们并没有找到，所以我们决定自己研究。我们走访了贵州省人民医院、贵州医科大学附院、贵阳市紧急救援中心，获取了2015年3—5月的急诊记录与2015年全年的急救出车记录。

通过自己的比对和分析，得到了以下数据：

初步听来并不严重，那么我们来看：贵阳市共有453.62万人，其中14—60岁人口337.77万人，学生有70余万人。将比例数据带入，则39岁以下有16.2万人，学生有3.36万人。这也就意味着，每23个人中就可能有1人遭受二次伤害。"二次伤害"离我们并不遥远，相反它就在我们身边。我们已将数据发布在网上，希望能供人参考，引起警惕。

五、解决措施

1. 科学化：赋予市级以上急救中心人事权及经费保障。成立以辖区医院为中心的120医疗急救队，服务半径为15千米，救护车20分钟内必须到达救助现场。

2. 宣传化：在公交车站、休闲广场等人口聚集区宣传急救常识，车载电视制作急救动漫，让儿童及成人过目不忘。

3. 校园化：在中小学校中开设急救课程。

4. 法律化：建立相关的法律法规，规范管理，设立社会互助急救基金。

5. 人性化：在事故多发地点、旅游景点及社区治安亭配备急救箱。

6. 专业化：电视台为专业医生开辟保健急救专栏；中小学校按季节请社区医生到校为同学们开设有针对性急救讲座。

7. 社区化：每个社区医院必须配备懂急救的临床医生。

8. 家庭化：建议广大市民，特别是开车族自购急救药箱。

六、项目评估

1. 评估报告

在几个月的时间里，各位同学付出了许多的努力，也在每一次的实践中获得了宝贵的经历和经验，同学们从中领悟了很多道理，也更加明白了责任的含义，不再是刚刚做课题时冒冒失失的样子，每一位同学在一次次的实践活动中都开始变得坚毅果敢。

我们选择的是社会问题类的课题，从最初的初步资料查找到后期的宣传，无不体现出成员对紧急急救问题的关心与努力。我们最大的自主成果就是通过归纳三个单位的记录得出"二次伤害"的危险性程度。它具有一定的真实性、参考性，不是胡编乱造或者东拼西凑。还有各种的宣传活动，大家都积极参与，正是成员们的坚持不懈努力、肯吃苦的精神，我们才有今天的收获。

在实施项目的过程中，也存在着很多不足的地方。

比如说分工的不到位，出现一个人独揽全活，也出现了一些工作上的小分歧，导致组内中期出现分崩离的情况。还有就是拖沓和无计划的问题，经常拖延时间完成任务。

2.心得与收获

我们小组终于在心里放下了一块石头，一块压在对悲剧发生而痛惜、对大众不肯自觉了解急救知识、对大众忽视"二次伤害"严重性的一块巨石。各成员拼尽全力去调查，去收集，去求助，去为改变这个现状而努力！这个研究过程让每个人都骄傲与自豪，我们可以拍着胸脯去宣传急救知识，我们可以挑战更多的问题，因为我们收获了从课本中学不来的经验，从学校里得不来的为人处事、快速应变的能力。各成员都提前给自己步入社会打下了基础，这是真金白银都换不来的。我们收获了友谊，收获了成长，最让我们欣慰的是，我们收获了更好的自己！

七、研究总结

"二次伤害"在我们的不知不觉中早已有了严重的危害性，而大众缺少对它的了解与学习。课题小组的成员们通过多种方式的宣传使一部分人开始对急救有了关注。目前在中小学开设急救课程是当务之急，只有从年轻的一代接受，才能更好地影响老一代。此意见我们都向政府进行建议，只有政府强制性的要求与实施，才能真正达到"急救知识人人有，二次伤害无处存"的局面。为了明日的安全，从现在开始，学习正确的急救知识。如果我们现在不采取行动，那么等待我们的将来，可能会是一个没有安全感的将来，一个不是自己把握的将来。

（本课题获2016年第七届全国中学生领导力大赛一等奖）

主人翁意识的养成

——以"垃圾分一分 贵阳美十分"项目的课程为例

王义兰 李 健 陈明珠

摘 要： 课程目标的引领至关重要，综合实践课程的准备工作，直接关系到课题项目的成败，本文以培养学生的主人翁精神为核心，就课程动员、项目论证、团队组建、团队动员等几个方面陈述了课程准备工作的经验与成效。

关键词： 课程 引导力 垃圾分类 公民意识

《垃圾分一分 贵阳美十分》项目启动于2011年，分别荣获全国中学生领导力大赛一等奖和全国青少年科技创新大赛一等奖。严格意义上来说，这是我校开设领导力课程后的第一个项目，其间许多开拓性的课程工作，对于我校师生和我个人，都产生了深刻的影响。而我认为引导得最成功的，是学生在项目推进的过程中，逐渐形成了当家做主的主人翁意识。

在综合实践的课程中，我们应该培养什么样的主人翁？

一、做自信的主人翁

长期的教学经验告诉我，课程动员直接决定了学生后续投入的热情与程度。所以动员课煞费苦心，我确定的动员目标是：首先，领导力课程可以培养自己的综合能力，找到独立于分数之外的自信；其次，这项课程可以提升自己的公民素养；第三，可以在这个课程中学会自我驾驭。

为了达到动员效果，我先让学生介绍自己的优缺点，令人难过的是，绝大多数学生都只讲自己的缺点。我反思，一方面，学校单一的价值标准诱导了学生按照学习成绩来界定自己优秀与否；另一方面，父母和老师一般都不讲优点，缺点就会被挑出来批评，自然从小到大听到的就基本上是缺点了。针对学生的反应，我介绍了霍华德的七种智力说，在此基础上再引导学生评价自己，学生的自信就爆发出来了。学生从而意识到：领导力课程，就是为了发现一个不一样的自己，也成就一个不一样的自己，从中找到独立于分数之外的自信。而这样的自信，是孩子们当家做主的力量之源。

二、做爱家乡的主人翁

通过新课程的引领，呼唤学生的社会责任意识，培养学生的乡土情感，也是我们责无旁贷的使命。在项目选题论证过程中，有意引导学生关注身边的人和事，组织学生调查公共政策的范围，提出若干主题项目进行论证，最后由同学投票决定项目主题。最初十四个项目，经过第一轮论证选出了四个：关注孤寡老人、改进盲道设施、调查花溪大道的拥堵情况、贵阳市的垃圾分类问题。四个项目的代言人梁思齐、张榆薇、刘黔、陈果舌战群儒，进行第二轮论证，结果，梁思齐提出的垃圾分类问题，以其高关注度、高话题度而入选，她的一句"如果我们坚持捡回每一张废纸，也许就捡回了子孙安身立命的森林和河流；如果您将一枚旧电池放进专用回收箱，也许就拯救了一片土地和家园"触发全班同学以超乎寻常的热情，投入到垃圾分类的项目中，而梁思齐也开启了她从一个娇弱的小女生到学校首任校长助理团团长的蜕变，这是一群小主人成长的历程。

三、做负责任的主人翁

如何才能助益于梁思齐团队的有效合作？我借用了湖南教育工作者肖川的那句话——"一个受过教育的人……应该是易于领导与合作，而难以奴役和盘剥"引入讨论：

一个成功的人，首先应该是更善于领导别人？还是更善于领导自己？

一个合格的公民，应该具备什么样的个人素质？

一个合格的公民，必然是对自己的权力和责任都有明确认知的。为了让学生有更直观更深刻的认知，我引用了我国人民代表大会的两个案例：

①申纪兰参加了十一届人大会，她从来没有投过反对票，她为此感到很自豪。这是负责任还是不负责任？

②现在人民代表大会上，投反对票的越来越多，2008年十一届人大法院和检察院的决议草案反对票超过了20%，这是进步还是倒退？

刚开始都以为申纪兰做得对，多数学生都说投反对票的越来越多说明今不如昔，认为是倒退。经过辩论，学生开始认识到手中那一票的神圣，如果你对自己这一票不负责任，结果就是权力部门对你不尊重。所以，从来不投反对票的申纪兰不一定每次都对了，现在投反对票的越来越多，表明了我们的人大代表开始有了独立的思想和理性的责任心，体现了社会进步。而我们需要从现在开始，学习做一个会投赞成票，也会投反对票的公民。

这个案例动员的效果是：学生精心制作了规范的投票箱，制定了合理的投票规则，认真进行了项目班子的选举，刘黔当选为课程班长，梁思齐当选为项目主席，肖何当选为宣传部长，刘艺当选为课程秘书，陈果当选为组织部长，罗艳当选为评估委员，这个班子在项目推进过程中，发挥了决定性的作用。

四、做有合作精神的主人翁

谈到团队合作精神的时候，我用了一家公司招聘时的一道心理测试题：让应聘的三人一起到沙漠探险，给他们提供了七种工具，但他们只能选四种，这七种工具分别是水、刀、绳子、火柴、面包、镜子、指南针。水、面包、指南针是必备物品，另外一样选什么？学生的答案五花八门，但最后这家公司录用的，是选择了绳子的那一位，他的解释是要用绳子把大家绑在一起，免得走失，大家在一起，就更有信心走出困境。他身上凸显出来的团队精神是他胜出的关键。可见，团队协作精神是非常重要的个人素质。而领导力课程就是为了让同学们在团队中检阅自己，发现自己的优点，寻找自己的不足，做一个更善于合作的人。所以组建团队是领导力课程不可或缺的一个环节。六年领导力课程带下来，我发现班子选举认真的班级，团队的效率和合作精神往往也优于其他班级，最后取得的成效也优于其他班级。

垃圾分类项目的课程动员教学，是我作得最扎实的一届，同样，那一届的学生也是参与热情最高的一届，所以，他们的当家做主意识也是最浓烈的。把这样的主人翁交予社会，我们当可问心无愧。

垃圾分一分　贵阳美十分

贵阳市民族中学2013届　环保科技活动小组
指导教师：王义兰　李　健　陈明珠

一、活动背景

霍金曾经说过，我们都是一个个脆弱的鸡蛋，装在地球这个不算结实的篮子里。作为鸡蛋的我们，当然不愿意看到篮子出现问题。然而，随着工业化和城镇化而来的垃圾围城现状，让地球不堪重负，贵阳也不能幸免。

据贵阳市城管局环卫处的统计，目前，贵阳市每天要产生生活垃圾2000多吨，面对垃圾围城的困局，2011年4月，贵阳市启动了垃圾分类的推进工作，《贵阳市中心城区环境卫生专项规划（2010—2020）》中，有关垃圾分类工作的近期（2010—2015年）目标为"积极推进垃圾分类与垃圾回收利用相结合城市垃圾分类收集体系的建设"；远期（2016—2020年）目标为："建立健全城市垃圾分类收集"。这一新动向引起了我校学生对于贵阳市垃圾分类工作的极大关注，在学生课题小组的推动下，我校思教处、团委、学生会及"垃圾分类"课题组，共同策划了"垃圾分一分 贵阳美十分"的校园科普系列活动，以期培养学生的垃圾分类意识，并以课题组为点、学生为线、社区为面，立体推进垃圾分类的宣传，唤起市民尤其是新生一代，呵护我们脚下的土地，关心我们呼吸的空气，为维护"爽爽贵阳"的城市形象尽一份绵薄之力。

二、活动主题

宣传垃圾分类常识，推进校园垃圾分类工作

三、活动目的

（一）培养学生的科学态度与社会责任意识

为贵阳市的垃圾分类宣传工作提供一个示范并提供一些经验，随后我们会以学校之名，倡议全市学校加大垃圾分类的力度；积累一些垃圾分类情况的调研资料，提供给政府相关部门；以点带面，辐射社会，宣传垃圾分类。依托学生会劳动部，形成垃圾分类的骨干力量，将相关活动变成我校的常规性工作，打造民中垃圾分类风景线。

（二）积累相关于垃圾分类的科学知识

了解城市生活垃圾对地球环境和人类健康所带来的危害，知道垃圾分类处理的重要意义，掌握家庭垃圾分类处理的基本方法；

知道减少垃圾危害的根本办法是减量，分类，回收再利用。最终方法是垃圾零废弃。

启发思维，带动家庭、社区，开展各种实际行动，减少家庭垃圾的产生，提高资源利用效率，共创美好生活环境。

（三）养成一定的科学研究能力，培养学生的实践能力。

社会调查、访问、收集分析资料，交流表达的能力，培养运用已有知识发现问题、解决问题的能力；学会简单的方案设计以及想象和创新，并将之付诸实践的环保行动。

四、设计理念

尝试渗透STS教育理念。STS，即Science Technology Societ 科学、技术、社会的研究简称为STS研究，它探讨和揭示科学、技术和社会三者之间的复杂关系，研究科学、技术对社会产生的正负效应。其目的是要改变科学和技术分离，科学、技术和社会脱节的状态，使科学、技术更好地造福于人类。

STS教育是科学教育改革中兴起的一种新的科学教育构想，其宗旨是培养具有科学素质和社会责任意识的公民。它要求面向公众，面向全体；强调理解科学、技术和社会三者的关系。

五、活动组织实施机构

活动实施机构：贵阳市民族中学教科处、贵阳市民族中学思教处环保行动小组

指导教师：王义兰 李健 陈明珠

科技辅导员：李璇 李维 童雄兵 杨红

贵阳市民族中学环保行动小组（学生）

组 长：梁思琦

副组长：肖　何　刘　黔

成　员：聂崇熹　李一涵　杨松林　罗　艳　马　雄　顾妤雁　陈　倩　王　维

六、活动时间、对象及实施过程

活动于2011年3月启动，到2011年11月结束，涵盖了高一、高二年级全体学生。

活动共分为两个阶段：

第一个阶段的主题是"宣传"，分别在学校和街头宣传垃圾分类，发放调查问卷，通过调查问卷，分析贵阳市垃圾分类的现状，并研讨相关对策；

第二个阶段的主题是"行动"，提出自己的行动方案并付诸实践，在学校进行垃圾分类工作的试点；然后，以点带面，辐射学生所在的小区，动员学生在小区进行垃圾分类的宣传工作。

（一）第一阶段（2011年3月1日—7月）

★主题活动之一：爱我贵阳——垃圾分类知识普及

以发放问卷和访谈的形式，分别在学校和街头宣传垃圾分类知识，调查学生和市民对垃圾分类的了解程度和参与态度。

参与人员：接受调查的市民256人，我校高一高二学生接受抽样调查600人，共856人。

★主题活动之二："垃圾围城"实地考察

参与人员：课题组所在高一（7）班全体同学及相关采访对象

★主题活动之三：爱我校园——"人体展板"流动宣传

参与人员：高一、高二所有学生，共1235人

★具体实施过程：

1. 2011年4月4日，到人民广场采访环卫工人及市民。

在人民广场上对市民和环卫工人的采访过程中，我们也进行了宣传。一位环卫工人的话让我们印象极为深刻，她说："不要说扔垃圾分类，只要他们能自觉扔进垃圾箱里我就谢天谢地了。"听了她的这一番话，我们不禁感到惭愧，环卫工人的一番话充分说明了我市市民的素质还很欠缺，我们深深体验到了这次实践活动的使命感。

2. 2011年4月23日，兵分两路，一组到高雁垃圾填埋厂了解垃圾处理过程，另一组到人民广场体验环卫工人的工作。

为了更加透彻地了解贵阳市垃圾分类现状，我们全程追踪了垃圾处理的过

程，从居民家中将垃圾扔出一直到垃圾转运站，在那里我们看见的垃圾堆起来像一座座小山，每一座小山都有三四层楼那么高，垃圾堆在一起散发出来的恶臭刺激着我们的鼻腔，四处佝偻的是那些城市的"垃圾分类人员"——拾荒者。他们有的是步履蹒跚的老人，有的是本应坐在教室里的孩子，他们在充满了恶臭的环境下帮我们这个城市进行垃圾分类的工作，我们看到的这一幕深深震动了我们，我们决心在后续的政策建议中一定要把他们考虑进去。

为了让同学们体会到垃圾在处理过程中没有分类所造成的弊端以及环卫工人在打扫垃圾时的不易，我们组织了一次体验环卫工人工作的活动，在活动中我们得到了许多路人赞许的目光，我们感到很骄傲。

3. 2011年4月29日，我们到试点小区调查。

在试点小区调查，我们发现情况不容乐观。居民对于垃圾分类最大的抱怨，是可回收垃圾桶太小了，清运也没有分类。

4. 2011年5月26日，学校人体展板宣传。

在学校我们通过国旗下演讲的方式向全校的师生进行了宣传，还自己绘制了海报，准备张贴在学校内进行宣传，但是发现这样做并没有很好的效果，就在这时我们的组员灵机一动想出了一个点子——人体展板。

我们将自己绘制的展板制作成"衣服"，穿在自己身上在晚自习时在每个班宣传，利用课余时间在走廊上高喊口号"垃圾分一分，环境美十分"。我们在宣传的过程中有许多同学主动询问我们有关垃圾分类的知识，达到了很好的宣传效果。

5. 垃圾做成的工艺品。

我们决定，用回收来的废旧饮料瓶制作一个环保垃圾桶，以便直观地让市民和同学们看见垃圾回收可以变废为宝。

我们把收集来的矿泉水瓶洗干净以后，像一群小孩子一样，盘着腿坐在地上制作起我们的垃圾桶来。我们用了几十个瓶子，虽然制作出来的垃圾桶样式并不好看，但是当我们把它放在班级门口时还是吸引了大量学生好奇的眼光，我们就用这个垃圾桶来收集同学们平常丢弃的矿泉水瓶，变废为宝从我们自己做起，也影响了身边的班级，我们感到很得意。

6. 学校厨余垃圾的处理。

厨余垃圾也是垃圾分类的一个大项，我们对学校食堂每日产出的厨余垃圾进行了跟踪调查。

首先，我们找到了负责拖运厨余垃圾的叔叔，向他详细询问了具体处理问题，并做好了照片、影像的记录工作。经过询问，我们了解到我校食堂日产厨余垃圾7~8桶（每桶约100斤），最多时可达10桶。主要用于喂猪，加入适量饲料后可供应约40头猪的食物需要。

据叔叔自己介绍，从周一到周五，他每天都会拖运一趟厨余垃圾，并与学校签订了协议为一年10000元的收购费用。

7. 再访高雁垃圾填埋场

在整理资料时发现，关于高雁垃圾场的采访还留有许多遗漏，我们第三次来到高雁，采访了处置中心的工作人员，了解到如下信息：

高雁垃圾填埋场建于1998年，于2001年投入使用。是贵阳市仅有的两座垃圾填埋场之一，设计使用年限为31年，实际将于2013年封场，初始预想每日接纳生活垃圾约8000吨，现实际每日接纳生活垃圾约18000吨。位于白云区的比例坝垃圾卫生填埋场日处理垃圾为600吨，设计使用年限27年。目前，两垃圾填埋场的日处理量为1770吨，已经超出了原先预计1400吨的设计处理量。随着贵阳市每日垃圾产量的线性递增，这两个垃圾填埋场的使用寿命也将较设计年限提前结束。

这些沉重的数据，让我们意识到垃圾分类工作的推进，已经刻不容缓。

通过第一阶段的活动和宣传，我们手中积累了大量现场调查资料和问卷，我们进行了艰难的分析。（在箭道街垃圾转运站、高雁垃圾处理厂、人民广场共发放调查问卷256份，在学校高一高二年级发放调查问卷600份，收回有效问卷692份。）

问卷分析

1. 访谈中发现的问题。

在调查采访中发现，很多市民就算是在家里将垃圾作了分装，但将垃圾外扔时，却找不到适当的处理场所。政府设置的垃圾分类箱很小，分类也过于简单，仅区分为可回收、不可回收两类，市民不好操作。

2. 典型题例分析：现在贵阳大街上都有可回收、不可回收的垃圾箱，当你手中有垃圾要丢时，你会：

A. 看看哪边是可回收，哪边是不可回收 71.5%

B. 看了，但是两个垃圾桶里都是什么都丢得有，也就管不了这么多随便扔 25%

C. 看都没看，就扔进去了 8.9%

由A选项我们可以得出，大部分市民是注重垃圾分类的。但由第7题我们可以看出来，有89%的人把垃圾的分类搞错了，这说明需要对市民普及垃圾分类的常识，也需要在垃圾分类设施上入手，引导市民正确进行垃圾分类。你知道哪几种垃圾处理方法？（多选）（　　）

A. 填埋分解 68%　　　B. 焚烧发电 52.7%　　　C. 发酵制肥 77%

D. 综合利用 65%　　　E. 裸露堆置33.3%

可以看出垃圾的利用率还是很低的，从人们所了解的垃圾处理方法就可以得出各地政府对垃圾处理的方法，所以对垃圾没有进行分类，所以在进行垃圾处理时只有将其统一处理，十分浪费资源，而且污染严重，所以垃圾分类的普及是很有必要的。

请你在你认为是可回收垃圾的前面打√（　　　　）错误率89%

□ 废纸类 □ 剩菜剩饭 □ 废弃衣物 □电池 □ 陶瓷 □一次性餐具 □ 玻璃 □ 烟头 □ 金属 □ 塑料 □受到有毒污染的塑料金属

你认为人们没有将垃圾分类的原因是（　　　　）。

A. 分不清垃圾的种类 21.7%　　B. 没有把垃圾给分类的意识 71.5%

C. 认为政府没有将各类的垃圾进行正确的处理，分类也是徒劳23.6%

市民个人对各自的认识远不比市民对市民的认识来得准确，我们从第四题得出71.5%的市民有垃圾分类的意识，但从第九题又看出，71.5%的人认为市民不分类是因为没有垃圾分类的意识，那这不是自相矛盾吗？

问题原因

通过现场采访和以上问卷分析，我们发现，虽然贵阳市启动了17个垃圾分类试点，但分类的效果并不理想。归纳起来影响垃圾分类的重要因素有：

1. 市民不太了解垃圾分类的常识，急需加大宣传力度；

2. 垃圾桶分类太简单，只区分为"可回收""不可回收"两类；

3. 垃圾清运时并没有分类，可回收和不可回收的，最后都是一车装走，所以市民觉得分类没有意义；

4. 各社区、单位、企业基本上沿用原有的单一性垃圾坑，很多市民在家里把垃圾分类了，却发现可回收垃圾无处投放，等小贩上门回收又经常不凑巧，放在家里嫌占地儿宽，所以还是扔原有的垃圾坑了。

解决方案

针对我们看到的问题，我们商讨了40多条对策，依据可行性、紧迫性、长期性，归类提出下列几点改进建议，发到了贵阳市的市长信箱。

1. 轰炸式宣传。在报刊、广播、电视以及人民广场的电视墙播放垃圾分类的公益广告；将垃圾分类知识写入《贵阳市生态文明建设读本》教材，政府开设专门的垃圾分类网站等。

2.依托居民小区、单位、企业等组织，坚决推进垃圾分类收纳，并进行预处理，减轻清运工作的负担。

3.采取行之有效的措施，给力推动垃圾源头——家庭的垃圾分类，可以大大减少垃圾排放量。

4.对垃圾进行分类清运、分类处理。

5.将拾荒者组织起来，参与到垃圾分类的工作中。

立足于第一个阶段的宣传和调查基础之上，我们制定了第二个阶段的"校园垃圾分类"行动计划，得到同学们的大力支持。

（二）第二阶段：（2011年9月1日—2011年11月）

★主题活动之一："垃圾分一分 贵阳美十分"——国旗下的演讲

2011年10月17日，梁思琦同学发表国旗下的讲话《垃圾分一分 贵阳美十分》，动员全校同学参与到垃圾分类的环保行动中来。

参与人员：全校师生

★主题活动之二：走班宣传"校园垃圾分类工作方案"

2011年10月23日，课题组成员梁思琦、肖何、刘黔以及劳动部部长陈果等组成流动宣传小组，走班宣传推进校园垃圾分类工作的方案。

参与人员：高一、高二全体学生

校园实施垃圾分类回收计划方案

校领导在全校教职工大会上做我校即将开展垃圾分类回收事务的发言，并要求各班班主任向所在班级学生交代此事，全体教职工也应在需要时积极配合项目的开展。

思教处学生会劳动部通知高中年级各班劳动委员召开工作动员大会。会议内容如下：

①各班可回收垃圾的分类回收由劳动委员全权负责。

②班内产生的可回收垃圾分为废纸、废瓶两类。

③积存的可回收垃圾在堆放整齐后须统一装进大号袋子中等待回收（废纸、废瓶分开装袋），不得乱丢、乱放，裸露在外（此项纳入劳动部每日的卫生检查当中）。

④劳动部向各班劳动委员发放垃圾回收记录表，记录表上包括回收垃圾的时间、班级、回收垃圾重量、卖出可回收垃圾所得钱款金额、交易双方签字等。

⑤各班的可回收垃圾由校外废品收购人员负责回收（他们手中也有相应的垃

圾回收记录表），废品收购人员到各班回收垃圾时，劳动委员必须在场，待交易结束后，双方完成双向回收记录。

⑥各班每次卖出垃圾所得钱款均由劳动委员暂时保管，而后的资金流向、用途须做尽可能详尽的记录。

⑦思教处定期对各班垃圾回收记录表上的数据进行汇总，并对照废品收购人员的记录表数据得出最终结果。进行相应标准的计算后，作为各班垃圾分类回收成果依据。

⑧思教处定期评出的垃圾分类回收优秀班级，将可获得绿色班级称号以及一定价值的奖品。

⑨学校将专设一面黑板，对各班垃圾分类回收成果进行数据展示。

⑩各班用于承装可回收垃圾的大号袋子，由学校支付购买费用，并在袋上注明班级，已实现垃圾分类回收班级实名制。

3. 由梁思绮同学，做有关我校开展垃圾分类回收事务的演讲。

4. 备注：寝室每日产生的可回收垃圾均须带回班上统一堆放（混合寝室另作安排）。

★主题活动之三："垃圾分类"创意宣传

2011年11月7日，"垃圾分类"宣传海报设计大赛和"绿色环保班级"流动奖旗设计大赛：

本次设计大赛共收到垃圾分类宣传海报22份，"绿色环保班级"流动奖旗设计图纸23份，并在我校A栋教学楼进行了集中展示和同学现场评分，而后我们又请美术老师对同学们的设计进行了评讲，最终决出垃圾分类宣传海报设计大赛一、二、三等奖各一名，"绿色环保班级"流动奖旗设计大赛一、二、三等奖各一名，共计六名获奖者。赛后，同学们将作品带到自己社区宣传，请社区居民在背面签字参与垃圾分类的行动。

参与人员：高一、高二部分师生，相关社区成员

★主题活动之四：设立学校"垃圾回收日"，定时定点收购回收垃圾

将每个星期五定为民中的"垃圾回收日"，请同学们将平时塞入垃圾箱的可回收垃圾存储起来，请每个班划定相应的区域，将可回收垃圾分成废纸和废塑料两大类。星期五由校外的垃圾回收人员到校定时、定点收购。回收日劳动委员在场，与垃圾回收人员做好双向记录，交易所得钱款由班委会经管。劳动部每个月

统计一次，并以展板的形式对各班的垃圾分类回收成果进行展示，评出垃圾分类回收的优秀班级，悬挂学生自行设计的环保流动奖旗。

上述活动有力推进了我校的垃圾分类回收工作，现在我校共设置了30个分类垃圾箱，各班教室也设立了分类回收垃圾的袋子和垃圾桶。环保小组的努力在同学中起到了良好的宣传带动作用，也为营造绿色环保的校园文化氛围贡献出了我们的一份力量。虽然我们无法预期完全实现垃圾分类的过程有多长，但我们会努力，会坚持。在我们学校的试点推进取得一定的实效后，我们将会进一步与附近的居民小区，比如同兴山庄等合作，继续展开这样的试点工作。以期进一步总结经验和改进措施，同步跟进贵阳市的垃圾分类推进计划。

七、收获体会

八个月的时间，很短；八个月的心路历程，却很长。当垃圾分类的工作在学生的直接推动之下，终于按他们的意愿在学校全面铺开和走向常规化的时候，所有参与这个活动的学生，都感觉自己经历了一次心灵的洗礼和角色的转换。对于贵阳市民族中学的全体学生来说，这次活动特色鲜明，意义深远。

校园科普行动，形成了点线面全方位的立体宣传效应，践行了贵阳市"知行合一"的城市精神。这次活动的最初推动者，是一个课题组的三个学生，宣传垃圾分类和调查贵阳市垃圾分类现状的过程，激发了他们保护环境的责任感和使命感，于是以点带线，他们将垃圾分类的宣传和实践扩展到学校高一高二的同学中，并寻求学校认可，将垃圾分类的实践行动扩大到整个学校，终于使之成为学校的一项常规工作。然后又以点带面，学生用自己的创意广告，对所在社区居民进行垃圾分类的宣传工作，并向所住社区征集承诺参与垃圾分类的签名，产生了良好的社会效应。从最初积累大量垃圾分类常识的"知"，到后来推动垃圾分类试点和宣传的"行"，学生们用自己的努力，践行了我们的城市精神，为校园环保科普教育提供了一个可资借鉴的案例。

在刚开始推进垃圾分类工作时，负责这项活动的梁思琦、刘黔、肖何曾因同学们的积极性不高而感到气馁，但是在和同学们交流以后，大家建议走班宣传争取支持。在他们依言走班宣传的时候，又收获了各班同学对垃圾分类工作的一些建议，比如进行国旗下的演讲、与劳动部合作等，都是从学生中吸取的智慧，这些积极反馈，极大地鼓舞了他们的信心，并让学生们懂得了在团队合作中交流的重要性。活动中的创意广告大赛和流动奖旗设计大赛，都是以班级为单位；"垃坂回收"成绩计入班级考评总分；这些活动强化了学生的团队意识，在竞赛中，好些班级的设计图纸都是集体智慧的结晶。在推进垃圾分类工作的过程中，繁复的工作曾使学生感觉压力很重，后来他们通过分工处理，减轻了各自的负担，也明白了术业有专攻的事实和分工合作的必要性。他们更学会了以双赢的策略去打动对方，在争取垃圾回收人员配合我们的"垃圾回收日"行动时，用可以获得的实际利益动员对方到比较偏远的学校来收购垃圾；在争取学校支持的时候，他们提出的使民中"垃圾分类回收"常规化的长远计划，可以成为我校环保教育工作的一个亮点，为他们成功地赢得了思教处的认可和支持。这些体验，都是在科技教育活动中弥足珍贵的收获。

培养"议政""协政""参政"的意识，修炼领导他人与自我领导的能力。这次科技教育行动的主题，具有鲜明的时代色彩和地域色彩，环保是时代主题，贵阳则是我们的心灵家园，学生们热情洋溢地投身到贵阳市垃圾分类的宣传、调查与实践工作中，并且执着地要把自己的建议写信寄给贵阳市政府的相关部门。为此，他们学习了市政提案的写作，按规范的格式写下了自己人生中第一份参政建议，在他们考虑政策可行性的时候，真正懂得了一字千金的分量，以及从"知"到"行"的艰难跨越。这次活动给学生们提供了一个提升领导他人与自我领导能力的实践机会，学生们不仅学会了如何领导自己周围的人，来共同完成大家设定的任务；也学会了如何领导自己，以坚持的毅力、坚韧的品质推进自己想要完成的工作。这些当代合格人才必备的个人素质，就这样在活动过程中，润物细无声般地渗透到了学生的灵魂之中。

在实践体验中快乐成长。比如说在项目实施的过程中，有些细节是永远挥之不去的深刻记忆，比如说在人民广场上采访时，有小朋友主动询问有关垃圾分类的知识，看着小朋友睁着天真的大眼睛望着我们，给了我们把项目做好的信心和决心。

比如：刚开始我们刚穿上"宣传服"时，大家都笑了，因为看上去很滑稽，我们很不好意思，当走进别班教室时，全班哄堂大笑，可是后来厚着脸皮将我们的垃圾分类进行了宣传之后，笑声都变成了掌声，我们感到很骄傲。

在这次活动中同学们的能力也得到提高，比如说杨松林同学，平常他很内向，说话声音也很小，可通过这次活动他和大家打成了一片。

这次活动给了我们每个学生机会，让大家在实践中认识到了自己的不足，改进了不足，也发现了自己的长处，能够将一个课题推进成全校性的实践活动，也极大地提升了我们的自信心。

种下一颗垃圾分类的种子在学生的心里，他们还给了我们一片希望的森林，在这片森林中，我们看到了城市主人翁的精神在茁壮成长。这次校园环保科普活动，增进了学生对自己生活的这座城市的了解，极大地激发了学生"爱我贵阳、责无旁贷"的主人翁意识，并引导了学生将构想付诸实践。垃圾分类的宣传随着学生而走入社区，进一步地发挥了学校科普教育的社会功能，培养了学生的社会责任感和使命感。社会科学赋予我们的使命，正在于此。

八、结语

如果我们坚持捡回每一张废纸，也许就捡回了子孙安身立命的森林和河流；如果您将一枚旧电池放进专用回收箱，也许就拯救了一片土地和家园。

垃圾分一分，环境美十分，请让您的垃圾各就各位，我们一起努力，最大限度地实践资源的再循环，真正实现可持续发展。

附件1：学生给市长的信

尊敬的贵阳市市长：

您好！

百忙之中，感谢您抽空阅读这封信。我们是贵阳民族中学高一年级的在校学生，我们对广受社会各界热议的垃圾分类问题进行了认真的调查和研究，从我们的视角，反复论证、研讨关于改进贵阳市垃圾分类的建议。在活动过程中，我们萌生了把研究方案反映给市政府的想法，现向您呈上我们经过深思熟虑后的贵阳市垃圾分类改进建议，聊尽一个市民应尽的责任。

★我们发现的问题

在调查中我们发现，虽然贵阳市启动了17个垃圾分类试点，也在主要市区设置了分类垃圾桶，但分类的效果并不理想。影响垃圾分类的重要因素有：

1. 市民不太了解垃圾分类的常识，急需加大宣传力度；

2. 垃圾桶分类太简单，只区分为"可回收""不可回收"两类；

3. 垃圾清运时并没有分类，可回收和不可回收的，最后都是一车装走，所以市民觉得分类没有意义；

4. 各社区、单位、企业基本上沿用原有的单一性垃圾坑，很多市民在家里把垃圾分类了，却发现可回收垃圾无处投放，等小贩上门回收又经常不凑巧，放在家里又占地方，所以还是扔原有的垃圾坑了。

★针对我们看到的问题，我们商讨了40多条对策，最后删繁就简，依据可行性、紧迫性、长期性，归类提出下列几点建议：

一、轰炸式宣传——这是需要马上展开的工作，也是一项长期性的工作，所以我们把它放在第一位

1. 我们希望在报刊、广播、电视以及人民广场的电视墙，都能看到垃圾分类的公益广告；

2. 我们希望在《贵阳市生态文明建设读本》中，看到垃圾分类的有关知识和国外的相关经验；将垃圾分类写入教材，这会是贵阳市的首创，也是影响无数代贵阳人的大工程；

3. 政府开设专门的垃圾分类网站。网站承担以下功能，宣传垃圾分类知识；适时更新贵阳市在垃圾处理方面的工作进程；开设一个公开的市民信用档案，对公民和单位、社区的垃圾排放量进行排名，奖励垃圾分类工作做得好的社区和个人；

4. 兴建垃圾分类博物馆，展示世界各国和中国在垃圾分类事业所取得的成果，也可以展示市民利用废弃物自制的作品，展现博物馆的核心价值理念："世界上原本没有垃圾，只有放错地方的资源。"（据悉，目前国内仅在广东惠州有一家垃圾文化博物馆，垃圾分类博物馆在国内还是个空白，贵阳市完全可以开此先河）

二、依托居民小区、单位、企业等组织，坚决推进垃圾分类收纳，并进行预处理，减轻清运工作的负担

1. 建议将现在的两种分类垃圾桶，改换成可回收垃圾、厨余垃圾、有害垃圾、其他垃圾四种分类垃圾桶，并在垃圾桶上写明各种垃圾或者印刷上相应图标，既便于市民投放垃圾，也可向市民普及垃圾分类知识。

2. 除原有的垃圾坑外，在各社区和单位、企业设置封闭式的可回收垃圾屋，便利居民随时丢弃可回收垃圾；采取封闭式，是为了保证可回收垃圾的清洁。

3. 可在试点小区安装简易厨余垃圾处理装置，让厨余垃圾不出小区便可得到妥善处理，具体处理方式有两种：一是高温堆肥，将厨余垃圾变成的上好肥料用于小区环境绿化；二是沼气池发酵，让每家每户都通上由厨余垃圾发酵而成的甲烷气（对于无法安装简易厨余垃圾处理装置的小区，由负责清运街道和小区垃圾的清运工，用厨余垃圾破碎挤压机对垃圾进行集中粉碎和脱水，再由清运部门运到有机肥处理厂，处理厂按检查分类合格的计量付费给清运部门，分类不合格的拒收）。对于社区产生的多余的垃圾发酵有机肥，可由政府以保护价（约500元每吨）进行收购，并检测是否含有重金属等有害物质（社区出售有机肥所得的钱款，可由居民委员会或业主委员会进行统一分配管理），然后再将这些有机肥

用于城市公共绿化或以低价卖给农民，用于土地增肥，提高地力，提高农作物产量，中间差价由政府补贴。

三、采取行之有效的措施，给力推动垃圾源头——家庭的垃圾分类，可以大大减少垃圾排放量

1. 推广专用垃圾袋，制造可回收垃圾、厨余垃圾、有害垃圾、其他垃圾这四类垃圾专属的塑料袋，在垃圾袋上印刷垃圾分类常识；

2. 给每个家庭设立绿色账户，对居民家庭的垃圾排放实行计量收费制度，按照垃圾排放量要求排放者负担一定费用（但该制度是应与垃圾分类的开展同步，还是等垃圾分类开展一段时间后再推进，还是个值得商榷的问题。另外，如果要确实落实该制度，具体收费标准也应举行价格听证会，广泛听取民众意见）。对每月按时正确分类垃圾，并且垃圾产生量在规定计量以下的家庭，绿色账户中将会得到相应的积分，积分达到一定数额即可兑换绿色低碳生活用品，并将相关数据公布到网站，以达到大家相互监督、相互激励的效果；

3. 推广垃圾实名制，清运部门检查居民的分类垃圾，在政府分发到每家每户的垃圾袋上印上编号，一旦发现有垃圾袋内的垃圾未经分类，清运部门便可根据袋子上的编号追究到个人，以此来落实垃圾分类责任制。同时政府一定要坚决落实限塑令（目前的实际情况是限塑令执行并不彻底），避免部分市民嫌麻烦不对垃圾进行分类，转而选择用市面上未印有编号的塑料袋装垃圾，以此来逃避处罚。

后面两项措施，对于目前的贵阳来说，可能操作难度大，但中国人往往需要强制性的措施来约束，教育和管理，双管齐下才能收效。

四、对垃圾进行分类清运、分类处理

1. 垃圾清运分组管理。要求垃圾清运部门严格分工，将清运人员、清运工具分为可回收垃圾、厨余垃圾、有害垃圾、其他垃圾四个清运小组，负责清运自己分工范围内的垃圾；同时，垃圾转运站也要严格分工，运来垃圾区分为四类堆放。

2. 每周固定一天开展再生资源回收日活动，由政府联系再生资源回收企业，方便居民处理家中的粗大废弃物（如废冰箱、电视机、洗衣机等），还可让回收企业与市民形成买卖关系，由政府参与监管，保护消费者权益，在网上实现预约回收服务，完成垃圾分类回收处理的网络化运营管理。

3. 发展垃圾回收产业，带动垃圾分类。建议政府开展对资源回收企业的招商引资，争取短期内在贵阳市周边建立几家这样的企业，以便对可回收垃圾进行集中处理，这样既可变废为宝，又可给家庭和社区的垃圾分类工作带来相应的动力，利益的诱惑，永远是比宣传和管理更有效的驱动力。在垃圾的回收再利用的

基础上，还可以形成多行业、多品种的产业链运作模式，以带动其他附加能源回收产业的升级。

五、将拾荒者组织起来

在高雁垃圾厂现场考察时，众多抢垃圾的拾荒者，使我们的心灵受到了巨大的震荡；那些在垃圾堆中徜徉的远比我们幼小的身影，绵延成了的我们心底深切的焦虑与哀伤，我们不约而同地想，在我们的改进方案中，一定要考虑到这些生活在社会最底层的人们。

在我们的上述建议中，小区设立垃圾回收屋和简易处理装置、垃圾清运分组管理、再生资源固定回收、发展垃圾回收产业等项目，都可以提供许多就业机会，建议政府对拾荒人进行垃圾分类培训，像巴西那样组成拾荒者合作社，以有组织的形式进入垃圾分类处理行业，享受垃圾分类产生的收益，让他们成为垃圾分类中最大的贡献者，也成为最大的受益者。

总之，发展中的贵阳市需要建立健全垃圾分类回收体系，贵阳市人民也需要这样一套体系来提升生活环境质量，这是一项功在当代，利在千秋的民生工程。热切期待贵阳市政府加大推动垃圾分类工作的力度，维护"爽爽的贵阳"的城市形象，我们努力，我们支持，我们坚持，我们和您一起建设新贵阳。

　　此致

敬礼

贵阳市民族中学高一年级

环保科技小组

2011-7-10

附件2：

国旗下的演讲"垃圾分一分，贵阳美十分"

环保科技小组　梁思琦

尊敬的老师，亲爱的同学们，大家早上好。今天我为大家演讲的题目是《垃圾分一分，贵阳美十分》。

亲爱的同学们，当我们迎着朝阳，走进菁菁校园的时候；当我们在假日午后，悠闲地漫步花溪十里河滩的时候；当我们安之若素地，享受现代工业文明成果的时候……您可会想到，与现代文明同步增长的垃圾，正在侵蚀我们脚下的土地，污染我们头顶的空气。

就拿贵阳来说吧，"爽爽的贵阳" 是我们的城市名片，可是贵阳每天产出2000吨垃圾，这和我们的城市名片极其不相符合。2011年4月，我们启动了贵阳市垃圾分类的课题研究，我们曾在人民广场几次体验环卫工人的工作，也曾跟随垃圾车从箭道街转运站，一直到高雁垃圾处理厂，堆积如山的垃圾使我们受到了巨大的震撼，我们痛心地发现：我们头顶的空气是如此污浊，我们脚下的城市是如此肮脏。同时也深刻地意识到：面对垃圾围城的局面，我们绝不能坐以待毙。

今年暑假，我们带着自己的感受和应对方案，到北京参加了全国中学生领导力大赛，并且荣获全国二等奖。现在，我们决定继续推进本校的垃圾分类工作，为此，我们提出以下倡议：

1. 我们将每个星期五定为民中的"垃圾回收日"，请同学们将平时塞入垃圾箱的可回收垃圾存储起来，请每个班划定相应的区域，将可回收垃圾分成废纸和废塑料两大类。星期五会有校外的垃圾回收人员到校定时、定点收购。回收日劳动委员必须在场，并且与垃圾回收人员做好双向记录，交易所得钱款由班委会经管。我们会每个月统计一次，并以展板的形式对各班的垃圾分类回收成果进行展示，评出垃圾分类回收的优秀班级，悬挂我们自行设计的绿色环保流动旗帜。

2. 请各班劳动委员负责监督、管理垃圾分类工作，学校劳动部将把垃圾分类列入日常班级评分；

3. 在学校高一高二年级开展"垃圾分类"宣传海报创意大赛和"垃圾回收"流动奖旗设计大赛；在校园内公开展出评比，并请同学们将作品带到自己社区宣传，请社区居民在背面签字参与垃圾分类的行动。并在星期一将签名交回劳动部。在此，我先代表贵阳的蓝天绿水感谢你们，为我们可爱的城市做了我们应该做的事情。

同学们，青春会创造奇迹，我在此真诚呼吁：请用你们的爱，来呵护我们脚下的土地和头顶的空气。如果我们坚持捡回每一张废纸，也许就捡回了子孙安身立命的森林和河流；如果您将一枚旧电池放进专用回收箱，也许就拯救了一片土地和家园。如果你、我、他都这样做，那么，不久的将来，我们就能感受到"流连戏蝶时时舞，自在娇莺恰恰啼"的喧闹，也能欣赏到"明月松间照，清泉石上流"的清幽，更能自在地听鸟语、闻花香，看莺飞草长。

最后，请和我一起喊出这个口号"垃圾分一分，环境美十分"。

（本课题获2012年第27届全国青少年科技创新大赛一等奖）

在课程的中心呼唤爱

——以"天使在人间"项目为例

王义兰　吴少芬

摘　要：学生选择了关注残疾孩子这样一个"非主流"的课题项目，教师给出了主流性的课程引导，推动学生们借助这一项目融入公益事业，关注弱势群体，培养自己的社会责任心，承担时代赋予的使命。

关键词：课程　引导力　残疾儿童　博爱

教育的本质，是爱的教育，但我所理解的爱，不仅仅是教师对于学生的爱，更应该是唤醒学生对于人类、对于世界的爱。《天使在人间》项目，便是以爱为支点，诠释了新课程的重要使命——培养学生的爱心，让这个世界变得更温馨。

一、一个偏离主题的项目

学生在选择项目课题时，想法五花八门，经常会偏离老师的预设，但我指导学生的一个基本准则是：做你们自己想做的。不管学生的想法和我的本意相去有多远，我都是赞赏和参与。2011年，高一（5）班的同学选择了帮助残疾儿童的项目《天使在人间》，他们曾担心不符合当年大赛的主题而导致在竞赛时处于弱势。当时领导力大赛简单界定两大主题：公共政策改进、社区与校园服务。但是学生对于残障人群的关注，尤其吴小涵同学长期以来结对帮助残障少年，让我意识到这个板块的项目是很有价值的，我鼓励孩子们尽管做下去。你们做项目，更重要的是收获心灵的成长和幸福。做什么，怎么做，你的项目你做主。于是，有了一个偏离当年大赛主题的项目《天使在人间》，但是这个项目的口号"天使折断翅膀，有爱就能飞翔"永远也不会偏离人类社会与现实的主题，这也是新课程引领的目标，培养学生的公民素养和社会责任心。

二、一次特殊的互动

在确定项目后，学生们制定方案时遇到了很多瓶颈。

计划去盲聋哑特殊学校做一个大型的联谊活动，准备节目时我提了一个要求：不能只是简单地由你们表演节目，而要与特殊学校的孩子们互动。可当他们兴致勃勃地策划游戏时，才发现很多自己玩的游戏，那些孩子们根本就没法参与，当时他们很难过，张立旎说这是她第一次体验到，身体的残缺意味着什么，这应该是孩子们在课题中的第一次成长。

我进一步提示他们：你们去观察一下，他们是怎么玩的，你们要不要和他们一样的玩法？就这一句提示，后来产生了许多让我匪夷所思的互动游戏：他们绑住自己的一只手、一条腿，和特殊学校的孩子们打篮球；他们匍匐在地上，和对方一起滚地毯；他们学习手语，和对方做无声的交流；把大家绑在一起，玩老鹰抓小鸡⋯⋯。在自主的课程空间里，学生迸发出令我们惊喜的智慧和异常深沉的爱心。懂得了别人的痛，就学会了换位思考，这应该是孩子们的第二次成长。

在设计好了游戏以后，同学们在思考带些什么礼物过去，有些同学家里经济条件较好，打算大包大揽，我让大家讨论是不是同意这样做，结果被同学们否决了，他们想通过自己的努力来解决这个问题，集体讨论出了三点计划：拉赞助、为特校孩子争取医院的免费体检、募捐。他们走了很多家公司和医院，遭遇了多次拒绝，终于达成目标的时候才发现，募捐才是最棘手的问题。开始以为很简单，上街拉个横幅就能募捐，通过方方面面考证，才知道要去民政部门审批，而民政部的答复令他们绝望：中学生作为未成年人基本不可能申请到募捐批文，孩子们绝不放弃地四处寻找募捐途径，民政局的工作人员建议他们依托学校相关部门来办手续，最后想出了一个与学校思教处合作的方案，在助残日为特殊学校的孩子募集到了8000多元资金。收获成功的喜悦时，他们也给自己上了一堂法制课，知道以后碰到大街上募捐的人，应该要看看他们是否具备了合法的募捐资格，做公益，就必须遵守相关慈善法规。这是孩子们的第三次成长。

三、一次特别的成长

"善行哪怕只有一件也不会被忽视，努力哪怕只有一点也不会无所得。"《斯宾塞的快乐教育》里提到的德比小镇的这句谚语，最好地诠释了《天使在人间》这个项目的教育意义。孩子们的努力赢得了大家的关注，由张立旎和吴小涵带领的这个团队，参加了2012年7月在北京举行的全国中学生第三届领导力大赛，得到了组委会的高度认可，获得全国一等奖，然而比这更重要的是：全国中学生领导力大赛因此扩大为八大主题，其中关注弱势群体板块，就是因为我们的项目而催生的，《天使在人间》引领了一系列关注弱势群体的中学生项目和公益组织，鼓励了无数大学生和中学生成为志愿者，投身到公益行业来，成为全国中学生领导力大赛中一道亮丽的风景。

我们的项目也得到了斯坦福大学吴靖博士（美国益公益组织负责人）的赞赏，她多次鼓励我引导学生进入公益领域，说美国的公益事业已经发展得很成熟，做公益也是一项很有意义的职业选择，而现在进入中国公益事业领域的人，会成为拓荒者，吴小涵表示要终身从事公益事业，这个低调务实的孩子，在这次课题中找到了自己的发展方向。

苏霍姆林斯基说过："成功的欢乐是一种巨大的情绪力量，它可以激发儿童好好学习的愿望。"张立旎、魏珂、郭昊似乎就是为了验证他的定论，在项目结束后，学习成绩突飞猛进，两年后进入了他们曾经不敢企及的高校，张立旎在项目中坚定了从事新闻传媒的职业选择，她曾在展示大会上说：她的梦想，是失声的孩子都能大声歌唱，失明的孩子都能看到斑斓的世界，失聪的孩子都能听到美妙的音乐……这个美好的梦想或许很难实现，但是她为特殊孩子们代言的理想，却已可期待，她进入英国爱丁堡大学学习编导，大学期间制作了有关残疾人的纪录片。孩子们的爱，汇聚成仁义之川、博爱之海，成就了他们中学时代一次跨越式的成长。

案例

天使在人间

贵阳市民族中学2014届课程5班
指导教师：吴少芬　王义兰

摘　要： 通过互联网查找残疾儿童相关资料，在贵阳市人口流量较大的地点发放调查问卷，组织课题组成员前往贵阳市相宝山盲聋哑特殊学校与残疾学生进行互动交流，以此培养学生的社会责任感，以及通过此次活动发动更多社会上的爱心人士关爱我们身边的残疾儿童。

关键词： 贵阳市残疾儿童　贵阳市民族中学　天使在人间

一、项目论证

在领导力课程的开展过程中，本校同学都积极参与其中，并在全校范围内成立了近70个课题小组，在最后阶段经过同学讨论以及老师指导，推选出了7个课题参加最后投票论证阶段，7个课题分别是：关爱自闭症儿童、关注留守儿童、关注食品安全问题、一张纸献爱心、建立校园模拟法庭、关注贵阳市水源问题、天使在人间。

最后，天使在人间课题组以其高关注度、高话题度入选。

1987年4月1日，我国第一次残疾人抽样调查结果显示，我国有残疾人口5164万，其中0-18岁的残疾儿童数量为1074万，0—14岁的残疾儿童有817.5万，6—14岁义务教育学龄阶段的残疾儿童约625万。当时中国大陆人口总数约为十亿，如果1998年按有人口十二亿来计算的话，我国大陆现有残疾人约6200万，0—18岁残疾儿童约1289万，6—14岁义务教育学龄阶段的残疾儿童约750万，其中视力残疾儿童15.1万，听力语言残疾儿童96.6万，智力残疾儿童513.6万，肢体残疾儿童57.8万，精神残疾儿童1.4万，综合残疾儿童65.9万。

在时隔了25年后的今天，这个数字必定有所增加，所以我们不禁会有这样一个疑问，数量如此庞大的一个群体，他们的生活是什么样一种状态？他们是否享有同我们一样的受教育权利？他们是否可以不受他人歧视的目光走在大街上，同我们一样说说笑笑？

关爱残疾儿童，这是一个可大可小的事情，往大了说，这个社会上有近百万的残疾儿童需要我们的关爱；往小了说，当我们身边走过一个残疾儿童时，一个善意的微笑，一句善意的问候，便已足够。

所以，基于这样的基础，我们课题5班成立了"天使在人间——关注残疾儿童身心健康成长"项目小组。

当天使折断翅膀陨落人间，便不再看得见世界的五彩斑斓，不再听得见夏日的虫鸣鸟叫……但，我们的关心，我们的关爱，我们的关注可以幻化为充满爱与力量的翅膀，这双翅膀，可以带陨落人间的天使回到天堂。

二、项目方案

（一）收集资料，拟定调查问卷

课题组成员利用课余时间，通过互联网调查，我市目前的残疾儿童数量，以及受教育情况，并根据所得资料拟定了调查问卷。

（二）主题活动

1. 发放调查问卷

时间：3月17日

地点：河滨公园、筑城广场、大十字广场、喷水池

活动主题：发放调查问卷，宣传关爱残疾儿童这一理念

活动流程：

（1）课题组成员于上午10:00在河滨公园门口集合并点名。

（2）将组员分为四个小组，分别前往活动地点发放调查问卷。

（3）问卷回收后，各小组针对职业，年龄等进行数据分析。

（4）课题组成员针对问卷分析数据，制定下一步活动方案。

2. 活动海报设计

时间：4月12日

地点：教室

活动主题：针对项目内容设计出一份新颖且具有吸引力的海报

3. 前往特殊学校

时间：4月26日

地点：贵阳市相宝山盲聋哑特殊学校

活动主题：课题组成员与残障学生互动交流

活动流程：

（1）课题小组成员利用课余时间向"杭州娃哈哈食品有限公司"申请到了物资赞助以及"贵阳市中医二附院"的医生免费为特殊学校学生体检的机会。

（2）课题组成员开会讨论活动实施方案。

（3）向学校提交外出申请，并向特殊学校提交本次活动的活动方案及安全预案。

（4）活动当天，于早上8：00在学校集合，进行点名，在带队老师带领下前往活动地点，开展活动。

（5）在特殊学校，将课题小组成员分为两组，分别与盲生及聋哑生进行交流互动。

（6）向特殊学校学生分发所得的赞助物资，并带领特殊学校学生进行免费体检。

（7）在特殊学校进行义务劳动。

（8）课题组成员于12：00集合，进行点名，在带队老师带领下离校。

（9）回到学校后，课题组成员再一次开会，讨论后续的推进措施。

4. 征集活动标语

时间：5月21日

地点：教室

活动主题：在全班同学范围内，征集"全国助残日"宣传标语，及课题小组的宣传标语。

活动流程：

（1）课题小组成员向全班同学介绍全国助残日，并发动全班同学参与标语征集活动。

（2）整理所得标语，并由全班同学进行投票，最后选出两条标语分别作为"全国助残日"及"天使在人间"课题小组的宣传标语。

全国助残日宣传标语：身体会有缺陷，心灵没有距离

天使在人间项目组宣传标语：天使折断翅膀，有爱才能飞翔

5.国旗下讲话，发动全校同学进行募捐

时间：5月23日

地点：学校主席台

活动主题：向全校同学宣读倡议书，发动全校同学进行募捐

活动流程：

（1）课题小组查阅有关全国助残日的相关文件并整理，最后拟定一份倡议书。

（2）小组成员进行国旗下讲话，以此发动全校同学为我们身边的残疾儿童捐款，献上一份属于我们的爱心。

（3）统计募得金额。

6.再次前往特殊学校，进行捐款

时间：5月25日

地点：贵阳市相宝山盲聋哑特殊学校

活动主题：课题小组成员将在学校募捐得到的所有资金，全数捐给特殊学校。

7.进行网络宣传

时间：6月14日

地点：课题小组成员家中

活动主题：利用互联网的高速传播性，进行网络宣传

（1）开通新浪微博。

（2）申请QQ账号。

（3）在百度贴吧发帖。

三、项目实施过程

（一）资料收集

课题小组成员通过互联网查找与残疾人、残疾儿童相关的网页，并收集整理。

据相关资料表明，中国残联根据抽样调查的结果推算，并参考近年来进行的一些单项统计和一些地区进行的普查、抽查情况，重新公布了全国残疾人总数和各类残疾人数量。

全国残疾人总数约6000万，约占全国总人口的5%，有残疾人的家庭占全国家庭总户数的近1/5（18.1%）。

18岁以下的未成年人占11.99%，其中0—14岁的儿童占8.21%，15—17岁的少年占3.78%。

我们在了解以上资料后，认为我国的残疾儿童是一个庞大的群体，他们的生活是否安定，受教育程度如何等问题成为我们的关注焦点。

（二）制作、发放、统计调查问卷

1.问卷感悟

通过对网上资料的查找分析，我们制作了调查问卷，其中分别就残疾人定义，与残疾儿童相关的公益组织等设立了共八个问题。

3月17日，我们带着400份问卷走上了贵阳街头。

"您好，我们是贵阳市民族中学天使在人间课题小组......"准备好的话还未说完路人便匆匆从我们身边走过，留下我们一脸尴尬与错愕。

或许是我们心中那一份相信爱的执着，或许是为了身边的残疾儿童能够得到应有的关爱，我们在遭遇了一次次拒绝之后，仍然选择坚持不放弃。

汗水，渐渐浸湿了我们的衣裳，看见完成的问卷越来越多，我们便放下了疲惫。从早上十一点到下午四点，断断续续的五个小时，让我们体会到了从未有过的感受，当世人从你身边不顾你的声音冷漠走过时，或许相信爱，便是坚持下去的唯一动力。

此次问卷调查，共发出400份问卷调查，收回376份，达到了我们的预计效果。

在回到学校后，我们将问卷按职业，年龄等分为了四个组别，分别是学生、上班族、自由职业、退休职工。

在调查问卷的发放过程中，我们发现有很多的市民都希望为残疾人献出自己的一份爱心，但是缺少一个合适的平台，缺少一个放心的途径。

2.问卷统计

我们针对相关问题做出了统计，现挑选几个具有代表性的问题，为大家呈现：

① 您所了解的我国当前大多数残疾人的整体生活状况是：

A. 自食其力　15%

B. 依靠家庭资助　35%

C. 依靠社会救济　47%

D.没有依靠，温饱不济　3%

由A选项可以得出，我国当前残疾人的生活状况，自食其力的为数不多，但依靠社会救济及依靠家庭资助的占大多数。所以，我们的宗旨是要呼吁社会上的爱心人士奉献出他们的爱心，以此来改善残疾人的生活状况，也要呼吁政府健全完善社会保障体系。

②您觉得残疾人最需要得到的是：

A.有最起码的生活保障　12.3%

B.被人理解不受歧视　28.7%

C.接受教育并有份工作　33%

D.参与社会生活和公众文化活动　26%

结合统计，由该题可以看出，目前残疾人最需要得到的是接受基本教育的机会，以及有一份稳定并适合自己的工作，同时不应受到他人的歧视。我们应当尊重他们，爱护他们，关心他们，让他们同我们融合在一起，共筑社会的美好。

③您觉得残疾青少年在哪些方面需要加强教育：

A.心理　17.2%

B.道德　47.4%

C.社交　21.4%

D. 生存技能14%

由统计可知，对于未成年残疾人的教育，人们主要认为应该加强对道德及社交，心理方面的教育。毕竟残疾人是社会中的弱势群体，对自己身体的缺陷，存在一定的自卑心理，因此，我们应该加强对未成年残疾人的心理教育。

④您觉得针对残疾人的社会保障哪些方面存在不足：

A.残疾人的日常生活保障　24%

B.残疾人的就业　53%

C.残疾人的教育　23%

就此题数据可以得出，我们应该寻求相关部门的帮助，解决残疾人就业问题，此扇形统计图可以看出关于残疾人就业不足问题约占半数以上，所以相关部门应着力解决残疾人的就业问题。

3.问卷分析

（1）通过以上问卷分析，我们发现，贵阳市民对残疾人及未成年残疾人存在以下几个较为关注的问题

①残疾人就业问题　②未成年残疾人的教育问题　③关于残疾人的社会保障

制度　④残疾人的心理教育

（2）我们提出了解决上述问题的方案

①联系社保局或贵州省残联，希望可以制定一些相关条例，维护残疾人的合法权益，提供一些专对残疾人的优惠政策。

②联系省妇联开展几次大型的针对残疾人心理的健康教育讲座，关注未成年残疾人的心理健康。

③我们可以到特殊学校去咨询、了解其关于招生的相关制度。建议他们降低对学生的要求，广泛招生，给更多的未成年残疾人提供更多的接受教育的机会，解决教育问题。

（三）赞助申请，与特殊学校进行联系，并开展活动

对调查问卷的分析结束以后，我们对课题的后期活动该如何开展进行了多次讨论，最后我们决定，先前往贵阳市相宝山盲聋哑特殊学校与那里的学生进行一次"零距离"的接触，以此让我们可以更直观、更具体、更真实地了解我们身边的残疾儿童。

在确定了此次活动之后，我们组员提出了申请赞助的这一想法，希望有企业单位或医院可以加入到我们的活动当中，让此次活动变得更加完美。

于是，带着一份信念，我们开始行动。我们联系到了杭州娃哈哈食品有限公司——贵阳分公司，当我们的组员站在公司负责人面前时，他问了我们这样一句话——

"我凭什么给你们赞助？"

"凭你是一个老板，凭你有这个能力，我们都还只是学生，我们就已经可以做到很多事了，你是一个成年人，是一个有能力帮助我们，有能力加入我们的成年人。"

我们的组员这样回答。

然后，公司的负责人沉默了。

他当时并没有直接给我们答复，然而我们的组员却不屈不挠地前往公司，同公司上层进行交流。

最终，在组员们的不懈努力下，娃哈哈公司同意向我们提供2000元的物资赞助。

这一次成功给了我们极大的鼓励，我们完全没有想到，组员的一再坚持就这

样让我们得到了赞助！当然，在与公司负责人进行了口头承诺之后，我们向其公司补交了一些文件资料。

同时，组员们去贵阳市中医二附院，希望可以通过自己的努力为特殊学校的孩子们争取到一次免费体检的机会，或许是我们的不屈不挠，或许是那些叔叔阿姨和我们一样，相信爱的存在，都希望可以为那些天使送上一份属于我们的爱心，中医二附院的医生答应了为孩子们提供一次全面的免费体检。

一切准备活动完成后，我们开始讨论这次活动的实施方案。

刚开始大家都各抒己见，后经讨论，决定这次活动的主题为"心灵的慰藉"，我们知道对于那些孩子来说，其实物质上的给予帮助并不是关键，他们需要的是心灵上的沟通。我们应该走进他们的心里，让他们明白，他们所看不见、听不到的世界是如此的温暖、美好，我们想让他们和我们一样敞开心扉去拥抱爱的世界。

紧接着，我们向学校提交了外出申请，并向贵阳市相宝山盲聋哑特殊学校提交了活动方案以及安全预案，学校对我们此次活动一路绿灯放行，因为这是一次充满"爱"的活动。

4月26日，小组成员早上8点在学校集合，同学们来得很早，大家的脸上都或多或少的带着些许激动的神情，后在老师带队下我们于8:30出发前往特殊学校。

因为是上班高峰期，公交车很挤，本来很凉快的空间瞬间变得热气腾腾，随着发动机一声声轰鸣，同学们的汗珠一滴滴滚下，衣服的后背也浸湿了。不过这并不能阻挡我们爱的脚步，我们说过"风雨一路，你我同行"，也正因为这样，我们的活动显得更有意义。

来到特殊学校，映入眼帘的第一幕是一群孩子在打篮球，他们脸上洋溢着甜甜的微笑，那是来自内心最深处的笑容。首先在他们的阶梯教室集中，等待所有活动成员到齐。参加活动的特殊学校的学生陆陆续续地来了，有一位盲生不小心绊了一下，旁边的同学立马拉了他一把。待双方老师互相介绍和认识之后，我们的活动开始了。

考虑到与他们沟通与交流，我们分成了两组，一组和盲生，另一组与聋、哑生进行交流与活动。

我们来到一个不大的操场。与聋、哑生交流的组员手里准备了一个本子和一支笔，因为我们不会手语，所以只能用这种方式与他们交流。我们很想了解他们心中的世界是怎样的，更希望可以通过我们之间的交流去了解并理解他们内心最真实的想法，从而选择不同的方式去关心他们。与盲生交流的同学互相介绍并展示才艺，其中一位同学给我们献上了一首动听的歌《感恩的心》，听了之后才明白什么是天籁，他们并没有去抱怨上天对他们的不公，而是选择更有价值地活着，并对这个社会抱有一颗感恩的心。之后我们大家一起唱了一首《隐形的翅膀》，我们真心地希望这群天使可以飞得更高。经过一段时间的交流之后，我们也慢慢地了解了他们，刚开始组员还害怕自己不经意的言行会伤害到他们，而显得有些拘谨，可交流之后我们和这群天使成了真正的朋友，发现其实他们比我们更加坚强、勇敢和乐观。我们彼此之间其实并无差别，我们彼此都相信爱的存在，我们都坚信这是一个充满爱与关怀的社会。

在大家的互动过程中，贵阳市中医二附院的医生也来到了活动现场，这是我们去争取来的一次免费体检的机会，医院的叔叔阿姨也很乐意来关爱这群孩子，更希望他们有一个健康的身体，并让他们明白，其实这世上有很多人愿意像我们一样去关心和帮助他们。体检结束之后，我们把向杭州娃哈哈食品有限公司申请到的营养物资分发到每位孩子手里，之后娃哈哈食品责任有限公司的代表和同学们合影留念，我们感到照片定格的不仅是一张张笑脸，更是一份永恒的爱与希望。

在活动的尾声我们决定做一次义务劳动，把该校的学生宿舍楼的窗户和我们活动的场所打扫一遍，对于我们来说这是轻而易举的，但对于那些特殊的孩子来说意义则完全不同，这是一种爱与责任所碰撞出的火花，在那一刻感觉到的不是辛苦，而是一份甜蜜。

在中午12点所有活动结束之后，我们离开了特殊学校，久违的泪水打湿衣襟。或是舍不得离开这群纯真的孩子，或是舍不得离开这个不带一丝污浊的世界，或许是感动……最主要的是因为有一群天使在人间。

回到学校后，每一位成员都站上讲台讲述了自己最真实的想法和心声，并不是向同学们做报告，而是一次爱的感知。到了晚上，我们与指导老师开了一个会，主题是"关于天使在人间——未来的发展"。也对课题做了一次小小的总结。

从问卷上看，社会上有很多人都很乐意去关心帮助他们，只是缺少了一个平台，他们希望自己的帮助能直接送到孩子们的手中，从而我们认为"天使在人间"或许不仅仅只是一个课题，更是一个传递爱的平台。希望我们可以通过这个课题把点滴的爱汇聚成一场雨去滋润他们纯洁的心灵。

（四）国旗下讲话，向同学发出倡议为残疾儿童捐款

在主题活动结束之后，小组成员同指导老师开会讨论了之后的活动方向，大家一致认为，可以通过国旗下讲话这样的形式，让全校的同学都可以直观了解我们的课题目的及意义，同时也可以在全校范围内起到很好的宣传效果。

但是让我们没有想到的是，那一次国旗下讲话，学校希望的主题是与"全国助残日"相关的，这与我们的课题不谋而合。

于是，在询问了学校老师的意见之后，小组成员拟定了一份倡议书，希望可以通过这一次国旗下讲话，向同学们发起一次捐款，以此让同学们更多地参与到课题当中，同时也可以让他们献出一份属于自己的爱心。

国旗下讲话那一天，课题组的成员站在高高的主席台上，大声宣读着倡议书，看着同学们一个个都自发地捐出自己的零花钱，我们实在是很受感动，甚至感到我们的项目取得了微小的成功。

一元，两元，十元，二十元……

这或许并不是一个庞大的数目，但却是一份不可忽视的爱心，我们力量毕竟有限，但是当全校所有的老师同学都加入到我们的活动中时，我们便汇聚了一份浓浓的爱与关怀。

这对于我们来说同拉到赞助一样，都只是一份小小的成功，但就是这样每一次小小的成功才让我们相信，我们的课题可以继续开展，我们的课题拥有可行性，这个社会仍然有那么那么多的人和我们一样相信爱的存在。

四、方案推进措施

我们在计划活动全部完成之后，不禁有了这样的一个疑问：结题报告之后课题也就这样随之结束了么？

只要一想起在特殊学校的每一分每一秒，一想起这个课题从开始到现在的点点滴滴，我们就会感到心里有那么一丝特殊的感觉划过，是不舍，还是其他的什么，我们也不确定，只是当我们又一次翻出这一路走来我们所经历的种种之后，我们知道，天使在人间，不会结束。

现在，我们已经申请了相关微博，每一次活动都会在微博上发布，目的是为了让更多的人了解我们的课题，参与我们的课题。

接下来，我们将向民政局进行备案，希望可以将天使在人间发展成为一个民

间公益组织，可以让社会上更多的好心人加入我们，从而可以使我们身边需要帮助需要关心的残疾儿童得到应有的关怀。

五、项目评估

三个月，我们学会了爱。

三个月，我们拥有了爱。

这是我们所有成员对这一段时间以来所做、所付出、所收获的总结。

当我们在做开题报告时大家都问："你们就是那一群天使么？"

我们摇摇头说："我们只是一群负责寻找天使，并将她们送回天堂的人。"

这便是我们项目名称的由来。

三个月说长不长，说短不短。

从确定项目、申请赞助，到国旗下讲话、发起募捐，这些点点滴滴都仿佛是在昨日发生一样，如此清晰。在马路边上发问卷时被路人无视；在申请赞助时险些放弃；在党代会召开时间与我们活动时间冲突，赞助险些泡汤时的手足无措……一路走来，现在才发现，原来我们竟经历了这么多，克服了这么多。现在还在诧异，当初的我们是如何一直坚持到最后的。

在写心得体会时，每一个组员的脸上都洋溢着一丝浅浅的微笑，看着他们的心得体会，不觉感慨，这一段时间以来，大家都或多或少的成长了不少。

每一份心得体会，字数并不算太多，但是却可以从中看到大家的收获。

一种不一样的感受

（刘章涵）

问你个问题：和别人聊过天么？

或许，你会觉得这是个奇怪的问题，但我想问你的是，和一个聋哑儿童呢？你的疑问，应该就此打消了吧。

我们的项目是关爱残疾儿童，在一切前期准备活动准备就绪之后，我们去到了贵阳市相宝山盲聋哑特殊学校，那个对于我来说，既陌生又神秘的地方，那个充满爱的学校。

无声的球场。正是上体育课时间，球场上却只有篮球落地时的"咚咚"声，而缺少的，是孩子们的笑声，感觉很严肃，就像法庭一样寂静，虽然他们脸上挂有笑容，但那种笑脸，却觉得那么严肃，那么安静，连阳光也显得格外酷热。

腼腆的话语。遇见陌生人，应该说，我们对于他们而言，是陌生人，所以，他们总显得那么紧张，那么无所适从，既不敢和我们说话，也不敢动，即使我们自我介绍了，他们依然如此，仍是胆怯。

坚强的心灵。他们比我们缺少了某种东西，但是，他们的心却很坚强，具有我们所无法拥有的乐观、开朗。虽然他们不太敢说话，但是他们，值得我们学习的地方却有太多太多。

和不同的人，看不同的人，学不同的人，总有不同的感受，而这些心灵上健全的人，带给我的，是一种坚强、乐观。

我想，我无法忘记。

在去过相宝山的特殊学校之后，组员都交到了一些特殊的朋友，记得在我们离开那所学校的时候，有同学在挥手告别的同时，流下了眼泪。有不舍，有感动。

不舍，是因为这是一群纯洁善良的孩子，他们会因为我们的到来而雀跃，他们会因为我们为他们打扫了寝室卫生而感动，他们会因为我们一起放声歌唱而绽放微笑……这一群天使，让我们不愿离去，那一刻，多希望时间就此凝固……

感动，是因为这是一群坚强乐观的孩子，他们从不会觉得自己与别人有什么区别，哪怕他们从未见过这个世界，哪怕他们从未听过来自于父母的呼唤……记得，有一个男孩，他说黑暗的世界，梦想便是心灵的光。这个男孩，唱歌是那样的动人，我们都不忍与他一起合唱，破坏了这一份天籁……

在所有的活动中，这一次活动算是让大家最无法忘怀的了。

尽管我们每一个组员都热爱这个项目，热爱那一群突然进入我们生活的天使，但不得不说的是，这一路走来，我们有值得肯定的地方，也有一些欠缺、不足之处。

我们的微博转发量较大，这让我们的项目得到了很好的宣传，也由此有好心人联络我们，希望可以为残疾儿童捐赠一些图书。

同时，在赞助商方面，娃哈哈公司也表示，对我们所做的一切表示感动，希望以后的活动他们也可以为我们提供一些帮助。

而在百度贴吧中，我们所发出的帖子也得到了上百条的回复。尽管这些回复中，有质疑，有赞许，但更多的是希望可以加入到我们当中，一同关注、关心这些折翼的天使。

还有许多类似的事情，我想，有人关注我们并且愿意加入到我们当中，便是这三个月以来，我们最大的成功！

而另一方面，我们也的确有一些地方差强人意。

例如：

1.由于时间关系，我们尚未在民政局进行备案，这一点便大大制约了我们某些活动的开展，同时也因为这个原因，在前往聋哑学校时多次遭到拒绝，也被他们误解。因此，我们也总结出：在进行活动时，一定要准备好各种材料，以避免类似情况再次发生。

2.我们的项目课题，时间的安排不够具体。

3.我们的项目课题，活动的范围太广，缺乏统筹安排。

4.实施活动过程单一化，由于时间关系，我们没有走访太多的学校，只在一处进行。

正因为存在不足，才会促进我们不断进步。通过这次的反思，我们相信，我们一定会做得更好！

六、政策改进方案

在对问卷进行了分析，并对项目做了初步评估之后，我们提出了许多改进方案，现列举如下：

（一）我们需要加大宣传力度，希望可以通过电视台、报社等传媒手段呼吁社会上的更多爱心人士加入到我们行列，同我们一起关爱、关注我们身边的残疾人。

（二）希望贵州省残联可以影印一些相关的宣传单向市民发放，以此让贵阳市民切身体会到关爱、关心残疾人是一件多么重要的事。

（三）发信至政府邮箱，向相关人员提出我们的意见和建议，希望他们可以制定相关条例来解决我们身边残疾人急需解决的问题，如就业、教育、社会保障等。

（四）在贵阳市人流量较大的路段发放相关宣传资料。

（五）在贵阳市各中小学开展活动，希望可以由此寻找到愿意与残疾儿童结对子的同龄人。

（六）在贵州青年志愿者的官方网站上发表帖子，希望可以通过这种方式寻找到愿意一对一帮助残疾儿童的爱心人士。

七、项目总结

大约三个月的时间过去了，我们的课题进入到后续工作。虽然到了尾声，但我们相信，我们心里的那份情愫不会走开，一直都在。我们会以爱之名将此延续下去！

回顾这三个月，我们课题组的每个组员都成长了不少。三月初，我们无意中看到1987年4月1日我国第一次残疾人抽样调查的结果时，我们全体成员都咋舌了，那庞大的数字让我们不得不庆幸自己所拥有的。为了让那些残疾儿童和我们拥有同样的爱，为了他们不受旁人的歧视。我们决定做一个关爱残疾儿童的课题，焕发出人们心底的那份质朴的爱。

发放调查问卷时，市民态度的冷淡和漠视，把我们的心深深地伤了。或许是还没有完全涉足社会，不懂它的种种。这样的情景更让我们明白宣传残疾知识的重要性，更加坚定了我们做这个课题的决心。

与盲聋哑学校的学生交流时，从残障孩子的身上学习到了对于人生的感悟。他们面对身体的缺陷，没有放弃对生活的信心。坚定自己的梦想以及自己内心的那份小小渴望。他们教会了我们怎样面对生活。谢谢他们，让我们懂得如何成长！

其间，我们也遇到了很多困难。在前往聋哑学校的时候，正遇人大会议的召开，导致了一切相关的手续都不能办，以至于聋哑学校的负责人都不接待我们。就这样来回多次，在我们的软磨硬泡之下，他们终于同意了。

这些困难，让我们更加懂得，无论做什么事，都会遭遇坎坷，而每一次的坎坷都是在磨炼我们的意志。只有坚定自己的目标，坚持不懈地努力向前，才会看见胜利的曙光！

对于我们而言，最大的收获就是成长。或许以前的我们不懂得社会责任感的重要性，更不明白自己对于国家会有什么样的作用。而通过这次领导力课程活动，让我们有了更强烈的社会责任感，让我们明白了中学生的想法、中学生的思维是可以帮助到别人的。也验证了那句话：与其坐而论，不如起而行。少年强则国强，少年富则国富。只有我们树立了这种民族自豪感，才能感染别人，才能影响别人。

我们祈盼，让世界充满爱。用一颗散发爱的心去关注这个社会，或许这就是这个项目的真谛吧！

（本课题获2012年第三届全国中学生领导力大赛二等奖）

用人文精神雕刻生命课堂

——"有多少孩子牵不到妈妈的手"项目指导感悟

王义兰 胡修海 李健 邹书权

摘 要："留守儿童"问题几乎成了当前中国农村一个难以解决的痼疾，"七星关惨案"触动学生关注"留守儿童"问题，体现了学生天性中的人文关怀。在项目推进过程中，指导学生解决团队分歧、制定议事规则，提升了学生的人文素养；课程活动促使学生形成理想人格；贯穿始终的人文精神教育，是综合实践生命课堂的重要内核。

关键词：课程 引导力 留守儿童 人文精神

"有多少孩子牵不到妈妈的手"是一个很煽情的标题，选择这样一个项目标题，只因为参与这个项目的孩子心中，对留守儿童的困境有着至深的感悟和至真的痛楚，而他们在课题实践中体验到的每一缕痛楚，都涵养了他们的人文精神，使他们从一个个单纯的孩子，成长为一个有担当的立体的人。

一、"七星关惨案"触动内心的焦虑

写下"痛楚"二字，我没有丝毫担心被人诟病为矫情的不适，2012年那个悲伤的冬天，贵州省毕节市七星关区的五位留守少年相携去了天堂，铺天盖地的新闻报道使当时高一（12）班的孩子们感受到了其中深深的悲哀与无奈，褚玲玉提出来的这个选题几乎没有受到同学们的质疑就一致通过，他们要在项目论证中做好的工作，是如何推进这个课题，是他们能够为留守儿童做些什么。而我关注的，是孩子们在这个项目过程中能收获些什么？与以往不同，我带领这个项目时的目标定位异常清晰：用人文精神，雕刻多维度的生命体验课堂，引导学生善待自己、善待他人、善待社会，善待这个包容了我们的世界，这在负面新闻越来越引人注目的今天，显得尤为迫切。

二、制定议事规则，培养团队精神，提升人文素养

然而令我意外的是，选题上分歧最小的一个项目，在推进的过程中，却遇到了最大的阻力。同学们各自抱团，相互攻讦，在长达一个月的时间里，课题推进很慢。刚开始，我低估了孩子们之间的矛盾，分别跟处在矛盾中心的褚玲玉、杨恺、王红筑好好谈了谈，以为他们会主动化解相互之间的敌意，他们也似乎达成了妥协，合作完成了第一个阶段的项目工作：到贵阳市花溪区高坡乡五寨村和甲定村的第一次实地调查；三访马铃乡，面向市民发放问卷等。但这一系列实践工作完成后，就进入了长达两个多月的停滞，团队也陷入了分崩离析的状态。经过深入了解，我才知道这个班级从入学伊始，就频频出现矛盾；可是他们对"留守儿童"这个课题的一致选择，让我看到了孩子们内心的柔软与善良，可能有些工作，需要从头做起。

为此，我一头扎进书本和网络，阅读了大量学生团队教育资料，以及企业的团队训练课程，挑选了一些团队游戏，让孩子们在游戏中慢慢消除心中的藩篱。还引用了一套团队精神测试题，分别测试自己的执行力和合作力，让同学们给自己打分，也相互打分，鼓励孩子们：目前分数低不要紧，以后可以按照这个标准，慢慢调整自己的言行，锻造自己的团队精神，相信不需要多长时间，你们一定会成为一个出色的合作者。

在研究团队精神教学的时候，接触到了许多有关议事规则的信息，于是又给孩子们加上一课"议事规则"，以罗伯特议事规则为载体，训练学生们制定合理的议事规则，养成遵守规则的习惯。

遵守规则与团队协作，是个体人文素养的重要组成部分，经过这两个环节的引导，"留守儿童"项目团队焕发出了新的活力，于2013年3月底重新启动，顺利完成了难度很大的后续工作，直到引起学校的关注，推荐他们走到了全国中学生领导力大赛的平台。

三、关注留守儿童，感悟生命的痛与爱

"留守儿童"项目团队的每一项工作，都给了我举步维艰的印象，而在这个跌跌撞撞的过程中，孩子们体验到了生命真切的疼痛，也感受到了无私的博爱。

他们自作主张在全年级募捐，被我批评为非法募捐，而募集到的资金丢失了

一半，项目主席褚玲玉用自己的压岁钱补上，却被同学怀疑为是她自己挪用。我用自己的名义为她作担保，缓解她和同学之间的矛盾。

孩子们拜访了多家移动公司和电信公司，想为留守儿童之家的孩子争取免费的爱心电话，可以跟远在千里万里之外的爸爸妈妈说说话，可是频遭拒绝。

他们还多次来到贵阳火车站，找到负责人，想说服他们开设"爱心列车"服务，让留守儿童在假期可以安全抵达父母所在的城市——这是一个异想天开但又多么温馨的建议……

在这个过程中，我只需要跟随孩子们前行，在他们受伤的时候鼓励他们，为一些现实的无奈向他们作解释。他们对于社会问题的勇敢承担与介入，终于得到了回报，花溪移动公司愿意为他们提供免费的通话服务，但话机要孩子们自己解决，他们向希贤教育基金会申请到了一笔资金，购买了话机和其他物品，达成了一个原以为不能完成的目标。记得当时组织学生讨论：花溪移动公司和希贤基金会的支持，让你们有什么感想？同学们的结论是：这个世界其实充满了爱。

是的，你们施爱予人，人亦施爱予你。赠人玫瑰，手有余香，带着生命赠予的芬芳，褚玲玉、刘铭真、王红筑、刘婷婷等一批孩子迅速成长，李钏仪因为这个项目而被高校提前录取。

四、内心情感的积淀，塑造理想人格

卡尔·雅斯贝尔斯曾说："教育是人的灵魂的教育，而非理智知识和认识的堆积。""有多少孩子牵不到妈妈的手"这一项目，让我深刻体验到了综合实践课程的灵魂教育功能，通过社会实践的深刻体验，孩子们的人性境界得到了提升，有利于塑造其理想人格，这应该是人文精神教育的最高境界了吧。

也许，老师应该是月光，明亮但不灼人，以最舒适的温度和亮度，牵引学生的课程方向。我们吸收太阳的光和热，将自己充盈得温润如玉，只为在孩子们前行的路上，引一束温润的月光为你们摆渡，送你们抵达成长的彼岸。

案例

有多少孩子牵不到妈妈的手
——关爱留守儿童社会实践活动

贵阳市民族中学2015届　高一（12）班课题组
指导教师：王义兰　胡修海　李　健　邹书权

一、活动背景

2010年的第六次全国人口统计数据显示，全国有超过6000万留守儿童。贵州作为一个西部欠发达的省份，外出务工人员众多，大量的人员外出，使得贵州100多万孩子成了留守儿童。这些留守儿童在成长过程中，他们的精神世界到底因父母的长期远离受到了怎样的影响？他们的情感天空到底因父母的长期远离而少了些什么色彩？他们的物质生活又是一副怎样的场景？他们的安全状况到底如何？作为一个有担当、有良知、有社会责任感的中学生，我们必须去思考这些社会现实，找出问题所在，并为这些问题的解决贡献智慧和力量。

二、活动主题："有多少孩子牵不到妈妈的手"——关爱留守儿童

三、活动目的：

1.使社会提高对留守儿童的关注度

我们会通过网络宣传，例如开通微博与QQ，让越来越多的人了解并关注留守儿童，提高留守儿童的关注度，从而使留守儿童的生活环境得到改善，并且在这个课题的研究过程中我们可以得到很大的锻炼。

2.向留守儿童送"关爱"

首先，我们了解留守儿童的定义是什么；其次，我们从相关部门得到了相关资料；最后我们还制定了一个帮助他们的方案：

（1）寻找移动公司帮我们在留守儿童与父母之间建立起"爱心热线"。

（2）在校园内募捐书籍，赠送给留守儿童以此来扩展他们的知识。

（3）与留守儿童成为好朋友，帮助他们逐渐解决心理问题，使他们成为活泼开朗的孩子。

四、活动组织实施机构

活动实施机构：贵阳市民族中学高一（2）班

指导教师：王义兰　胡修海　李　健　邹书权

贵阳市民族中学留守儿童课题组

主　席：褚玲玉

成　员：王红筑　刘铭真　莫久梦　贾斯琪　杨富康　黄君洁　李钏仪
　　　　刘婷婷

五、活动时间、对象及实施过程

第一个阶段的主题是"调查、走访"，组织进行实地调查以及到相关派出所查阅有关资料，走访具有代表性的留守儿童乡镇、留守儿童学校，对留守儿童及其父母、监护人、广大市民发放调查问卷。发现问题，研讨并提出解决方案。最后，确定实施方案。

第二个阶段的主题是"实施帮扶行动"，提出自己的推进方案并付诸实施。以各种互动活动引起同学、市民的注意，并通过多种网络宣传与实际宣传来筹集爱心善款和大量书籍。走进留守儿童的生活，了解留守儿童实际情况并进行一定的帮助。

（一）第一阶段（2012年11月28日—2013年1月24日）

★主题活动之一：调查高坡乡留守儿童生活情况

时间：2012年12月5日

活动过程：

（1）早晨7：30在花溪公园门口集合。

（2）分成两小队对五寨以及甲定进行走访调查。

（3）对留守儿童的监护人进行情况了解。

（4）对留守儿童的住宿环境与生活条件进行实际了解。

★主题活动之二：了解马铃乡留守儿童的概况

时间：2012年12月15日

活动过程：

（1）电话预约马玲乡派出所相关负责人。

（2）课题组成员于当日早晨7：30在花溪公园门口集合，乘车前往马玲乡。

（3）与派出所负责人交流，了解并获取本乡留守儿童的相关信息、数据。

（4）整理与派出所负责人的交流记录。

★主题活动之三：前往留守儿童所在学校

时间：2012年12月22日

主题：通过实地考察、与老师和学生对话，了解留守儿童在学校的生活、学习、心理、安全等方面的现状。

活动过程：

（1）与校方联系，取得校方同意。

（2）课题组成员于早晨7:30在花溪公园门口集合，乘车前往学校。

（3）采访学校老师。

（4）采访留守儿童学生。

（5）在宿管人员陪同下参观留守儿童宿舍。

（6）回到学校就相关文字、图片、视频资料进行整理分析。

★主题活动之四：前往留守儿童之家

时间：2012年12月29日

主题：通过实地考察、与留守儿童及其监护人对话交流，了解留守儿童在家的生活、学习、娱乐、心理等方面的现状。

活动过程：

（1）确定走访留守儿童所在的村，并与村委会相关负责人取得联系。

（2）课题组成员于早晨8：00在花溪公园门口集合，乘车前往目的地。

（3）参观留守儿童的居住生活环境。

（4）与留守儿童对话交流。

（5）与留守儿童监护人对话交流。

（6）回到学校，整理相关文字、图片、视频资料。

★主题活动之五：向社会大众发放问卷

时间：2013年1月5日

地点：贵阳市延安西路、北京东路、中华北路等地及学校。

主题：发放调查问卷，了解社会大众对留守儿童问题的了解情况。

活动过程：

（1）课题组上午10点在贵阳市延安西路集合。

（2）将组员分为3个小组，分别前往活动地点发放调查问卷。

（3）各小组对收回的问卷进行统计。

（4）将问卷统计进行综合，分析数据，制定下一步活动方案。

（5）展示课题组初期的活动成果，吸引更多老师同学的关注，征求进一步改善和推进课题的意见，为下一步的募捐做铺垫。

★主题活动之六：活动初期调查结果展示和下一步行动意见征集

时间：2013年1月16日

地点：学校

主题：展示课题组初期的活动成果，吸引更多老师同学的关注，征求进一步改善和推进课题的意见，为下一步的募捐做铺垫。

活动过程：

（1）向学校提出展览申请。

（2）展品选择、制作意见箱。

（3）展品编辑，制作展板。

（4）整理收回的意见，制定下一步改善和推进项目的方案。

（二）第二阶段（2013年3月24日—2013年7月24日）

★主题活动之一：募捐图书和钱物

时间：3月19日

地点：学校各班

主题：发动以"有多少图书在角落里蒙尘"为主题的捐书活动，号召广大师生用实际行动捐献图书，同时募捐到部分钱物。

活动过程：

（1）向学校提出募捐申请。

（2）制作募捐箱。

（3）课题组成员前往各班对募捐活动进行说明，组织募捐。

（4）统计善款，并商定善款的用途，制定下一步行动方案。

★主题活动之二：进行网络宣传并参与微善行动

平台：微善行动 新浪微博

主题：利用互联网高速的传播性，进行宣传，引起社会的关注。

活动过程：

（1）参与微善行动。

（2）开通新浪微博。

（3）在百度贴吧发帖。

微善行动是邓小平母校——四川广安中学和中国青少年基金会、希贤教育基金会共同成立的一个资助中学生公益项目的组织，我们通过努力，争取了该组织的支持，获得一千元项目启动资金，所得款项全部用于购买文体用品，捐献给了马铃乡留守儿童中心。

★ 主题活动之三：前往移动公司，争取建立爱心热线

时间：5月18日

地点：移动公司

主题：寻求移动公司帮助，为马玲乡留守儿童开通爱心专线

活动过程：

（1）联系移动公司负责人。

（2）到移动公司给相关负责人介绍项目。

（3）带领移动公司负责人前往马玲乡实地调查考察。

（4）协调移动公司、马玲乡相关负责人，落实具体事宜。

★主题活动之四：前往铁道部门，寻求支助

时间：5月18日

地点：贵阳火车站

主题：寻求铁路部门帮助，为留守儿童父母开通"爱心旅程"

活动过程：

（1）与火车站负责人取得联系。

（2）前往贵阳火车站，向相关负责人介绍项目。

（3）与相关负责人商讨"爱心旅程"的可行性以及相应方案。

★主题活动之五：前往马玲乡进行书籍与善款转交

时间：5月25日

地点：马玲乡

主题：转交募集到的善款及物品

活动过程：

（1）前往商店购买相关物品。

（2）课题组　早晨8:00在花溪公园门口集中。

（3）前往留守儿童家，转交善款、物品。

（4）再次与留守儿童及监护人交流。

六、具体实施过程

（一）资料收集

课题小组通过互联网搜索查询与留守儿童相关的网站（例如"关工委"、全国妇联、关爱留守儿童专项基金管委会等），初步掌握了一些关于留守儿童的信息。据《中国2010第六次人口普查资料》样本数据显示，全国农村留守儿童6102.55万人，与2005年人口普查时相比，全国新增留守儿童242万人。另据国家统计局局长马建堂在2013年1月18日国务院新闻办举行的新闻发布会上披露的消息，截至2012年，我国目前拥有农村人口约6.422亿，如果按平均每户4人计算，农村大约有1.605亿户住户，平均2.6户人家就有一个留守儿童。由此可见，我国留守儿童确实是一个不容忽视的、庞大的群体，留守儿童问题能否得到切实有效的解决，直接关乎国家、民族的未来。

6102.55万留守儿童占农村儿童37.7%，占全国儿童21.88%。其中学龄前农村留守儿童（0—5岁）达2342万，在农村留守儿童中占38.37%，比2005年的学龄前农村留守儿童增加了757万；义务教育阶段留守儿童规模为2948万，其中小学（6—11岁）和初中（12—14岁）学龄阶段儿童在农村留守儿童中分别占32.01%和16.30%，规模分别为1953万和995万；大龄留守儿童（15—17岁）占农村留守儿童的比例为13.32%，规模达813万，比2005年减少了199万，降幅为19.68%。可见五年间，学龄前留守儿童规模快速膨胀，义务教育阶段留守儿童减少，大龄留守儿童规模明显收缩。这样的变化趋势，为留守儿童问题的解决提出了新的要求。

贵州作为西部欠发达地区，"产业发展相对滞后，能够提供的就业较少，所以贵州省有630万名农民工在省外打工，因为这一现象而导致的留守儿童达到116万"，这是今年两会上贵州省相关领导同志所披露的数据。贵州的留守儿童数量占全省农村儿童40%以上……一组组数据清晰地告诉我们，留守儿童问题已经成了贵州实施"后发赶超"战略过程中必须正视的巨大现实，也是与全国同步实现小康的一大障碍。通过对各类资料的分析，课题小组发现留守儿童的精神世界、情感世界的发育成长，物质生活、人身安全等方面的保障，是最需要关注、最亟待解决的问题。因此，课题小组把这些问题作为关注的焦点。

（二）制作、发放、统计调查问卷

1.制作调查问卷

通过对所收集资料的整理分析，课题小组精心制作了调查问卷。问卷分别就社会公众对留守儿童关注度、关注点以及是否曾经参与过关爱留守儿童的相关爱心活动等设置了10个问题。

2.发放调查问卷

3月20日，我们带着400份问卷走上了贵阳街头。

"您好，我们是贵阳市民族中学《有多少孩子牵不到妈妈的手》课题小组……""您好，能不能麻烦您……""您好，打扰你两分钟……"很多时候，各种事先准备好的话语还未说完，路人便匆匆从我们身边走过，或者留下冷漠，或者抛来不耐烦甚至是鄙夷，留我们一脸的无赖与错愕。

但是我们心中始终坚定着那份青年人的担当，始终执着于那份对大爱的追求，始终怀揣着要为留守儿童们做点什么的梦想。所以，我们把冷遇、拒绝、鄙夷一次又一次地吞下，坚持前行。

三月的贵阳乍暖还寒，尤其是那讨厌的不讲情面的北风，吹得人甚是难受。但令我们感到欣慰的是，配合我们做问卷的人越来越多。从早上9点到下午4点，前前后后共7个小时，让我们体会到了从未有过的感受。当路人从你身边不顾你的声音、不管你的存在冷漠走过时，唯有心中那份责任感、那股浓浓的大爱之心，才是我们原初的梦想，才是我们坚持前行的不竭源泉！

3.统计调查问卷

此次问卷调查，共发出400份问卷调查，收回376份，达到了我们的预计效果。我们对问卷做了认真的统计分析，现挑选几个具有代表性的问题，为大家呈现：

（1）您怎样看待我国的留守儿童问题：

A.不怎么了解 15%

B.非常严重，亟待解决 35%

C.比较严重，须尽力解决 47%

D.小问题，不必大惊小怪 10%

通过这个问题的调查结论我们不难看出，82%的受访人群认为留守儿童问题已经非常或者比较严重，需要尽快解决。这表明，留守儿童问题已经比较突出，需要尽快解决，已经成了社会共识。

（2）您觉得留守儿童最需要得到的是

A.安全保障 12.3%

B.物质生活保障　28.7%

C.情感的满足　33%

D.受教育条件的改善　26%

通过这个问题的调查统计结果可以看到，留守儿童成长过程中的情感缺失受到的关注度是最高的，由此可见，这个方面是我们应该重点努力的地方。物质生活和受教育的条件也受到了比较高的关注，这些方面也应想办法尽力改进。留守儿童的安全问题往往容易被忽视，这一方面需要采取措施引起人们的重视。

（3）您觉得留守儿童最应该加强什么教育？

A.心理　21.4%

B.道德　47.4%

C.知识、能力　17.2%

D.生存技能14%

由统计图可知，对于留守儿童的教育，人们主要认为应该加强对道德及心理、知识、能力等方面的教育。毕竟留守儿童由于特殊的境遇和年龄，在社会中处于弱势地位，日常行为修养、心理方面或多或少都存在着存在一定的不足和缺陷，大多数留守儿童都存在着不同程度的自卑心理。因此，我们应该加强对留守儿童道德和心理方面的教育。

（4）您曾为留守儿童做过什么？

A什么都没做（包括想做，但没有便捷的途径）　53%

B.捐款、捐物　25%

C.志愿者　15%

D.其他　7%

由以上数据可以看出，很多人都曾通过捐款、捐物，或者是以志愿者的形式，帮助过留守儿童，但是，超过一半以上的人群迄今为止还从未做过帮助留守儿童的事情，这里边有很大一部分是因为找不到或者是嫌帮助的途径太繁琐。由此可以看出，加大对各种留守儿童帮助途径的宣传普及以及简化相关的帮助途径迫在眉睫。

通过以上问卷以及实地走访分析，我们发现留守儿童存在以下几个问题需要亟须社会各界关注和帮助解决：心理健康、情感需求、行为道德、物质生活、安全保障。同时我们也提出了一些解决上述问题的方案和设想：

（1）联系贵州省政府，建议开展全省范围的留守儿童生存现状专项普查，深入细致地对留守儿童的生存现状做一个全面摸底。另外，由省政府牵头，在留守儿童比较集中的乡镇，以村为单位，建立亲情视频聊天室和亲情热线，为留守儿童与外出父母加强情感沟通创造更加便捷的条件。并希望将此作为下次全国人代会贵州代表提案之一。

（2）联系贵州省教育厅、贵州省心理学会，建议在农村学校建立心理咨询室和留守儿童心理健康档案，对留守儿童的心理健康进行长期、有效的监管。

（3）联系贵州省劳动与社会保障厅、贵州省关工委，建议根据年龄，设立留守儿童最低月消费标准，设立专项基金，对无法达到这一标准的留守儿童给予补助。

4.赞助申请，并开展活动

对调查问卷的分析结束以后，我们对课题的后期活动该如何开展进行了多次讨论。最后我们决定，再次前往马铃乡，一则把我们的善款、物资转交到留守儿童手上，再则与留守儿童一起开展一次主题为"真心相拥"的活动。对于长期失去父母陪伴的留守儿童而言，物质上的帮助固然是重要的，但是，心灵上的沟通，情感上的温暖一定才是他们最需要的。

活动其实很简单，在学校老师的帮助下，我们专门寻找父母双双外出、性格比较孤僻的留守儿童，进行一对一的亲密接触交流，比如拍着他们的肩膀，拉着他们的手，和他们一起玩耍……

从马铃乡回来以后，我们最终确定以为留守儿童争取开通"爱心热线"和"爱心旅程"为项目后期的重点工作。在确定目标之后，课题组先后召开了几次讨论会，就如何与电信部门和铁路部门沟通，如何尽可能争取到更多的赞助，进行了反复商讨。

于是，我们带着无限的憧憬和强烈的信念，当然还有忐忑，开始寻求赞助的征途。

我们联系到中国移动贵阳分公司的负责人，当我们的组员站在公司负责人面前时，他问了我们这样一句话："我凭什么给你们赞助？"

"凭你们移动在电信行业的龙头老大的地位，凭移动是一家有社会责任感的公司，凭那些渴求帮助的留守儿童，凭我们稚肩担道义的这份真诚，凭这件事情将给移动带来的良好社会口碑。"我们的组员这样回答。

然后，公司的负责人沉默了。他当时并没有直接给我们答复，然而我们的组员却不屈不挠地前往公司，同公司上层进行交流。最终，在课题组的不懈努力下，我们终于说动了公司负责人与我们一同前往马铃乡，实地考察了解当地留守儿童的情况。

通过考察，公司负责人告诉我们，建立专门的爱心热线需要专门的人员进行管理，由于这一块暂时难以实现，他承诺，当地留守儿童与父母通话的费用，只要通过核实，公司全部负担。当然，公司负责人只是进行了口头承诺，相关工作还有待进一步的落实完善，我们向其公司补交了一些文件资料。我们也还在积极努力和马铃乡有关村委会协调联系，希望最终能在当地的每个村都建立一个"爱心热线"点。

这一次的成功给了我们课题组极大的鼓舞。让我们认识到，只要捧着一颗爱心，只要把工作做得够实，只要够勇敢，就一定能梦想成真。

带着这份成功的欣喜，我们再次出发。这次，我们课题组找到了贵阳火车站的负责人，向他介绍了我们前来的目的。负责人热情地接待了我们，并非常耐心地听取了我们的讲解。听完我们的介绍，负责人高度赞扬课题组成员小小年纪就有如此强的社会责任感，这让他大为感动，他表示非常希望能够帮助我们，但是，铁路票证是全国统一管理，这个事情他实在是爱莫能助。最后，负责人告诉我们，可以向中国铁路局提出建议。

回到学校，课题组经过讨论，决定采纳贵阳铁路部门负责人的建议。我们商定，向中国铁路管理局提出建议，建议铁路部门在春运期间为留守儿童集中的中西部地区留守儿童父母回家过年增开专列，为外来务工人员密集的地区务工人员子女前往务工地过年增开专列，并提供相应的安全保障，在非春运、非节假日时段，为回家看望子女的外出务工人员实行购票优惠政策。

七、收获体会

这次社会实践活动不仅深入农村，而且接触到了社会的各个层面，我们受益匪浅。

关注弱势群体，培养社会责任感。活动最初，这个课题组仅仅只有数十人，宣传西部欠发达地区——贵州，也就是我们的家乡的留守儿童问题。我们认为，留守儿童群体是社会的感叹，是叩问，更是呐喊，我们诚挚地希望可以以此来唤起社会各界对他们的广泛关注，同时也想为留守儿童的明天尽一份自己应尽的、能尽的绵薄的力量。而在开题报告会上就有人问我们："中国有超过6000万留守儿童，就贵州也有100多万，你们几个人能改变什么？"我们这样回答："你的努力不够、我的努力也不够，但是大家的努力加在一起一定足够，足够让天各一方的孩子之手和妈妈之手重新牵到一起！"在这样坚毅的决心与责任感促使下我们正式开始了这个课题。

磨合团队精神，培养团队凝聚力。 在课题开展中，负责这次课题的褚玲玉等同学们曾因为活动成员间意见不合以及积极性不高的同学而气馁，而导致团队屡屡发生摩擦，我们心怀忐忑，这个课题还能继续走下去吗？回想开展课题的初衷，再看看寸步难行的团队，我们感到十分懊恼，但是她迅速反思，坚定带领团队努力地走了下来。于是我们重整脚步，积极与同学交流，进行走班宣传，前往马铃高坡乡镇进行资料收集。在课题开展的每一步中我们学会了领导团队的同时也学会了领导自己的能力。

学会在汗水和泪水中收获坚强与担当。在课题进行中，发问卷时路人的漠视；走访留守儿童时内心的那份触动；申请赞助时的内心的忐忑……一路走来，现在才发现，原来我们竟经历了这么多，克服了这么多。所有的一切都是我们敢于承担社会责任的宣言书，也是我们充满爱心的心路图，更是我们勇于追逐梦想的里程表。这些点点滴滴仿佛就在昨日，如此清晰。不论是成功还是失败，都锻炼了我们的担当。

学会在每一次的活动中总结以及反省。一路走来，整个课题值得肯定的地方很多，但是，欠缺和不足也不少。在网络宣传部分我们的微博点击率、关注度、转发量较大，这让我们的项目在社会上引起了一定的关注。很多网友纷纷留言对我们表示赞扬和支持，甚至有人联系我们，希望可以为留守儿童捐赠一些图书。而在我们的努力之下，中国移动贵阳分公司也表示，了解了我们所做的一切后，大为感动，愿意先为马铃乡留守儿童与父母通话费用，并争取当地政府协作，建立留守儿童爱心热线。另外，我们采纳贵阳火车站负责人的建议，初步拟定向中国铁路局提出建议建议：在春运期间为留守儿童集中的中西部地区留守儿童父母回家过年增开专列，为外来务工人员密集的地区务工人员子女前往务工地过年增开专列，并提供相应的安全保障，在非春运、非节假日时段，为回家看望子女的外出务工人员实行购票优惠政策。但是另一方面，我们也的确有一些地方差强人意。

1.由于时间和工作准备关系，部分计划还在还处在规划中，例如向有关部门提交建议，这大大削弱了项目所能产生的效应。

2.在与当地派出所、学校、留守儿童接触过程中，由于把问题想得过于简单、天真，准备不够充分，常常被拒绝。这让我们懂得，准备工作必须做细做扎实，要带着最乐观的心理做好最困难的准备。

3.我们的项目课题时间的安排，不够具体。

4.我们项目课题活动的范围太广，具体化欠缺。

5.实施活动过程单一化，由于时间关系，我们没有走访太多的留守儿童，只在一处进行。

这些不足之处，正是我们进步的空间所在，克服这些不足，我们一定会做得更好。

（本课题获2013年第四届全国中学生领导力大赛二等奖）

参与·实践·成长

——以"贵安新区建设中的环境保护"课题为例

武昌勇　罗建华

摘　要：课题研究以其灵活、自主、宽松的特点在引导学生成长发展中发挥着独特的作用。学生怀着一份对环境保护强烈的责任感，积极投入到《贵安新区建设中的环境保护》课题研究中，面对调查采访中的难题，他们充分发掘自己的智慧去努力解决；偶遇省长时能够落落大方地与之交流，为课题研究争取有利条件；在研究基础上向环保局和城管局递交保护环境的建议书，得到环保局和城管局的高度重视和认可。学生积极践行知行合一，在参与课题研究中自身的综合能力得到很好提升，为自己成长奠定了坚实基础。学生完成了课题，课题反过来又成就了学生。

关键词：课程　引导力　环境保护　学生成长

一、关注环保，源于一份责任担当

《贵安新区建设中的环境保护》研究课题的选题，是偶然的，同时在某种意义上也有一定的必然性。在进行选题时，学生从一块路边的广告牌中得到灵感——山水之都·田园之城，国家内陆开放型经济示范区贵安新区欢迎您！多么好的画面，多么美的意境，在环境问题备受关注的时代背景下，贵安新区的建设过程中环境保护状况怎样？建设者又是如何处理经济社会发展与环境保护之间的关系的呢？怀着一份对环境保护强烈的责任感，课题小组决定对贵安新区建设中的环境保护问题开展研究，以期为我国环境保护和城市建设贡献出自己的一份力量。

二、换位思考，巧解采访难题

在课题研究过程中，实地调查走访是必不可少的。学生到贵安新区调查研究，第一次采访就被泼了"冷水"。当课题小组采访一位正在路边养护草坪的工人时，并未得到工人的积极回应，采访陷入了尴尬的局面，吃了"闭门羹"的小组成员们就有些气馁了。于是他们马上打电话给老师"诉苦"，在详细询问他们采访的细节后，老师给了他们一个角色扮演的建议，让他们轮流扮演养护草坪的工人和进行采访学生，然后分别谈谈自己作为这位工人的感受，综合分析一下这位工人不愿意接受采访的原因，再调整策略继续采访他。课题小组按照我的建议经过合作分析后，改变了采访的方式：他们蹲下与这位工人一起劳动，主动帮他做事，这不仅缩小了他们的交流距离，工人也对他们产生了好感，高兴地接受了他们的采访。大家在圆满完成这次采访的同时，不仅使自身的沟通能力、团队协作能力得到提高，还体会到了劳动的不易和艰辛，在无形中更获得了平等、尊重、包容的人文素养。

三、"邂逅"省长，相谈甚欢

在一次调查访问中，发生了一个有意思的小插曲。课题小组利用周末时间到贵安新区管委会准备走访新区的环境保护相关部门，但周末很多部门都在休假，大家的采访并不顺利。正当课题小组准备离开管委会时，一位和蔼可亲的长者路过看见身着校服的同学们，便走过来和他们交谈。课题小组中一位眼尖的同学认出这不就是在新闻报道中见过的秦如培副省长吗？大家在秦省长面前并没有怯场，而是落落大方地与他交流，秦省长饶有兴致地聆听了他们对课题研究的介绍，并询问了一些具体的情况。在了解到同学们在调查中遇到的困难后，秦省长当即表示新区的相关环境保护部门会积极配合大家的研究，为大家提供力所能及的支持，并表扬这项课题研究很有意义，鼓励大家继续坚持下去。这次与秦省长的交流不仅鼓舞了大家的士气，锻炼了大家的交流沟通能力，而且经过大家的努力为课题的后续研究创造了有利条件。

四、意外惊喜，收到环保局、城管局的回复

在经过曲折辛苦的研究后，课题小组终于迎来收获的喜悦。课题小组根据自己实地观察、调查、访问掌握的材料，在深入研究分析的基础上，提出了一些保护贵安新区环境的意见、建议，并向新区环境保护的直接负责单位环保局和城管局递交了《关于贵安新区建设中环境保护的建议书》。很快，课题小组就惊喜

地收到了贵安新区环保局发来的《关于贵阳市民族中学对贵安新区环境保护的复函》和贵安新区城管局回复的《贵安新区城市管理局给贵阳市民族中学"贵安新区建设中的环境保护"课题组的信》。环保局和城管局对同学们在繁忙的学业中积极参加社会实践活动的精神表示肯定，他们会对这些意见和建议进行研究，在条件成熟的情况下，进行部分采纳，并承诺未来贵安将展现给大家一个环境优美、生态自然的美丽新区。

五、知行合一，在参与课题研究中不断成长

教育的重要作用在于发现与唤醒。教育工作者要做的事情，就是把学生的潜能和智慧释放出来。在课题研究中教师要坚持"知行合一"的教育理念，处理好指导老师的指导帮助与学生独立自主之间的关系，通过适当引导唤醒学生的主体意识，落实学生的主体地位，发挥学生的主体作用。在课题研究中学生不可避免会遇到各种各样较为棘手的问题，而这些问题从另一种角度来讲可以说是提升学生能力的契机，这时候指导老师不应"越俎代庖"、直截了当给出解决问题的办法、方案，而应根据学生的身心特点以恰当的方式启迪学生，让学生学会独立思考、能动思辨、团队协作，创新性地解决问题，提高自身的综合能力，为学生成长成才奠定坚实基础。

美国教育家苏娜丹戴克曾说："告诉我，我会忘记；做给我看，我会记住；让我参与，我就会完全理解。" 课题研究的意义不仅在于结果，更在于研究的过程。学生在参与课题研究的实践过程中学会合作、学会尊重、学会理解、学会包容、学会创造，使得自身的核心素养不断得到提升，学生完成了课题，课题反过来又成就了学生。

案例

贵安新区建设中的环境保护

贵阳市民族中学2015届　郑晓雨　蒋心怡

吴欣睿　钟金轩　杨　健

指导老师：罗建华　武昌勇

摘　要： 贵安新区位于贵州省贵阳市和安顺市之间，是西部大开发的五大新区之一，是国发〔2012〕2号文件中提出实现贵州后发赶超和跨越发展的主战场。贵安新区的规划建设是当下我国新区开发建设的典型案例，其建设过程中遇到的问题及问题的解决很具代表性。本课题以贵安新区建设中的环境保护问题为切入点，通过对其环境保护现状进行调查研究，了解建设者对环保所采取的措施及其成效，发现环保工作中存在的问题，在此基础上提出一些对新区建设环境保护的意见和建议，以期为我国城市建设提供一些有价值的参考。

关键词： 贵安新区　城市建设　环境保护

一、引言

十八大提出中国特色社会主义建设要经济建设、政治建设、文化建设、社会建设、生态文明建设"五位一体"全面协调发展，中国社会发展迈入了一个新阶段。目前，我国正掀起一股城镇化建设的高潮，全国各地城镇新区建设不断涌现。城市新区的建设大大推动了我国城乡一体化进程，促进了当地社会经济的发展，但在新区的建设过程中也凸显出各种问题，环境保护问题便是其中之一。那么贵安新区建设中的环境保护是一个什么样的状况呢？取得了哪些成就？存在着什么不足？应该怎样进一步完善？带着这些问题我们开始了这次调查研究活动。

二、活动流程

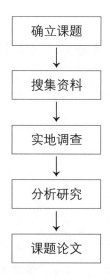

确立课题

↓

搜集资料

↓

实地调查

↓

分析研究

↓

课题论文

三、活动目的

通过对贵安新区环境现状的调查和监测，掌握区域内的环境质量现状以及环境特征；分析新区内未来入驻企业的污染物排放情况，结合所在地区环境功能区划，预测新区建设和今后发展主要污染物对区内及周围环境的影响程度、影响范围。同时针对入新区园区的企业类别，结合区域开发活动功能布局的合理性、环境承载能力和土地利用规划的生态适宜性等，分析拟采取的环保治理措施的技术经济可行性与合理性，提出预防或减轻不良环境影响的污染防治措施，并建立和完善环境管理及跟踪监测体系等措施。从环境保护的角度对总体规划的可行性做出明确结论，为管理部门决策、建设单位的环境管理提供科学依据。

四、贵安新区规划建设概况

（一）规划历程

2012年1月，国务院出台国发〔2012〕2号文件《国务院关于进一步促进贵州经济社会又好又快发展的若干意见》，明确提出加快建设贵安新区，重点发展装备制造、资源深加工、战略性新兴产业和现代服务业，把贵安新区建设成为内陆开放型经济示范区，形成以航空航天为代表的特色装备制造业基地、重要的资源深加工基地、区域性商贸物流中心和科技创新中心，鼓励在土地、投资、科技创新等领域先行先试。2012年2月，国家发改委出台西部大开发"十二五"规划，贵安新区明确列入西部地区五大重点城市新区。2012年8月，国家发改委批复黔中经济区发展规划，提出坚持高起点规划、高标准设计、高质量建设、高效率开发，抓紧编制实施《贵安新区总体方案》，建成国家内陆开放型经济示范区。

（二）规划范围

贵安新区规划控制范围为贵阳市花溪区湖潮乡、石板镇、党武乡、麦坪乡，清镇市红枫湖镇（不含红枫湖水域），安顺市西秀区蔡官镇、七眼桥镇、大西桥镇、旧州镇、刘官乡、黄腊乡、平坝县马场镇、高峰镇、城关镇、天龙镇、白云镇、夏云镇、羊昌乡等20个乡（镇），约1795平方公里，总人口约71万人。其中：直管区所管辖范围为两乡两镇七村（居），即贵阳市花溪区湖潮乡、党武乡，清镇市红枫湖镇平寨村、芦猫塘村、中一村、中八村、兰安村、池菇村、中八居委会，安顺市平坝县马场镇、高峰镇，约470平方公里，人口约14.4万人；规划控制范围的其他区域为非直管区，约1090平方公里，人口约50.6万人。

（三）建设现状

新区党工委、管委会自2012年10月底成立以来，在省委、省政府的坚强领导和省人大、省政协的关心帮助下，在贵阳市、安顺市和省直各部门的大力支持下，按照"一年有框架、两年有效果、三年有形象、五年大发展"的要求，全力以赴推进新区开发建设，坚持边筹建边工作、边谋划边发展，大胆改革创新，先行先试，各项工作进展顺利、开局良好，实现"一年有框架"目标。一是迅速搭建工作机构。2月底组建完成6个内设机构、6个直属事业单位、7家省直派驻单位和开发投资公司，4月1日全面托管直管区4个乡镇。临时办公中心已建成投入使用。二是高起点编制规划。新区总体规划和16个专项规划基本编制完成，其他50余个规划编制加快推进。三是突出打造投融资平台。新区开投公司到位资金204亿元，超额完成全年150亿元的目标。四是快速推进基础设施建设。开工建设"八横四纵"骨干路网（黔中大道一期6月建成通车）和3个变电站、4个污水处理厂、1个水厂。开工建设大学城景观绿化亮化美化工程和慢行系统，引进了投资合计450亿元的三大配套综合体，其中大智汇综合体开工建设。全年完成固定资产投资250亿元。五是全方位开展招商引资。在克志书记、敏尔省长等省领导的亲自谋划推动下，引进了富士康、中国电信等一批引领性标志性项目，全年招商签约项目合同投资总额1300余亿元（其中世界500强企业5家）。六是高位推进产业发展。富士康第四代绿色产业园，中国电信、中国移动、中国联通数据中心，西部国际智能产业城、泰豪国际文化创意产业园等一批引领性标志性产业项目开工建设。七是迅速启动城乡统筹工作。出台了统筹城乡发展建设美丽乡村的意见及配套政策，推进了户籍、产权等一系列改革，完成13个美丽乡村建设和总长118公里的22条小康路。

五、贵安新区环境管理情况

（一）建设前

贵安新区统筹办秦如培指出，按照贵州省委、省政府要求，新区党工委管委会和省直有关部门快速组建派驻机构，为实现对直管区全面接管奠定了基础。各派驻单位要以机构挂牌为新的起点，抓紧完善内部机构，建立健全制度机制，构筑起扁平化管理的高效服务体系，努力做到行政审批环节最少、成本最低、机制最活、效率最高、服务最优。

据介绍，贵安新区因与贵阳市饮用水水源红枫湖接壤，在以产业为支撑的新区建设过程中，环境保护成为重中之重。对此，贵州省委、省政府高度重视环保工作，贵州省环境保护厅积极行动，将贵安新区环境保护局作为首批省直部门派驻机构之一。

据贵安新区环保局负责人介绍，新区的用水系统将采取循环利用方式达到零排放，同时，在新区招商时也将尽可能减少高耗能、高污染企业进驻。所以建设后会由贵安新区环保局负责。

（二）建设中

那么建设中呢？我们课题研究小组的五位同学对此进行了一系列的调查。为此，我们去了一次贵安新区的统筹办了解了一些情况，从中我们了解了目前建设的近况，目前的建设对环境的改造还是比较不错的。

首先，我们了解了他们的书面资料情况；然后，我们去看了一下正在建设的湖潮乡，进行了进一步考察，从村民口中我们了解到，他们的改造还是不错，但还是有些地方有些差强人意，他们的建设的"范围"有些模糊，造成了村民生活有些不便，更有些破坏当地环境平衡的地方。

为此，我们又去湖潮乡简单了解了一下情况，并看了看当时的绿化建设改造和简单的建设的一些环境保护措施。

六、第一次实地采访

在我们来到湖潮乡后，发现道路上的垃圾成堆，脏乱不堪，路边的小摊小贩到处摆设，而且道路也是很不畅通的，对于这些问题我们采访了乡党政办公室主任赵田径。

通过与他们交谈，我们了解到新区建设五年目标：城市骨干架基本形成，起步区配套服务体系基本完善，初步具备吸纳资源要素、服务产业发展的能力。中期目标：新区建设十年，特色产业体系基本形成，服务功能进一步提升，人口聚集能力显著增强，城市建设初具规模。远期目标：新区建设二十年，基本建成高效集约、产业聚集、功能完善、服务配套、环境优美、安全宜居、特色鲜明、景象良好的组团式山水园林城市。我们也针对关于道路垃圾脏乱差以及路边小摊小贩问题向赵主任咨询，赵主任告诉我们由于今天赶集，才会看到路上有许多的垃圾，对此他们也做出了相应的措施，他们已经向上级部门打出报告，对于这样的垃圾集中处理，加强人力资源，但是由于贵安新区处于建立初期，事情比较繁忙，有些文件批复速度较慢，对于摊贩的管理，他们开始在建设农贸市场，建成后投入使用统一规划，他们也实行了"门前三包"，同时也设立了垃圾箱，但是不多，再加上村民的环保意识不够，所以道路才会那么脏乱差，但是这样的情况也只有在周末赶集的时候才会出现，平常时候道路还是比较干净整洁的。

七、第二次实地考察

第二次，我们又去了一趟湖潮乡及贵安新区管委会。

看到其施工的设备并不是很完善，施工的污水也并没有怎样处理，路上扬尘也很大，而且对环境保护意识的宣传也不够。

为此，我们再一次对村民进行了采访，了解到他们的环境保护意识薄弱，而且他们的管理方式也有些问题，导致很多可避免的环境污染事件发生。在路上，我们看见只有两位环卫工人在清理路边的垃圾，我们询问了一下他们，他们告诉我们周末工作量是最大的，平常灰尘也很多。

我们去了一趟环保部门，刚开始他们对我们的来到很诧异，很不配合，后来经过了十多分钟的交流，我们也表示了我们的来意，他们才勉强配合我们的工作，一位姐姐接受了我们的采访，她告诉我们，现在新区建设是大开发、大建设，也有很多企业将搬入贵安新区，但是都是一些轻工业，并没有重工业，所以对环境的影响也不会太大，他们也对此做出了评估，也督促企业，他们的目标是在建设当中以及建设之后保住新区的青山绿水。我们询问他们是怎么监管企业的，他们告诉我们他们进行了现场的调研，根据监测数据，实行数字化管理，还推行了奖惩制度，也征收排污费，对于工业要零排放，新区不打算引进带有工业污水的企业。他们还告诉我们正在进行的项目：扬尘处理，进行洒水。道路方面设置污水沟渠，并且严格按照要求进行。

我们离开了环保部门，来到了城市管理局，接受我们采访的是城市管理局的罗松华局长，他很配合我们的工作，而且对我们解释的也很详细，对我们提出的问题都予以回答，他告诉我们，通过避开水源保护区，测量土地开发强度、水源、土壤的分析、非建设用地保留、规划严格、承载量的计算，而达到周边环境的保护。他告诉我们污水处理厂的处理方式不是就地排放，而是引进先进的排污技术，把湖潮乡的生活污水引流到贵阳市的下游排放。然后他还告诉我们他向上级提交了一份关于"清洁家园"的工程，实行"村收集、镇转运"，将垃圾焚烧处理用于发电，对于违章建筑拆迁，并教育村民树立生态环境保护意识，将建设成一个生态文明示范区，做到不允许砍一棵树、不许填一个池塘。关于扬尘处理问题我们也向罗局长进行询问，他说，货车运送渣土而引起的扬尘，他也正在进一步研究怎样处理，他还说也希望我们给他提出一些意见与方法，大家一起交流学习。

他同时也告诉我们现在贵安新区也有一个《贵安新区渣土运输管理机制》，他给我们大概介绍，其中一条是路障综合管理，然后还有保安管理，在每个工地设置一名保安全权管理渣土运输，把污染源控制在工地，这是他正在实施的措施。

我们就多次寻访相关施工人员，觉得必须严肃整顿施工方才行，必须严格执行施工，减少施工污染，尽可能地优化贵安新区的环境，而不是破坏贵安新区的环境，最后，经多次交流，我们终于了解了贵安新区的施工，并做了一下调查。

八、对贵安新区建设中的环境保护意见及建议

（一）加大环保人力物力财力投入

对于新区环保工作人员较为短缺，经费紧张，环境监管、监测存在一定困难等问题，上级环保部门应该予以高度重视，要加大对新区环境保护工作在人力物力财力方面的投入，对新区环保工作的顺利开展给予大力支持。针对环保工作人员短缺的问题，人事部门可以开通人才引入绿色通道，吸引大量优秀人才投身到新区环保工作中来；财政部门应该在环保财力上加大投入，调拨一些环保专项资金，解决经费紧张问题；要加强对环保监测设备的建设，使环保部门能够对环境质量及时进行监测、分析和预报，充分发挥环保系统的环境保护职能。

（二）强化城市环境基础设施建设

城市环境基础设施建设要从规划入手，包括清洁能源的使用、城市绿化的建设、城市垃圾和污水的处理以及畅通无阻的交通等。城市垃圾应综合处理，做到资源化和无害化；城市污水全部进入污水处理厂，尽量做到中水利用；在城市道路规划与建设中充分考虑汽车交汇分流道和回旋通道，保证交通的畅通无阻，这样也能减轻汽车的尾气污染。加强城市绿化工作，建立城市立体绿化体系。提高城市绿化率大力发展植物净化，例如城市绿化建设、森林公园的建设等。在道路街头绿化设计中，注重植物的多层次配置，乔灌花、乔灌草的结合，植物配置讲求层次美、季相美，从而达到最佳的滞尘、降温、增加湿度、净化空气、吸收噪音、美化环境的作用。

（三）坚持污染防治与城镇建设并举

在城镇发展过程中，必须把污染防治与城镇建设有机结合起来，统筹规划，同步实施，严格管理，确保污染防治与城镇建设同步进行。必须认真对待城市建设过程中的环境保护，采取各种措施减少城市建设对环境造成的影响。环境行政部门应加强对施工单位的环境管理和监察，采取各种行政手段全面监督城建施工单位的环境破坏和污染情况；对于城市建设的施工单位而言，应采取科学、合理的办法、措施降低对环境造成的污染、破坏，对已污染的应及时处理，并采取事后补偿措施，做到"谁污染谁负责""谁污染谁治理"的原则，加大对城市建设施工单位的责任追究力度。总之，我们在对城市建设实施中进行环境保护时，应综合考虑，多管齐下，使我们的城市建设在不污染和不破坏环境的基础上，为我们现有的环境再增光添彩。

（四）加强环境保护宣传教育

在新区建设过程中，政府相关职能部门要广泛利用宣传、教育等手段提高公民的素质和环保意识。环境保护关系到一个城市未来长远的生存和发展，是一个刻不容缓的问题。相关职能部门都要进一步提高对环境保护工作重要性的认识，进一步加强环境保护宣传教育，广泛普及和宣传环境科学知识和法律知识，切实增强民众的环保意识和法制观念，提高其保护环境的自觉性。要以人为本，只有人的环保意识提高了，环保工作才能健康发展。鼓励广大群众积极参加到城市建设的环境保护工作中，使每个群众都成为环境保护的监督员，提高广大群众对城市建设中环境保护的积极性。

九、感悟收获

我们都盼望生活在一个和谐、美好的环境下，希望我们所居住的城市能够持续、健康地发展。城市环境是城市居民赖以生存的最基本条件，是国家城市经济得以持续并足以稳定发展的物质基础。在城市规划建设过程中，我们需要具体问题具体解决。对于人类自身的思考是这些问题的最根本的出发点。合理运用现代环境科学和自然科学的理论与方法，在更好地利用自然资源的同时，深入认识并掌握污染和破坏环境的根源及危害，在城市方案中研究环境保护问题，就是要寻求人与自然环境的和谐。最终，实现时间与空间的、历史与地理的、城市与环境的和谐与可持续发展。

贵安新区的建设，要以文化生态传承创新、国家高端科研和国际交往为特色引领，以包容性发展和生态文明建设为示范，具有国际影响力和国家发展模式示范效应，切实发展新区的生态，凸显贵阳的生态文化。

作为21世纪中学生，我们不仅要学习好专业知识，更要全面提升自己的综合素质和能力，以便将来走出学校后能更好地适应社会、融入社会。通过参加此次课题我们不仅了解到许多环保知识，丰富了自身知识结构，更提高了自身的动手能力、语言交际能力和社会实践能力。我们每个人在此次课题研究中都感受到了团队的力量。团队的力量是无穷的，个人的力量再大在团队面前也是渺小的，我们以前对团队精神的感受从未如此真切。这种感觉不是来自课堂，而是我们在具体的实践中获得的。

（本课题获2014年第五届全国中学生领导力大赛二等奖）

守护生命通道

——以"打造十里河滩'阳光通道'"项目为例

张　军　王义兰

摘　要： 我国实行国家课程、地方课程和校本课程的三级课程管理机制，学校努力实现国家课程校本化，开发建设校本课程，在校本课程的实施中组织学生开展课题研究，从而体现课程育人功能。《打造十里河滩"阳光通道"》课题研究开展源于花溪大道地下通道当时排水不畅、卫生欠佳的情况。课题研究组通过研究解决花溪大道地下通道的问题延伸到对全国地下通道问题的关注，进而提出了一系列解决地下通道问题的方案。校本课程引导学生关注生活，从事社区服务，解决市政管理中的难题，培养了学生的社会责任感。

关键词： 课程　引导力　地下通道　社会责任感

一、从"安全通道"不安全说起

花溪十里河滩董家堰片区的居民遇到了一个难题，由于该片区地下通道设施损毁、通道积水、卫生欠佳。董家堰片区居民不得已采取冒险穿越花溪大道的方式通行。花溪大道车辆通行量大，而且车速很快，存在很大的安全隐患。针对这一情况，学生提出了解决十里河滩董家堰片区地下通道问题的构想。十里河滩董家堰片区地下通道的问题只是一个个案，全国可能存在更多的类似的地下通道问题。在课程引导下，在教师指导下，学生将这个生活中的实际困难转而提升为对社区问题，社会问题的关注，展开"打造十里河滩'阳光通道'"课题研究工作。

二、让安全通道更安全

确立了课题研究的目标以后，课题组的全体成员拟定了一个课题研究计划的雏形。课题组的成员在拟定计划时，始终将眼光放在和有关部门的协调和解决问题的思路上，却忽略了问题的解决可能是一个长期的过程，而地下通道亟需使用，迫在眉睫。所以该计划在指导教师的参考意见下得以修改和完善，课题研究思路的改变，让孩子们明白了在重要事情和紧要事情之间如何取舍的道理。课题研究增加了学生以及志愿者参加社区服务维护地下通道的内容。

课题研究计划：

1. 收集资料，拟定问卷；

2. 宣传海报的制作，校内调查问卷的发放；

3. 电话采访有关部门，争取媒体支持；

4. 主题活动：完善地下通道的社区服务；

5. 活动主题：地下通道使用情况追踪；

6. 公共设施管理的思考。

三、课题研究与社区服务的感受与启迪

课题研究之初，学生未能弄清十里河滩董家堰片区地下通道管理工作责任主体。一开始学生通过电话咨询、网络查询等方式明确地下通道的管理者，可是由于种种原因未能达成目标，所以学生的课题研究刚一上路就遇到了一个拦路虎，这直接导致课题停滞了一段时间。我们了解这个情况以后召集学生开会商量对策并提出建议，如果一条路走不通，我们可以尝试走另外的路。在指导教师的启发下，学生很快绕过了地下通道管理责任单位未查明的问题，将注意力转向学校、教育管理部门和媒体，很快明确了地下通道的管理单位。解决了管理单位明确的问题后，下一个难题就是解决地下通道积水的问题。

一开始，城市管理部门针对地下通道的积水只是采取人工排水，这收效甚微。课题组突发奇想，想要借助他们所学，设计制造一个排水系统安装到地下通道。当他们把这个构想告诉指导教师的时候，指导教师给他们浇了一盆冷水：我们做研究工作要做有意义的事情，如果仅仅为了创意而耗费了精力物力，收获不大，就得不偿失了。地下通道排水工具，市场上现成的到处都是，我们再去搞研究还有必要吗？学生们明白了自己思考逻辑欠缺周密。

经过课题组的努力，十里河滩董家堰片区地下通道的问题解决了，课题组

将研究的目光看向了全市乃至全国。经过周密的研究，课题组制定了一个针对全国的地下通道管理的方案。这个方案设计让全国的市政管理部门将所有的地下通道登记造册，以免遗漏而疏于管理。另外方案还设计开发"公民管理国家APP"，让所有的市民参与到市政管理的工作中来，实行市民与市政管理部门合作，共建美好家园。

四、收获，不意外

《打造十里河滩"阳光通道"》课题研究结束了，这个课题为十里河滩董家堰片区周边群众提供了一条安全便捷的通道，学生的努力获得了社区居民的广泛赞誉。学生在课题研究过程中增加了社会实践体验和经验，增强了社会责任感。

2015年7月25日，《打造十里河滩"阳光通道"》课题组赴北京参加"第六届全国中学生领导力大赛"，课题组凭借过硬的研究成果和优秀的表现获得了全国二等奖的佳绩。

五、课程从生活中来，又回到生活中去

《打造十里河滩"阳光通道"》课题研究产生于社区民众的困扰，在学校校本课程中开展课题研究，使学生形成了公民应该具备的基本素养。

学生通过课程引导，发现了地下通道通行困难是一个攸关民众生活安全的问题。针对这一问题，他们积极探讨、集思广益，想办法找对策，最后使问题得以解决，并以此为生发点，将全国的公共设施管理作为关注的对象。课程因需求而生，来源于生活；课程应实践而用，服务于生活。

案例

打造十里河滩"阳光通道"

——贵阳市民族中学"社区服务"实践项目报告

贵阳市民族中学　2017届"社区服务"项目组
指导教师：王义兰　张　军

关键词： 贵阳市公共设施维护

项目简介： 通过互联网收集关于贵阳市地下通道积水资料，在校内走班宣传，发放调查问卷，并对我校东门前地下通道进行实地考察，通过调查分析，找出贵阳市地下通道存在的问题，促使相关部门跟进对地下通道的管理。

项目参与对象： 高一、高二年级24个班，共1269人。

一、项目论证

我国二、三线城市地下通道损坏、老化的问题十分突出，然而却一直没有合理的解决方案，损坏的地下通道不仅影响市民的正常出行，也对市容市貌有着很大的影响。那么，如何应对越来越严重的地下通道损坏问题？追本溯源，如果能找到地下通道的直接管理部门，就可以简便地解决地下通道损坏的问题，也极大地节省资源，推进可持续发展。

当然，由于地下通道的管理是一项浩大的民生工程，考虑到政府部门要为人民当好家的必要性，贵阳市在2003年颁布了《贵阳市人行地下通道管理规定》，其中第四条和第七条明确规定了贵阳市地下通道的管理部门和交付规定。

由于我校东门前的花溪大道建成通车后，来往车辆甚多，车速也很快。而有的学生在上下学过程中因为地下通道积水堵塞需要横穿马路，十分危险，地下通道积水的问题亟待解决。

所以，我们确定了"打造通往十里河滩'阳光通道'"的项目主题，希望通过课题的开展吸引同学和社会的注意，关注我们的生命安全，关注我们的生活环境，以期在贵阳市公共设施维护中，为维护"爽爽贵阳"的城市形象尽一份绵薄之力。

二、项目方案

1.收集资料，拟定问卷

收集地下通道损坏的资料，拟定"地下通道维护"的信和调查问卷。

2.宣传海报的制作，校内调查问卷的发放

宣传组：（组长：张熊瑞捷）

①网络资料以及拍摄照片、视频等文本的整理（组长：肖国梁、胡贞强）。

②海报及展板的制作（组长：高凤麟，陈郁舟）。

③学校内走班倡导使用地下通道。

3.电话采访有关部门

① 通过118114查询有关部门的号码。

②电话采访城管局，对方回复令人不满意。

③电话采访市人防部门，对方答复此工程没有交付。

④电话联系贵阳晚报，希望对此事进行报道。

4.主题活动：完善地下通道后期事务。

时间：2015年7月

地点：我校东门地下通道

活动主题：打扫地下通道，恢复往日风采。

①全组人员于十点在我校集合，十点五分准时点名。

②去贵阳晚报争取联系记者许贝贝。

③对学校参与地下通道修复工作的邹主任进行采访。

④对同学普及安全知识，加强防范意识，拒绝横穿马路。

⑤结尾时集体合照并点名。

5.活动主题：地下通道使用追踪

时间：2015年7月16日

线路：从某成员家到花溪大道孔学堂站

活动主题：调查修复后的地下通道的使用情况，呼吁市民走地下通道，杜绝横穿马路。

调查组追踪小组成员：胡贞强、陈郁舟

三、项目实施过程

1. 调查原因

我们首先进行网络调查,但并没有发现有关于我校东门前地下通道的任何信息,既没有建设部门建设时间,也没有积水的相关内容。

2. 查找相关部门

我们立刻去查找有关管理部门。我们第一次电话联系了贵阳市工程管理处,但是经过他们给我们的答复是——这里不归他们管,并将责任推到了贵阳市城市管理局。于是,我们来到了贵阳市城市管理局并向有关工作人员询问了有关该下地下通道管理所属权等问题,我们从与工作人员的谈话中得知该地下通道也不属于城市管理局的管辖范围。在工作人员的帮助下,我们来到了贵阳市防空部门。终于,我们在茫茫档案中找到了有关地下通道修建的档案,从中我们获知在负责承建该地下通道的私人公司与政府部门间对于该地下通道管理权限问题上政府并没有一个正式的书面规定,加上政府部门间管理的盲区,致使地下通道疏于管理。

3. 改善地下通道

在明确地下通道无部门管的问题后,我们决定将地下通道积水问题的信息发布到平面媒体,之后贵阳晚报的记者与我们取得了联系,并和我们一起多次走访管理部门,随后我们以贵阳民族中学课题小组成员的身份,向贵阳市及花溪区政府的公众信息网写了一封信,反映了该问题,并得到了政府的答复。尽管如此,我们没有就此停下脚步,与此同时,我们采访了我校主管基建的后勤邹书权主任,并得知该下通道的积水情况反复出现是由于抽水泵的老坏,地理位置勘测得不到位,监管力度的漏洞。于是我们一边继续向政府反应该问题,一边制作调查问卷,通过真实数据向政府传达,同学们对于地下通道维修迫切希望,同时发放调查问卷,统计数据,然后小组开会进行对数据的分析,确定首先解决积水问题的活动目标。之后,经过我们多次的向政府部门反映和通过舆论的力量,在记者及老师的帮助下我们终于解决了积水问题。

4. 完善地下通道

我们在学校展开了大量宣传,其中包括课间演讲、制作海报、走班宣传等形式,接着我们收到了许多同学对该地下通道的完善意见,同时我们与小组成员共同前往地下通道进行卫生保洁,并继续向政府部门反映我们的意见。

5. 新目标,新挑战

课题进行到现在,我们以坚持不懈的态度及不怕困难的决心一步步推进,可以说是一个小小的成功，但我们并不会因此而停下我们的步伐。通过每个同学在小组会议上的反思和激烈的讨论，我们由当初只为解决简单该问题的思想上升到要解决当下中国政府管理职能之间盲区的一个思想萌芽，不得不说，这又是我们在实践中思想上的一大成熟，我们在行动。

四、采访与问卷分析

1.采访

我们分别采访了老师及同学，在采访老师时我们发现，很少有老师知道地下通道的积水情况，原因是老师一般都是开车来学校，但也有个别老师了解过地下通道积水的问题，他们也曾多次将问题反映给学校相关管理人员，然而对于这个问题大家都只能摇摇头。相较于老师来说，学生知道该问题人普遍较多。同学们在采访中说地下通道虽然安全，但是由于长期积水再加上无人管理，又脏又臭的地下通道形象在他们心中深深扎根，即使现在我们小组成员打扫了该地下通道，同学们对地下通道也是望而却步。

2.问卷分析

我们发出了300份调查问卷，收回275份，其中有用的问卷有240份。

五、政策改进方案

针对我们看的问题，我们商讨了多条对策，最后删繁就简，依据可行性、紧迫性、长期性，归类提出下列几点改进建议：

（一）宣传

1. 我们希望学校东门门前的斑马线能清除，绿化带能恢复原状，上放学同学都走地下通道。

2. 我们希望在《贵阳市人行地下通道管理规定》中，看到有关建设单位延期不交付批准文件、工程及供水、供电等设施竣工图的副本或者复印件和不到人防部门备案的处罚条款，做到责任明晰。

3. 政府开设专门的公共设施网站。网站有以下几点功能：实时更新贵阳市的老化、损坏的公共设施，并对相关负责部门予以实时监督，市民可对相关部门的工作进行评价。

4. 兴建公共设施维护体验中心，中小学生可免费进入参与活动，体验中心应具有以下活动：社区健身器材维护、社区环境打扫、亲子协同等。对参与体验的学生，可在学生档案中留有记录。

（二）配套设施建设

1. 为排除偷窃、抢劫等安全事故发生，在每个地下通道中设置保安亭，并有保安在地下通道内巡查。

2. 根据大多数同学的反应，地下通道也可以在外面出口处建遮雨棚。这样一来，在下雨天时，没有带伞的行人就不必跑到地下通道内躲雨，这样就可以大大节省行人的时间和精力。

3. 为加大地下通道的安全保障性，须在地下通道的各出口处安装监控探头。监控探头有数据上传功能，每隔一定时间，监控探头就会将数据上传，以防数据丢失。

（三）加大整治力度——法制

1. 为推广行人使用地下通道、斑马线、天桥等设施，即日起贵阳市政府需制定一套完整的法律条款来约束市民的行为，加大对行人乱穿马路现象的处罚，为贵阳市的名片"爽爽的贵阳"添光加彩。

2. 每个市民都要注册社会福利号，市民每次或乱穿马路都将会被记录在案，记录的次数和案例过多将会影响个人的社会福利状况，如不能免费注射疫苗，享受医保、社保、养老保险等。但对长期以来没有触犯任何法律的市民将提高其个人的社会福利，如医保报销额度增加、社保增加等。

（四）公共设施联网管理

1. 全市的公共设施建立网站管理，贵阳市范围内的公共设施需要进行登记，可对管理部门随时进行问责。对贵阳市内的公共设施实行一站式管理，做到方便、惠民、实在。

2. 开发"公民管理国家APP"。

（1）在此APP中记录有各地的人大代表的联系方式，各政府的管理范围，以及联系方式。当您的生活中出现一些不良的社会现象，有破坏环境、违反法律法规的事件发生时，你就可以拿起你手中的手机打开此APP，在搜索栏里输入关键字，系统将自动找到相应的政府部门，然后对违法事件进行举报。

（2）在此APP还有各公共设施的管理部门的联系方式，凡公民在生活中遇到任何有关公共设施损坏的问题，公民均可在此APP中查询到相关的管理部门，并对公共设施损坏的情况进行上报，相关部门在收到上报情况后会对所说的情况进行调查。在APP中管理部门要对工作进行实时记录、公示。公民可对其工作进行监督。

（本课题获2015年第六届全国中学生领导力大赛二等奖）

关注民众健康　凸显社会责任

——从"一针疫苗，一生健康"课题说起

罗建华

摘　要： 课程是学校教育的核心，学校特色课程的实施以课题研究为载体。教师引导学生课题研究，确定课题过程，是"以生为本"，与学生交流，了解学生各方情况，引导学生研究自己熟悉、感兴趣的课题。研究任务分配要分工负责，合作协同；大量的采访、调查活动，使学生与人沟通交流的能力得到很大提高。最终在课程学习过程中，引导学生将研究成果应用于社会，这是学生的社会责任，也是老师的社会责任。学生在课程学习中成长是学校推行"知行合一"的教育思想的结果。

关键词： 课程　引导力　疫苗　社会责任

一、确定课题　以生为本

课题研究需遵循"因生施教""以生为本"的教育原则。学生的教育是由学校、家庭、社会三方面组成，关注学生的家庭教育，可以拓展课程资源。通过与学生交谈，了解学生家庭教育状况，为选择课题研究方向提供一些参考。《一针疫苗，一生健康》就是根据其中一个学生家长是社区医生，长期与疫苗和疫苗接种打交道，学生对疫苗比较熟悉，同时对医学也感兴趣，为了很好地使用这一课程资源，于是拟定以疫苗为主题进行研究。

在引导学生收集有关信息资料的过程中，学生发现：由于传染病的增多而且还一直伴随着人类的发展并威胁着人类的健康；环境污染、食物安全，使人类将面临许多疾病威胁。随着医学的发展，有很多疾病是可以通过接种疫苗来预防的。

学生通过实地走访发现：贵阳地区的流感爆发和扩散虽然比其他省份的城市地区较低，但在一些季节，流感发病率还是比较严重，对婴幼儿、老年人和存在心肺基础疾病的患者所引起的并发症和死亡现象非常严重，这使学生十分震撼，生命是如此的脆弱！对流感，是可预防的，除了加强个人卫生和保持良好的生活习惯，那就是接种流感疫苗。那么为什么这种可预防的传染病还是会有那么多的人感染呢？于是学生感受到这个课题要达到以下目标：调查疫苗接种情况，宣传有关疫苗的知识，让大家多了解疫苗，特别是让成年人和老年人从被动接种疫苗到主动接种疫苗。学生十分希望通过课题的研究，能引起人们对接种疫苗的关注，认识到很多传染病是可以通过接种疫苗来预防的，时刻注意接种疫苗是很有必要的。

学生在心系民生、关注生命的情怀中，确定了课题，也奠定了该课题研究完成的基础。

二、合作共赢 提升能力

这个课题有众多学生参与，需要引导学生民主选举一个课题负责人，负责整个课题的统领与同学间的协调，还需有学生负责调查问卷的分析和总结，有学生负责查找相关资料，有学生负责实地调查的记录，有学生负责对宣传的记录等。一定要让学生体会到"尺有所短，寸有所长"，在一个团队中，只有协调合作，各自发挥自己的长处，才能完成研究，产生共赢的局面。

学生联系了贵阳市云岩区某社区卫生服务站，向服务站工作人员学习疫苗知识，参加服务站的疫苗的宣传活动，了解服务站工作流程。听服务站医生讲授的"妈妈课堂"，了解婴幼儿接种疫苗知识等；到贵阳市疾病预防控制中心采访，中心工作人员热情接待了他们，为学生提供了大量的数据与宣传资料。在这个过程中，学生精心准备采访内容、主动联系采访对象，克服各种困难，进行问卷调查，激发了学生的学习潜能，使他们综合能力得到很大提高。

三、科学普及 凸显责任

学生发现，由于多种原因，城镇市民和农村村民对疫苗的认识有很大差距，对疫苗常识的普及，广大农村更需要，而村民因经济能力、知识水平的限制，往往不愿接种疫苗。

发现问题所在，学生决定尽自己的力量，担当起相应的社会责任，走出校门，向广大民众宣传疫苗常识。学生提出："宣传力求能抓住人们的眼球，做到简洁新颖。"为了达到宣传效果，他们创造地从两点着手：将疫苗接种的流程做成简洁有力的图表；制作疫苗知识小册子。

随后学生选择了人流量较大的地段宣传疫苗常识，分发自制的"知识小册子"。 向有关部门提建议，引起政府部门对疫苗问题的重视。为了扩大宣传面，他们通过努力，联系了贵阳晚报记者、贵州电视台记者，向社会发出了中学生关注民生、关注健康的声音。

也许学生的科普行为还显得稚嫩，也许他们的呼声还不十分洪亮，这些都不重要，重要的是学生通过这次实践活动，在活动中体验，在体验中感悟，在感悟中行动，勇于承担公民应有的社会责任，这也达到了学校开设特色课程并进行课题研究的目的。

四、知行合一　提升素质

学生研究课题的过程，是学校教育与家庭教育结合的过程，是各种课程资源充分整合的过程，是教师对学生引导和家长对学生帮助的过程，是教师对课程实施中执行力体现的过程，是学生将所学知识运用的过程，是学生在课程中学习力提升的过程。

"行是知之始，知是行之成。"人们常说"读万卷书，行万里路"，学生的潜力是巨大的，关键是教师怎么利用课程对学生进行学习引导。在研究课题中，学生表现的高素质、强能力，是学校践行"知行合一"教育思想的具体体现。

案例

一针疫苗，一生健康

贵阳市民族中学2017届　周美均等

辅导老师：罗建华　景应国

贵阳金鸭社区卫生服务站计免室：曾毓华

一、背景

很多人问，我们为什么要做这个项目？

因为我们看见——原来生命，如此脆弱。怀揣着这样的震撼，我们启程。

目前，由于传染病的增多而且还一直伴随着人类的发展并威胁着人类的健康，环境污染、食物安全等问题，我们将面临许多疾病威胁。随着医学的发展，有很多疾病是可以通过接种疫苗来预防的。疫苗是指将病原微生物如细菌、病毒等，通过人工减毒、灭活或利用基因重组等方法制成的，用于预防传染病的生物制剂。预防接种是指将细菌或病毒经处理后以无害形式（疫苗）接种人体，使机体免疫系统形成记忆。当以后细菌或病毒侵入人体时，免疫系统能通过回忆反应识别出来，并产生快速的免疫应答，消灭入侵的细菌或病毒，从而使受种者避免因感染而致病。

通过几十年的实践证明，预防接种是预防和控制传染病最经济、最有效、最安全的方式之一。

二、目标

疫苗在部分人的认知里是不注重或是盲目接种疫苗，这是对自己生命的不负责任。

所以我们的心愿，宣传有关疫苗的知识让大家多了解疫苗。

我们所尝试的事，听起来天真；我们的目标，看起来幼稚。

可是我们想做到，让大家从被动接种疫苗到主动接种疫苗。

我们通过搜集相关资料、评估课题可实施性后，就开始着手准备研究课题了。希望能够引起大家关注疫苗及预防接种，改变一些错误的认识。让大家知道很多传染病是可以通过接种疫苗来预防的，科学接种疫苗是很有必要的。

三、分工

项目主席：周美均

搜集部长：李安安

问卷部长：陈毓

调查部长：薛迪

宣传部长：黄新雨

骨干成员：罗元龙、李泓炜

四、过程

根据老师指导做课题方法及对相关资料的了解，拟定了一个调查方案，用来指导整个调查研究过程，并在过程中根据实际情况灵活调整。

1.查找资料

我们通过查阅书籍、网上查询了解到疫苗是什么、疫苗可以划分为几类，以及一些关于接种疫苗的知识。了解到疫苗的划分：一类疫苗，免费注射；二类疫苗，自费自愿接种。

2.实地调查

为了了解人们接种疫苗的主动性和对于疫苗的认识，我来到贵阳市云岩区金鸭社区卫生服务站进行实地调查。通过进一步了解发现，人们只愿意接种国家免费的疫苗，还看见了一些家长在为孩子接不接种自费疫苗和医生争论不休。

这次调查中我们发现，只有少数家长会去主动咨询医生接种计划外的（国家不强制性要求接种的）疫苗，有些家长还自己也接种了一些疫苗。

对此，我们询问了某家长的想法：

周美均：您好，因为您个人主动去为自己的孩子注射了计划外的疫苗，我想知道一下您是怎么想的？为什么在别的家长还在为接不接种纠结的时候，您却为孩子选择了自费的疫苗，而且自己也接种了一支流感疫苗呢？

某家长：接种疫苗嘛，本就是为孩子好，而且自费的和免费的肯定是有区别的，相比较下应该就是自费的好嘛。而且免费的疫苗又少，为了孩子的健康，只要医生说的疫苗，我都要孩子打，就是花钱买健康嘛。自己接种呢，是因为怕自己生病了会传染给孩子。

通过谈话，我们发现现在有很多成年人都不会去主动接种疫苗。可是我国是一个乙肝发生率较高的国家，虽然小时候大家都接种过一些乙肝疫苗，但是有没有抗体并不知道，就算是有了抗体随着时间推移也会逐渐减弱或消失。由于抗体的削弱或消失，就有可能会感染上乙肝。现在有流感、肺炎、病毒性心肌炎等，这些都大大影响了我们的健康。所以我们都应该自己主动去接种疫苗来预防传染病。

在实地考察的过程中，有些人很主动地去接种疫苗，而有一小部分人是怎样都不会去接种疫苗，而且还振振有词。我们采访了这里边其中的一位：

李泓伟：您好，刚才在您进来时和医生的对话我听见了，为什么你不听取医生的建议自己也顺便注射一支疫苗呢？

某家长：打哪样哦，这些又不是好得很咦，你看电视上还有报道打疫苗人死哦。这么危险的东西，我为什么要自己花钱去冒这个险啦。

李泓伟：但是你不注射这样会容易被传染，甚至会传染给你的孩子，你有没有想过这些？

某家长：咋会，我身体好得很诶，不会有那样事诶，我家娃娃都打了嘛，怕哪样。

在实地调查当日，我们有幸听了一次贵阳市云岩区金鸭社区卫生服务站曾医生所上的"妈妈课堂"疫苗科普课。学习的内容是为什么要接种疫苗、疫苗的分类、妈妈必知接种疫苗的注意事项、科学合理的接种方案、适合全家人的疫苗接种方案。在这一课堂中我学到了许多，知道我们为什么要接种疫苗，疫苗有哪些分类，还有一些科学合理的接种方案等内容。

倾听了"妈妈课堂"后，我们找到了上课的医生并做了一些采访：

李安安：您好，听您上的课程后，我有几个问题想咨询一下。第一个是您们工作人员每天在做这些接种疫苗工作时，有没有遇到一些家长提出较极端的想法呢？

曾医生：有倒是有，有些时候我们给他们推荐一些相对较好的疫苗，就是贵了点。如五联疫苗，家长们就会摆出一副很不耐烦的样子对我们说："这么贵我都觉得你们是骗人哦，像这样子我都觉得这个疫苗打不打都可以哦。我们没打，还不是这样子过来哦。"对于这些我们也不知道怎么回答他们，就只好随他们自己的意愿。

李安安：那么你们有没有什么很困扰的问题？

舒医生：就是有些时候很多家长都不是很配合我们，都不怎么听取我们医生的意见。

后来我们进行了身体检查，抽血化验，并在医生的要求下，与家长取得联系，接种了自己体内所需要的疫苗。

3.调查问卷

为了实地考察了解人们对于接种疫苗的一些看法和意见，我们结合资料精心制作了一份调查问卷。向在不同地区、不同年龄段的人分发问卷。了解不同群体人们对于疫苗的看法，所以我们到了不同的地点去分发问卷，其中一部分专门分发给在校学生、老师。

调查对象：广大市民、在校学生、家长（包括老师）

调查地点：云岩区、花溪区、小河区、南明区。

调查数量：共500份问卷。

分发方法：

（1）到学校寻找部分学生和老师来填此调查问卷

（2）到一些医院的专门接种疫苗的部门寻找部分家长来填此调查问卷

（3）在某地小区随意发放调查问卷

考虑到问卷多，以我们自身的精力很难完成，且又无法保证质量。于是我们在学校找到了各班班主任，在医院找到了一些医生，在某地小区找到了居委会，自己又找了一些同学帮忙分发。在多方帮助和我们的努力下，完成了这次有关接种疫苗的问卷调查。

此次活动我们发放了500份调查问卷，收回了500份调查问卷。在其中，有433份有效问卷和67份废卷。下面就是我们对调查问卷几个重要问题的结果整理和分析。

（1）您是否认为接种疫苗只需接种国家免费的就可以了？

（2）除了幼儿需要接种疫苗外，成年人或老年人是否也需要接种疫苗？

（3）面对一些接种疫苗后产生不良反应的报道，是否会放弃接种疫苗？

（4）若不及时去接种疫苗，会不会影响健康？

4.宣传

在宣传方面，我们的想法是对身边的民众宣传普及疫苗知识。如果要人们去深入了解疫苗与疾病预防知识，这基本上是做不到的。所以在设计宣传方案时，我们就选取人们最关心的几个问题，主要针对普通民众和校内的师生展开宣传。

宣传，力求能抓住人们的眼球，要简洁有力，所以我们在经过深思熟虑之后，决定采用一种最直观的方式——宣传单！将疫苗相关知识展现在人们眼前。为了达到预期的宣传效果，我们将疫苗接种的流程和疫苗接种的相关活动用简洁的方式向人们宣传。制作好宣传单后，我们开始了宣传单的分发，面向社会宣传。

我们选择了人流量较大的地段分发，比如小河转盘、云岩广场等。然而这次分发宣传单的过程，却并没有我们想象的那么顺利。我们遇到了很多并不配合我们宣传的市民，有些市民匆匆路过，丝毫不理会我们。甚至还有一位市民轻蔑地哼了一声后甩手离开。还有很大一部分市民，在随手接过宣传单后，就漫不经心地将它扔进了路边的垃圾桶里，或直接就随手丢在了路面上。我们每每看见这些现象时，心里总是有遭遇挫折时的那种难过。但没关系，即使不被身边的大众理解，我们也会坚持不懈地做下去。因为疫苗接种是与我们的生命息息相关的事情，我们既然选择了要普及知识，就一定会做下去。所以，即使有些人对这方面观念比较固执，我们也会尽自己所能来进行宣传，希望更多的人能通过我们的宣传来了解到疫苗接种的知识，哪怕只是一部分也好。而且也有许多市民积极配合我们的宣传活动，不仅接下了宣传单，还认真阅读了起来。这让我们感到，还是有很大一部分市民想要了解这方面的知识，很大程度上鼓舞了我们做下去的信心。

虽然我们走上街头分发传单，但我们几个人的影响力毕竟还是太过微小。所以，我们联系了贵阳晚报记者以及贵州电视台记者向社会发出了我们的声音。我们找到了贵阳市科学技术协会的杨女士并同她进行了协商，阐述了这个课题对于我们及整个社会的意义，最终通过她的鼎力相助，在贵阳的报纸上刊登了我们的课题研究，让更多的人了解我们研究的课题，了解疫苗与疫苗接种的意义。

五、成果

经过我们的不懈努力，我们的课题研究取得了如下成果：

1.了解到了现在疫苗的情况和注射疫苗对于健康的重要性。一部分人群不是不接种疫苗而是怕接种疫苗后会发生意外。

首先，在电视媒体中报道了一些对于疫苗的不良后果，这一切都是因为那些黑心的厂家为了自己的利益所生产的不良的药品，所以才会导致一些人会有不良反应。其次，现在疫苗都是由疾控中心直接管理，出现黑心厂家的情况很少，我们现在可以不用为那些不良的药品担心了。这一点，我告诉大家这并没有什么好担心的了。

2.从医务人员处了解到，家长对于小孩接种疫苗这方面不注重，把国家要求入学所需注射的疫苗给注射了就完事了，并没有继续接种下去的想法和主动接种别的疫苗的想法。

3.自费疫苗很多人会觉得麻烦，而且觉得太贵了，从而不去接种。其实为什么这么贵是有原因的，由于我国的财力有限所以才会采取这种分开承担的政策

（国家承担一部分，家长承担一部分），而且只有这样才会形成一道完美的免疫的屏障。所以在宣传过程中我也会呼吁大家配合医生，来接种疫苗，希望不要太在意价格这方面的事，这都是为了我们自己的健康着想。而且现在很多人成年后都很少去主动接种疫苗，这些还包括老年人。

我国是一个乙肝发生率较高的国家，需要时时刻刻注意乙肝疫苗是否接种上了，也需要定期去观察它。而对于这些，相关部门也没有做出宣传和推广，并没有让大家了解到这一事情的严重性和必要性。大家都总是抱着一种"我以前也没接种还不是长大了"这种思想，这是不正确的。目前的社会在快速变化，是传染病高发的阶段，所以我们还是需要定期地去接种疫苗和注意观察疫苗是否接种上了。

4.调查中我还发现了相关部门缺少对疫苗的宣传和推广。现在只是在附近区域做少量宣传，而真正需要的是大规模的做宣传。疫苗知识了解欠缺的人很多，不仅是由于缺少政府的宣传和推广，还有人们不主动去了解的原因存在。

医生表示，很多人接种了疫苗，不注意卫生情况下，还是很容易感染上一些传染病，当然还有一些没有疫苗去预防的疾病。

5.整合了自己的认识，提出建议给相关的工作人员。要让大家都了解疫苗、主动接种疫苗，还是需要多多的宣传，让大家了解到疫苗对于我们人类的重要性。并且，政府也应该多多组织像"妈妈课堂"一样的课程，让人们更加透彻地了解疫苗。

六、收获

在这一次的课题研究中，我们受益良多。我们根据自己的调查研究和学习，了解到现在疫苗的大致情况，并发现了问题的根本所在，提出解决方案。我们又运用自己作为一个高中生具有的知识和领导才能，联系电视台记者和报社记者。在这一次调查研究中，还学会了如何去设计一个调查问卷、如何去写好论文。我们还锻炼了自己与他人交涉的能力，我们也变得更为大胆，也变得会耐心听别人的意见。

这一次对疫苗的调查研究，完成了一个我们曾认为很困难的任务，这一次课题凝结了我们太多的心血，如果还有机会，我们愿意再次来做这样的课题研究。课题研究过程中，我们外出调查、宣传，与卫生部门、电视台和报社等打交道，锻炼了自己意志，提升了应用知识的能力。我们在做课题研究时深深体会到：学好课堂知识非常重要，将课堂知识应用于社会实践更重要。

（本课题获2015年第六届全国中学生领导力大赛二等奖）

在课题研究中提升学生综合素质

——以"中小学生反恐防暴问题研究"课题为例

赵相黔　李　旭　张晓敏　胡　怡

摘　要： 综合素质是指一个人的知识水平、道德修养以及各种能力的综合素养。时代对公民综合素质的要求越来越高。科学使用综合实践活动课程资源对学生进行引导是提升其综合素质的有效途径。在昆明发生暴恐袭击事件后，教师将这一事件对学生产生的心理震动作为触发点，在带领学生进行课题研究的过程中锻炼学生的实践能力，强化学生的民族团结意识，拓展学生的国际视野，培养学生的社会责任感，提升学生的综合素质。

关键词： 课程　引导力　反恐防暴　综合素质

《中小学生反恐防暴问题研究》这一课题源于2014年发生的昆明暴力恐怖事件，学生从单一事件引发，对中小学生反恐防暴这一问题进行较为系统的研究、宣传和实践活动。

一、课题研究从昆明暴恐事件引发

2014年3月昆明火车站发生新疆分裂势力一手策划组织的严重暴力恐怖事件震动了全国。一时间恐怖与不安充斥整个社会。为了对恐怖袭击有更为深刻的了解，以掌握其应对方法，学生成立了反恐防暴课题研究小组，拟对反恐防暴问题进行研究。经过讨论，课题组确定了研究内容：1. 中小学生应当如何正确认识暴恐事件；2. 如何科学防范暴恐事件的发生；3. 当暴恐事件发生时，中小学生应当如何保护自己。

课题研究小组拟定的第一稿研究计划中没有实地调查和访谈的内容，但指导教师认为没有这部分内容学生将不能对恐怖袭击有直观和深切的感受，会影响课题研究，不能达到教育的目的。于是在我们的建议下，课题组确立了最终的研究计划：

1. 通过查找资料、实地调查、访谈，真实客观地了解恐怖袭击。

2. 根据各种恐怖袭击的特点，梳理应对恐怖袭击的方法，并提出相应的对策。

3. 综合调查的结果，撰写研究报告。

二、在课题研究中拓展学生的国际视野

恐怖袭击具有国际化的特点，在恐怖主义的阴霾下，很少有国家能够置身事外。但是学生最初的研究却仅限于我国，没有将昆明暴恐事件与国际恐怖主义联系起来。于是我们引导学生思考：昆明暴恐事件发起的主体是什么组织？这个组织与国际恐怖主义组织ISIS等之间有怎样的联系？

这两个问题将昆明暴恐事件放到了国际背景中。经过查阅资料，学生很快明白了昆明暴恐事件与国际恐怖主义错综复杂的关系，了解了国际重大公共安全事件和几个特别危险的恐怖组织之间的联系。课题研究中，我们特意安排了课题组学生与美国中学生Andy Zhang对话交流。期间谈到了中美两国在对学生安全教育上的差异与各自的优势，互相汲取经验实现共同进步。这一研究环节不仅扩大了学生课题研究的范围，更拓展了学生的国际视野。

三、在课题研究中锻炼学生的实践能力

课题研究过程中，为了宣传课题组的研究成果，使更多的学生了解恐怖主义，知道如何应对恐怖袭击，课题组通过国旗下讲话、制作反恐防暴自我保护宣传展板、注册中小学生反恐防暴新浪微博、制作宣传视频等手段，展开了广泛、有效的宣传活动，宣传其研究成果。课题组还将宣传对象扩展到贵阳市的其他学校，主动联系兄弟学校做义务宣传，包括兴宇小学、南明实验二小、贵阳第三十九中学等。课题组学生到兄弟学校宣传反恐防暴相关知识，体现了学生良好的大局观和社会责任感，也反映了学生超强的沟通能力、协调能力和实践能力。

四、在课题研究中强化民族团结意识

昆明暴恐事件以及之前新疆接连发生的多起严重暴力恐怖案件，其罪魁祸首是"东伊运"。"东伊运"制造各种事端企图将新疆从祖国的怀抱中分裂出去；"东伊运"还编造舆论混淆视听，破坏新疆各族人民与全国其他热爱祖国、爱好和平的民众之间的关系。研究小组的学生在课题研究当中特别重视这个问题，他们通过宣传、辨伪等方式将新疆普通民众和"东伊运"恐怖分子区别开来，让人

们不必谈"疆"色变，促进了民族团结。

课题研究使学生的"家国意识"得到提升，体会到了"民族"与"国家"的关系，强化了民族团结的意识，为建设和谐社会、和谐中国贡献了自己的力量。

五、在课题研究中提升学生的综合素质

三个月的课题研究时间并不算长，但是给学生带来的变化却是巨大的。

他们学会了自信。课题研究开始之前，课题组的学生有的语言表达能力不强，显得很不自信。但是在课题研究中，不断地协调、沟通和展现自我。在不断地"曾经沧海"之后，他们终于可以骄傲地"除却巫山不是云"了。课题研究让他们学会了表达，学会了微笑，学会了自信。

他们学会了分工与合作。一个好的团队不会只有一个人，也不可能只靠一个人。课题研究中，队员们能力不一，性格不同。课题组经过谋划，针对个人特点赋予其工作内容，既节约了时间，又充分运用了个人的长处，顺利推进研究工作进行。

他们学会了坚持。科学研究在学生的眼里曾经是很遥远的，更何况是研究"反恐防暴"这样有难度的社会课题。但是在教师的引导下一步步坚持下来，直到取得丰硕成果。看到眼前的收获，回顾走过的路程，之前的付出、争吵、泪水、心酸及微笑都是值得的。

课题研究让孩子们深入生活，践行"知行合一"，综合素质得以提升，逐步形成了"家国意识"和社会责任感，努力为建设美好家园、实现民族团结、维护祖国统一贡献自己的力量。

案例

中小学生反恐防暴问题研究

贵阳市民族中学2016届课题小组

指导老师：赵相黔　李　旭　张晓敏　胡　怡

内容摘要： 出于对一系列恐暴袭击的震撼和反思，出于对生命的敬畏和尊重，我们对贵阳市中小学生反恐防暴问题开展了一系列的研究。我们的研究目的是提高中小学生反恐防暴的意识和能力，使他们能够在突发情况下最大限度地保护自己，使生命和安全得以保障。为此我们采取了一系列的行动，包括在中小学范围内对反恐防暴问题的宣传；在我校组织反恐防暴演习；向学校和教育主管部门提出我们的建议和意见。在研究的过程当中我们也发现了新的问题，就是恐暴袭击中产生的民族问题，对此我们进行了一定的思考和研究，取得了一定的成果。通过我们的努力，使得大部分同学认同了我们的观点，提高了安全防护意识，我想这是我们课题最大的成功之处。

关键词： 反恐　防暴　安全　法制

一、研究背景

2010年4月29日上午，江苏泰兴市泰兴镇中心幼儿园发生一起伤人事件，一名男子持刀冲入校园，砍伤31人，包括28名幼儿、2名教师、1名保安。

10月20日下午，在贵阳市甘荫塘街口发生歹徒持刀砍人事件，造成4名学生重伤。恐怖袭击是指极端分子人为制造的针对但不仅限于平民及民用设施的不符合国际道义的攻击方式。恐怖袭击从20世纪90年代以来，有在全球范围内迅速蔓延的严峻趋势。"4·29"泰兴伤人事件，再次用血淋淋的事实提醒我们，危险就在身边。尤其是中小学校校园中，大多都是毫无自卫能力的未成年人，很容易成为恐怖分子袭击的目标。

二、研究目的

一系列血腥的恐怖袭击事件对我们造成强烈的震撼，我们不禁开始思考，如果我们面对这样的情况，我们能做什么？于是，我们产生对这一问题进行研究的想法。经过一系列的论证，明确了我们的研究方向。

我们研究目的并不是如何杜绝恐怖袭击，而是在面对恐怖袭击时如何尽可能减少恐怖袭击中的人员伤亡；研究对象是中学生、小学生。这样我们明确了研究目的：

1. 加强中小学生安全防范意识。

2. 提高中小学生规避风险、应急自救的能力。

三、研究计划

1. 前测调查问卷制作

首先，我们在部分班级投放调查问卷，并与同学进行面对面交流，记录了同学的关键性语言。

前测问卷设计的意义：通过一些简单易答的题目可以真实反映出被测人对于恐暴的认知度，同时，问卷也从侧面反映出目前中小学生对于恐暴的态度。

在统计出答案后，我们根据答案来判断目前中小学生的安全意识和防范能力，并为此设计下一步的计划。

2. 网络调查

针对恐怖袭击高发人群，我们发现12—18岁的未成年人并没有可以反击恐怖分子的能力，所以我们的研究重心是在未成年人的自我保护和安全意识上。其次，我们在网上查询有关青少年如何躲避恐怖袭击的信息，却发现网上很少有此类信息。

3. 校内宣传

在学校内我们首先制作了宣传海报和宣传板置于学校的醒目处，并且与思教处协商关于在国旗下的讲话活动，对全校师生进行一次关于反恐防暴的宣传及培训。但为了让同学们更好地在危机发生的时候逃生，我们决定与学校思教处、保安处、医护处、行政处联系沟通，在全校范围内进行一次有关恐暴的模拟演习。

4. 与花溪区公安局、花溪区派出所进行联系

我们将在六月中旬与花溪区巡逻大队的万祥龙大队长进行联系，并与其协商对本校学生开展一次讲座和一次校会讲话，主题为"反恐防暴从我做起，保卫生

命财产安全"。

5. 反恐防暴模拟活动

为了让同学们能够在恐怖袭击中更好规避危险、保护自身的安全,我们已经向学校提交了《贵阳民族中学反恐防暴演练预案》,而学校也表示受理该预案,并且会在今年下半学年实施一次演习。

四、项目实施过程

1. 发放调查问卷

我们印制了1000份调查问卷,有152份废卷,840份有效卷,有8份遗失卷,将有效卷统一分析后我们得出:

(1)部分同学对于恐怖袭击并没有多少概念,只知道是恐怖分子做的,并认为这种事离自己很遥远,所以我们认为第一个问题是对学生关于防恐防暴的宣传力度不够。

(2)我们发现一些同学对于如何去应对恐怖袭击很迷茫,但也有同学知道通过建筑物或者大型物体来遮蔽自己,可惜大部分同学并没有这种意识,只是单纯,认为逃跑就好而没有细节到如何逃跑,因此,发生危险时不会保护自己这是第二个问题。

(3)从问卷中我们看到了课题的延伸思路,并开始为下一步与各方单位和权威人士联系做准备。

从同学的反馈看来,第一个问题反映出很多同学分不清恐怖袭击具体是什么,第二个问题同学们对反恐防暴的态度还是支持占大多数,第三个反映问题出的比较多,很多同学选择的选项让我们很疑惑,因为选项有七个,而正确率不足20%,说明同学对于发生恐怖袭击时该如何逃生很是迷茫,甚至有同学觉得大声呼救可以让警察注意到自己,但并没有想到歹徒也会注意到自己,说明在逃生的路径上,同学们的常识和经验明显不够,缺乏真正有用的逃生技巧和知识。

2. 与部分年级的同学和老师进行交流沟通

我们把组员分为几个小组并对三个不同年级的同学进行访谈,并且和几个不同年级的老师们交流沟通,在与高一、高二同学的谈话中我们可以看到他们对反恐防暴的认知度不高,而且不知道如何有效地逃避危险,访谈中我们听到最多的话就是"反正跟着人群跑就可以了",说明同学们对逃生的概念很迷茫,因为和人群跑其实并不安全,你不知道哪一个人会突然化身为恐怖分子然后在人群中进行砍杀。

在与老师的谈话中，我们看到老师们很清楚恐怖主义的目的，也清楚什么是恐怖主义，于是我们分别提出几个情景并请老师在这种环境下做出正确的做法，可惜答案并不尽如人意，我们为同学和老师的生命财产感到担忧，同时也感觉到肩上的担子更重了。

3. 走访兴宇小学

6月8日早晨，我们走访了贵阳兴宇小学，并在学校内发放了调查问卷，同时在小学三、四、五年级和初一、初二、初三这六个年级进行关于反恐防暴的调查。在调查中我们对学生进行随机地采访，但很多学生只是草草回答了事，于是我们将这一问题反映给该校校长，并对校长和保卫人员进行了采访。

在访谈中刘国英校长向我们展示学校的恐怖袭击预案和相关文件，之后我们在学校的不同年级进行调查宣传，发放调查问卷，学生们大部分积极配合我们的调查，但也有部分学生不太重视这一问题，这个现象表明学校在有关的宣传上做得不到位。

4. 走访南明实验二小

6月8日中午，我们走访了南明实验二小，并对学生、老师进行了采访，在过程中我们了解到，这所小学并没有像我们所想的那样大力宣传关于恐怖袭击的防护，而是找到了一个更好的力度去让学生理解恐怖袭击。

学校里多数的孩子年龄较小，盲目的大力宣传只会让孩子们惶惶不安，甚至产生对整个生存环境安全问题的质疑。因此，我们认为，针对不同学习阶段的孩子就应该制定不同的宣传计划。在最适当的环境中，教会他们怎么保护自己的人生安全在学校采访中，我们继续采访了贵阳南明实验二小思教处主任刘静女士并与我们就学校的安全问题进行讨论。

在讨论的时候，有这样一番对话：

简："你们每个学期都做这方面的宣传吗？

刘："我们每个学期都做的，但是这个学期没有。"

在这里我们可以看出她们对反恐防暴这一方面并不是很重视。

随后我们又在学校的操场上，对学生进行随机采访。同学们非常乐意与我们交换意见，并告诉我们他们的想法。

我们又在学校的保卫室与学校警卫进行交流，他们向我们展示了他们的防暴工具和监控系统

5. 走访贵阳第三十九中学

6月8日下午，我们来到贵阳第三十九中学，由于各种原因，我们很遗憾没

有见到学校有关领导，学生也稀稀疏疏，所以我们采访了这所学校主要的安保人员，他们向我们陈述了校园里发生紧急情况的应对方案，并向我们展示了学校配备的防暴装备和监控设施。

但当我们问及是否受过专业的培训时，保卫人员的回答支支吾吾，不由得让我们产生了怀疑，这时另一个保卫人员进来说道。

"其实我们也只是为了混个饭吃。"

曾："那你们到底有没有训练过？"

保卫："也就一次，之后就没有了。"

听到这里我们很是担心若发生紧急情况时师生的安全问题，于是萌生与教育部门联系商议关于加大力度培训学校安保人员的问题。

6. 走访花溪区巡逻大队

6月28日，在花溪区的巡逻大队办公室，我们对万祥龙队长针对学生的安全问题以及校园暴力事件进行讨论，在访谈过程中，万队长向我们解释了中学生和恐怖袭击之间的联系及应急方式，同时也向我们提出意见：让学生更加清晰明白警卫的作用和职责，学会在发生紧急事件时第一时间拨打相关地区的警察局电话，而不是拨打110，因为这样可以节省更多的时间。万队长还向我们的课题提出向"校园暴力"事件延伸，我们是学生中的一员，比老师和警察们更能理解学生的心理感受，我们如果能建立起学生和老师之间的沟通桥梁，就能方便老师及家长更好地理解学生，这样可以有效地引导学生走出并远离"校园暴力"所带来的灰暗。

7. 与美籍华人对话

6月11日，美籍华人Andy Zhang来到我们学校交流有关领导力项目的经验，我们交谈了中美两国在对学生的安全教育的差异与优势，并从中汲取经验。

其中，Andy告诉我们，在美国，学生在遇到任何恐怖袭击时根本不会产生反击的想法，只会寻找可以躲避的地方并拨打911，这个观念在美国家庭中根深蒂固，但我们借此与中国国内的安全教育进行对比，发现其实中国的安全教育普及率很低，还达不到"人人明了如何保护生命财产"这一目标。

8. 发现新的问题

（1）我们在走访过程中发现很多学校在学生进出学校十分随意，安保工作不到位。而且有些学校的警卫甚至没有经过暴恐有关的训练就被聘为学校的警卫，为学生和老师的生命财产安全埋下隐患。

（2）在访谈中我们曾问过几位同学，我们问："你们认为最害怕的袭击是什么？"他们回答："当然是新疆人来这边砍人搞爆炸之类的."我们听到这个回答后很疑惑为什么同学们会认为是新疆人而不是其他地区的人？我们又继续追问："为什么你们害怕的是新疆人而不是其他？"他们说："因为之前都是他们在杀人和搞爆炸，我觉得他们不是什么好人。"之后我们又对几位同学进行采访，并询问了他们对新疆地区来到本地的人的态度是什么，结果答案出乎意料，竟然绝大部分同学都认为新疆人就是恐怖分子的来源，他们来到外地就是为了找机会制造恐怖袭击，这个答案令我们震惊。

在后来的小组讨论过程中，我们意识到人们对新疆人的误解来源于疆独份子造成的破坏实在令人恐惧和憎恨，导致了绝大部分的民众对新疆同胞产生了误解。此时我们感受到一种内心深处的民族危机感，若连祖国未来的花朵都开始排斥同一片土地上的同胞，那么这对于一个民族，一个拥有五千年历史的民族来说，这是场巨大的灾难。

四、校内宣传

1.国旗下讲话

2015年5月18日，本小组策划部长简思佳在全校校会时做国旗下的讲话《预防恐怖袭击，维护校园安宁》，后来与同学们在采访中谈及讲话内容，同学们表示受益匪浅，并期待在下半个学期即将开展的演练。

2.制作反恐防暴自我保护展板

2015年6月13日，本小组项目秘书汤刘思巧制作宣传海报并张贴在学校教学楼一楼，随后又由学校出资放置反恐防暴宣传展板位于教学楼醒目处。

3.注册中小学生反恐防暴新浪微博

2015年5月19日，我们在新浪微博上注册了"中小学生反恐防暴"的微博用户名，并在网络上得到网友们的赞扬和推广。

4.制作宣传视频

2015年3月25日，我们在张晓敏老师和几位学姐的帮助下制作了宣传视频。本视频介绍了关于在恐怖袭击发生时的逃生技巧和如何保护自己的人身安全。

这个视频在完成后我们在全校（除高三）共24个班级内播放，同时向同学采访关于宣传视频的观后感。

5、联合区派出所在校内开展反恐防暴模拟活动

2015年5月18日，本小组项目主席曾国庭向学校行政处及思教处提交了《反恐防暴演练预案》，并得到学校领导的大力支持，学校思教处陈明珠主任表示学校会针对本校学生情况做出修改并在下个学期实施这一活动。

六、项目评估

1. 评估报告

截至7月1日，我们向之前所调查的几所学校再次分发了调查问卷二，这一次我们看到大多数同学都对恐暴现象有了一个基础性的理解，并且明确了自己在紧急情况时保护自己的措施。更令我们欣慰的是，之前的两所学校聘用的从未受过专业训练的警卫已经被学校强制送至警卫学校进行安保学习。

三个月以来，对于研究一个社会科学性的课题来说显得有些短暂，但对于我们来说，我们学到了许多在课本上学不到的东西，学会了分工合作团队才有效率，学会了做每一件事都要坚持和宽容，学会了与人沟通与人相处，更重要的是我们学会并开始承担起社会责任，并努力为建设我们美好的家园贡献一份绵薄之力。

项目主席曾国庭的语言表达能力在整个团队中并不出众，但是他不断在讲话上修改自己的错误，直到现在，他尽管还是比较紧张，但说话的语气已经不再那么生硬，而且学会了微笑。

课题刚刚开始的时候，我们很担心自己的学习受到影响，或者是自己的课余时间被占用，所以积极性并不是很高，在做完调查问卷后我们开始思考这个课题是不是真的合适我们这一群高中生，于是我们的赵主任和我们沟通，帮我们解答了很多在工作和学习上的问题，并鼓励我们做好这个课题，于是课题小组成员们都表示一定要做下去，这不仅是为了我们自己，也是为了千千万万的中小学生。

所以在接下来的时间里，我们有了动力，因此我们的工作效率和质量明显提高，也懂得了交流和实践在合作中的重要。

在实践过程里，我们也看到了很多的不足，比如部分组员不做事，而且团队前中期比较懒散，凝聚力不够，这主要是每个人没有真正重视这个小组的团结合作。我们甚至争吵过很多次，争吵的内容并不是关于课题而是组员的自身问题，这些争执也导致有一段时间里我们课题研究的进度停滞不前。但无论如何，这些点点滴滴，今后都会成为我们团结的一个铺垫，是我们成长的脚印，这些都是最值得我们回味的记忆。

这一路走来，我们有欢笑也有汗水，在这个小组中我们发生过激烈的争执，也为他人提出的意见而鼓掌。项目开始之前，我们只是觉得这个课题相比较下来最有意义，可到后来，我们觉得这个课题并不止如此。几次调查活动后，我们感受到身上重重的担子，把这个课题做下去我们觉得这是自己的责任，哪怕得不到同学们的认可或是合作，我们也没有怨言。

在课题的研究过程里，我们刚开始有六位同学在一起研究这个项目，可是黄月锐涵同学最后由于众多原因没有办法继续项目，她为了这个项目做了很多的调查和研究，并一个人处理众多的外交问题，我们很感激她，也很遗憾她没有和我们走到最后。

最后，希望更多的人能够看到我们所宣传的东西，能够在危险发生的时候知道自己应该怎么做，更能够真正地分清对新疆人的看法，中国人是一个大家庭，而且新疆与中国更是密不可分，恐怖袭击固然存在，但这颗象征民族团结的纽带永不能分离。

2. 我们的收获

（1）锻炼了社会实践能力，社会实践在我们眼里曾经觉得很遥远，更何况是"反恐防暴"这样大的一个社会课题，当时我们都觉得这应该是警察去做的事，我们几乎没有什么信心。直到现在我们已经得到了这些丰硕的成果，我们从内心深处感觉到这次实践活动所带给我们的不只是那些赞扬，它让我们懂得了做到成功并不简单，每一个不简单都是无数个简单的积累。"锲而舍之，朽木不折；锲而不舍，金石可镂。"其次，我们学会了如何与人交流，学会了做事不能急于求成，要敢于挑战新事物。

（2）学会团队分工与合作，一个好的团队不会只有一个人，也不可能只靠一个人，所以，我们每次进行与外界进行联系沟通的时候，都会先在组内进行一个分工，这样一来每个人都有自己的目标，而且并不会占用太多的时间，组员们得到锻炼的同时，又不会过多影响自己的生活。然而在合作的过程中，我们也有很多的磕磕碰碰，大家常常会发生意见不合，但一件事归一件事，如果因为工作而牺牲友情，这并不划算，可同时也说明，要想做成一个高效率、高品质的课题，对于一个刚刚开始互相接触的团队，只有慢慢地磨合才能形成默契，我们不能急于求成。也正是明白了这个道理，在课题研究的后期我们才开始有了一些默契，开始学会为对方考虑。沟通与坚持，是我们在这次活动中最大的收获，也将是我们人身成长中最重要的财富。

7. 新的方向

在做出这些调查和行动后，一些人和事引发了我们的深思：究竟是什么导致了恐怖事件的发生？每件事都是有因果关系的，假如我们不寻找事情的根源，不去发现事情的本质，那我们实际上什么都没有做，恐怖事件还是会继续发生，当恐怖分子熟悉了我们的应对方式后，又会以多种方式来威胁人民群众的生命财产安全来达到他们的邪恶目的。这也是我们最担心的问题，所以我们决心要为解决这一问题而继续 "反恐防暴"的后续课题研究，我们现在是在校高中生，很多方面我们无法介入，但是未来我们会在就业和研究方面继续这个方向。

课题还未结束，虽然由于学业原因我们很遗憾不能继续全身心地研究下去，但是我们学校高一的同学们已与我们取得了联系他们希望在"中小学生反恐防暴"这一块继续进行研究，进而探清关于"校园暴力""中小学生自身应对紧急事件"等研究方向，这让我很是欣慰。

8. 小结

反恐防暴这个课题的目的，是为了让中小学生学会在危险来临的时候能够知道怎么办，知道躲在遮蔽物后而不是大声尖叫，知道向人少或是有警察的地方逃跑不是往人堆里跑。其次，我们在努力让更多的人看清楚目前国内恐怖袭击的本质，从心理上帮助学生这一个群体克服对新疆的排斥。这些就是我们想做的，这不只是一个反恐防暴的课题研究，对于更多无辜的人来说，对于迷茫的学生来说，这个课题更是对生命的尊重。

暴力不可避免，如果我们对恐怖袭击只是痛恨但是没有行动，那么下一个受害者或许就是我们身边的人或者就是我们自己。假设恐怖袭击来到我们的身边，那时唯有"行动"才能保护自己。我们没有把课题的目标定得高不可攀，我们只是尽力去做我们想做的，希望可以在危险的时候帮助大家安全逃离那些人间炼狱。生命何其可贵，我们并不希望人们因为无知而丧命于恐怖袭击的威胁下，更何况这份威胁来自于我们的同胞，我们不愿看到一个伟大的民族变得四分五裂，我们只是想尽力去呵护每一朵盛开的生命之花，这是我们的责任。

（本课题获2015年第六届全国中学生领导力大赛二等奖）

广场舞催生学生责任意识

——以"花溪城镇快速发展与群众文化需求的研究"课题为例

吴学荣　李　健　罗建华

摘　要： 学校开发和建设校本课程，在校本课程的引导下，学生根据自己在生活中的所见所闻，选择其中有研究价值的问题进行研究，《花溪城镇快速发展与群众文化需求的研究》课题就是在这样的背景下诞生的。课题研究中，学生经过问卷调查、走访调查，发现城镇化建设过程中城镇化建设与群众对文化的需求及民族文化的保护之间存在的矛盾。萌生服务于民的责任意识，利用问计于民的思路解决地方城镇快速发展与群众文化需求之间的矛盾。课题研究让学生学会了关注生活、关心民生，在解决民众生活的实际困难的思考中学会了责任担当，体现课程育人的功能。

关键词： 课程　引导力　群众文化　责任意识

一、从"街道边的舞蹈"到课题研究

学生张某在和我的交流中说到她发现的一个现象：花溪的一些民间舞蹈队，最近经常到公园跳舞，很多时候，她们甚至在街道边跳舞。街道边环境不好而且不安全，这些舞蹈队为什么要选择到街道边跳舞呢？这样的情况是非常反常的。通过和舞蹈队的大爷大妈们交流，张某了解到这样一个情况：近年来，花溪区的经济发展很快，市政建设的力度也很大。很多的广场和公共休闲娱乐场所在这一过程中都被拆除改作他用，旧的广场和公共休闲娱乐场所拆除了，而新的广场和公共休闲娱乐场所却没有及时修建起来以满足普通百姓的休闲娱乐需求，所以普通百姓只能到类似十字街、公园和到街道边这样的区域进行健身锻炼。听了张某的陈述，我们指导教师认为这是一个非常值得关注的热点，在我们的启发和建议下，《花溪城镇快速发展与群众文化需求的研究》课题立项并开展研究。这个课题从日常生活见闻出发，学生由发现现象跃升为发现问题，形成了善于提出问题的敏锐，培养了学生关心生活，善于思考的良好习惯。

二、在实践研究中"问计于民"

经过开会商议，在指导教师的引导下课题组确定了《花溪城镇快速发展与群众文化需求的研究》课题研究计划：

1.花溪城镇化建设的规划研究；

2.花溪普通百姓文化需求调查；

3.花溪文化娱乐场所、休闲娱乐设施调查；

4.花溪民族文化、传统文化调研。

课题组力图通过调查研究发现它们之间的关系，找出存在的问题，解决问题。

为了使研究的数据真实可信，学生花了大量的时间走访花溪的很多区域。学生们印发调查问卷，对娱乐场所做了认真细致的调查和采集数据，他们耐心地和每一位市民交谈，认真听取市民的意见和建议。调查结束之后，学生集中到一起认真细致地统计数据、分析数据、形成结论。调查问卷统计显示：近年来，尽管花溪区政府做了很大的努力，但是相比经济的高速发展，花溪的文化生活场所和文化娱乐设施发展仍然不够乐观。随着经济发展与文化生活发展的反差越来越大，花溪普通百姓对丰富多彩文化生活的期盼越来越强烈。课题组深入社区，问计于民发现了这个问题，为课题研究的开展提供了可信的素材。

三、萌生"服务于民"的意识

丰富多彩的文化生活环境的构建对文化活动的开展意义重大。在城市化发展突飞猛进的今天，城市给我们带来了亘古未有的变化。城市不仅仅是人们生活的地方，也是人们交流、合作的地方。城镇成为人们释放思想、寄托精神、表达情感、显露气质、施展才华的又一个平台，生活在城市的人们对城市的文化生活需求也越来越强烈。基于此，课题组认为，必须加快对花溪区城市文化的建设，只有这样才能跟上时代发展的步伐，才能满足人民群众日益增长的精神文化需求，进而推动精神文明发展。为此，学生萌生"为民服务"的思想意识，他们根据研究结果，决定给花溪区领导、文体广播电视局领导写信，向相关部门提出"花溪区城镇化建设中，建设文化生活环境和购置文化生活设施应该与城镇化建设保持同步，以满足人民群众日益增长的精神文化需求，进而推动精神文明发展的需要的建议"。这个建议得到花溪规划局、城建局、文化馆等相关单位的积极回应。

四、收获了"责任"与"担当"

2013年，《花溪城镇化快速发展与群众文化需求的研究》课题参加第28届贵州省青少年科技创新大赛获得一等奖。同年，该课题在第28届全国青少年科技创新大赛中获得三等奖。

学生开展课题研究，收获了"责任"与"担当"。课题研究激发了学生学习的兴趣，端正了学习的态度，进一步明确了学习的目标，产生了学习的动力。不仅如此，课题研究还让学生不再"两耳不闻窗外事，一心只读圣贤书"，他们勇敢地走出学校，进入社会，观察生活，感受民生。在观察与感受中，他们洞悉人民群众对生活的需求，并勇于承担以之为己任、群策群力、苦心孤诣为市政管理部门建言献策。

教育的第一要务并不是要让学生在考试分数上有多么大的成就，近年来，所谓的高分低能现象已经让我们清楚地认识到这一点。教育的第一要务乃是要让学生学会热爱生活、关心生活、阳光自信、仁爱乐施、积极向上。学校通过建设校本课程，大胆让学生积极投身到社会实践活动中去磨炼、成长、收获是课程引导力作用的体现，是课程育人功能的体现。

案例

花溪城镇快速发展与群众文化需求的研究

贵阳市民族中学课题组　张巧静

指导老师：吴学荣　李　健　罗建华

摘要： 随着国家对新四化建设的大力支持和我国未来经济发展所必定依靠的城镇建设方向，城镇化建设的脚步正在逐渐加快，城镇社区的范围也在迅速扩大，这给城镇社区群众的文化建设带来了巨大的挑战。而文化对人、对经济的影响都来源于特定的文化环境和各种形式的文化活动，丰富多彩的文化生活环境对文化活动的开展意义重大；而城镇社区文化不仅在于丰富人们的精神生活，还可以提高群众的文化品位，培养其对城镇的归属感和认同感。因此在城镇化建设的过程中只有构建丰富多彩的文化生活环境，并引导人民大众积极参与丰富多彩的文化生活，才能让他们真正融入城镇社区，提高人民群众的幸福指数。

让城镇居民一道走向文化生活繁荣发展之路，培养丰富多彩的文化生活环境，才是城镇化建设的灵魂所在，才是真正意义上的城镇化建设。

关键词： 城镇化　文化环境　精神生活　幸福指数

一、研究背景

贵州省贵阳市花溪区位于黔中腹地，距贵阳市中心17公里，是贵阳市的近郊城区。花溪区是贵州省内著名的旅游区、文化区和贵阳市的生态保护区，总面积963平方千米，人口总数36.72万，其中少数民族11.7万人，有苗、汉、布依等38个民族，是一个多民族聚居区。区内有贵州大学、贵州民族大学等多所高等院校，正在修建的大学城也使越来越多的高素质人才涌入花溪。花溪区已逐渐成为贵阳市城镇化建设中的文化大区。

花溪区在"十一五"时期实现了44%的城镇化率，预计在"十二五"全区城镇化率达到75%。人口从2005年的35.19万提高到现在的36.72万。伴随着城镇化建设的迅速发展及人口的高速增长，花溪区的经济也是突飞猛进，人民的生活水平得到了大幅度的提高。2011年，花溪区综合经济实力在全省88个区、县、市预排位中从第32位大幅提升至第17位，城镇居民人均可支配收入实现19318元，按现价计算增长18.5%；农民人均纯收入实现7508元，增长26.1%。然而，相比经济的高速发展，花溪的文化生活设施不增反降。随着经济发展与文化生活的反差越来越大，花溪人民对丰富多彩文化生活的期盼逐渐彰显，对提高生活幸福指数的期望与日俱增。本着居民对城镇化建设高速发展过程中人民群众对精神文化的需求，我展开了"花溪城镇快速发展与群众文化需求的研究"。

二、研究过程

（一）制作调查问卷

经过多次探讨、反复学习及研究，课题小组制定出相关调查问卷。问卷针对花溪常住人口、外地务工人员、学生以及往来花溪的旅游人员等不同人群，按照年龄阶段分组，制定了学生卷、上班族卷和老年卷。

（二）问卷调查及分析

在同学的帮助下，我们通过在湿地公园、花溪公园、大学校园等文化消费人口密集地以分发调查问卷的方式，进行随机调查。第一次共分发问卷150份，收回145份，其中学生卷50份、上班族卷48份、老年卷47份。在调查过程中，考虑到老年人对此类活动了解过少，特别安排了专门的小组成员负责对填写调查问卷的老年人进行讲解。另外，考虑到调查问卷数量过少，可能会不具有代表性。为保障调查数据具有代表性，课题小组又进行了第二次问卷调查，区域同为第一次调查问卷分发区域。此次分发学生卷250份，上班族卷250份，老年卷250份。收回学生卷250份，上班族卷245份，老年卷236份。最后，综合以上两次调查结果，就问卷中的热点问题进行了分析。

调查问卷中的热点问题分析：

问题1：你平时以什么方式参加文化生活？

问卷调查结果表明：有43.02%的学生、54.8%的上班族和43.43%的老年人选择看电视或玩电脑作为常规的文化生活方式；有少部分人会选择外出游玩或看书，其中以学生和老年人为主；而以参加社区活动和去影剧院的作为主要文化生活方式的人普遍较少。

问题2：你认为花溪的文化生活怎么样？

问卷调查结果表明：认为花溪文化生活较丰富的，学生仅为45.65%，上班族为56.9%，老年人为48.03%；认为花溪文化生活很丰富的平均不足10%；总体上有40%的人认为文化生活是不丰富的。由此可见，花溪文化生活的丰富度尚未达到人民群众对精神文化的需求，还有待提高。

问题3：什么原因使你不能进行文化活动？

问卷调查结果表明：93.48%的学生、80.56%的上班族和78.8%的老年人选择不能进行文化活动的原因是因为没有人组织及没有活动地点。这一数据说明：对于大部分人群来说，没地方可去是不能进行文化活动的主要原因，而无人组织是大部分学生不能进行文化活动的另一个重要原因。

带着调查问卷中所反映的花溪居民文化生活中存在的诸多问题，我进行了走访调查。

（三）文化生活设施的走访调查

1. 文化馆

花溪曾经拥有自己的文化馆，虽然规模不大，基本可以满足人们对精神文化生活的需求。但是，由于城镇化建设的需要，原有的花溪文化馆已经在2008年被拆除。2012年9月20日根据老人们提供的文化馆旧址，我到现场进行了实地调查。步入昔日花溪文化馆所在地，首先映入眼帘的是"国际公馆"这样一个美好的名字和一幅令人向往的规划图，透过围栏我们依稀可以看到内部正在作业的工人和繁忙运转的重机械，原来的文化馆已不复存在，看不到一丝昔日的影子。当日，我又进一步走访了花溪区文体广播电视局，希望能够了解到花溪文化馆的相关事宜，但是花溪区文体广播电视局的一名工作人员只是告诉我说"在规划中"。

面对这些，我不禁思考：在花溪这样一个拥有丰厚文化底蕴的地方，为何能够向人们展示文化、进行文化活动的地方少之又少？贵阳市的其他区虽然现代建筑物居多，但仍保留了很多的文化建筑，如南明区的甲秀楼、贵州民族文化宫等。而花溪呢？仅有的一个文化馆已经被拆除了4年，重建工作现在还在规划中。我不禁要问，花溪居民4年多以来的文化生活怎么样？新的花溪文化馆又什么时候可以建成？在这期间，我又应该用怎样的方式来满足花溪城镇居民文化生活的需求呢？

2. 图书馆

花溪区现有公共图书馆一所，位于花溪区七大队处，占地约400平方米，藏书总量66553册，每天可接待150—160位阅读人次。新区政府有一处分馆，约200平方米，但仅作为办公用地。花溪区现有人口36.72万人，如果不考虑图书种类，人均拥有藏书仅0.18册，相当于6人拥有一册，藏书量少得可怜。

2013年4月22日当我再次访问花溪区文体广播电视局时，看到了关于文化馆、图书馆维修改造项目完成情况的报告。报告说已经完成了工程的选址、前期的设计和土地使用批复等工作。然而对于修建工作，相关工作人员则表示：现在没有相关资金，等有了资金才可以修建。

3. 书店

花溪区现有"大型"书店两家。一个是新华书店，位于明秀车站处，与清华中学比邻，经营的图书主要是中小学教辅类图书，虽然也有其他图书，但数量、种类较少。位于花溪区朝阳村的西西弗书店是花溪区的另一个"大型"书店，主要经营大学教辅、考研、法律及外文工具书等图书，由于与贵州大学比邻，所以主要服务对象是贵州大学的学生。但是仅有的两个花溪"大型"书店规模都较小，图书种类较少，因此很多人想要买到自己需要的书，还需到贵阳市中心图书批发市场购买。

从现在花溪区的城镇规划来看，书店的数量和书店内图书的种类都有待提高。此外，新增书店应选取合理的地理位置，为花溪民众的购书需求提供便利。

4. 体育场馆

目前，花溪区暂无正规的公共体育场馆。部分设施较好的体育场馆主要集中在学校，如贵州大学、贵州民族大学、清华中学等。而且这些体育馆主要是服务于学校，几乎不向社会公众开放。在居民的生活区基本没有规范的体育活动及健身场所，个别小区即便修建了健身场地，也都十分简陋，有些还因年久失修无法正常使用。

5. 剧院

花溪区原有的一处影剧院，由于城镇化建设的需要，于2008年被拆除掉了。据花溪区文体广播电视局的工作人员介绍，在要建立的文化馆内将分设剧院区和青少年时尚区。但是由于资金的缺乏，至今尚未建成。

（四）居民对精神文化生活需求的走访调查

在走访调查过程中，我发现了一个老年红歌团，这群在花溪十字街旁沉浸于音乐舞蹈之中的快乐大妈感动了我。她们尽情享受着敲锣打鼓、吹拉弹奏的快乐。趁他们休息的时间，我随机采访了红歌团里的几位大妈，谈及她们自己对文化生活的看法，她们表示对花溪现在的文化生活还比较满意，不过没有以前那么丰富了。她们说："在花溪以前还有一个文化馆，我们可以在那里进行义演，宣传党的方针、政策，可以与其他歌舞团进行交流，还可以看电影，尽情地享受生活。而现在只能找类似十字街这种小地方进行表演，以前编的舞蹈，由于受到场地的限制只能通过限制演员规模来达到表演的效果。舞蹈队中的很多人员都被裁掉了，而重新组建的新队伍，合作起来没有以前那么默契了。"

询问起她们是否支持再新建一个文化馆时，大妈们都表示强烈支持，还有一位大妈专门跑过来询问花溪是不是真的会再建一个属于花溪的文化馆。这位大妈还专门介绍说，虽然花溪区也有农民腰鼓队、秧歌队，但他们都只在春节、村寨喜庆活动和其他重大节日时在特定的地点进行表演。加上这些队伍受到很大的局限。一是资金缺乏且来源不稳定，多是依靠队员自筹，有时候靠村里有钱老板或是致富能人的投资；二是队员不稳定，队员大部分是村里的农民，都是闲暇时出来玩玩，等到农忙就都散了；三是演出内容都是队员自编自导的，参考资料也很有限，又缺乏专业人士指导，导致整体艺术水平也不高。因此，他们到外面演出的机会越来越少，而人们接触这类文化的机会也随之减少了。听到这些时，在场的观众也都纷纷表示惋惜，他们一致认为：如果这些队伍可以经常在这里活动，那他们也可以大饱眼福，享受丰富多彩的花溪文化生活了。

老人们热爱这片土地，热爱这个家园，热爱文化生活，只可惜没有足够的"舞台"，可以让她们向花溪人民和来花溪旅游的各地游客展示当地丰富多彩的文化生活。

（五）民族文化保护

在文化宫原址旁的小巷，我意外发现了一家经营传统苗族服饰的小店。这家位于深巷之中小店，没有店名，没有货柜，没有小工，只有挂满墙壁的少数民族服饰和一个胖胖的男店主。但是精致的纯手工作品深深吸引住了我的目光。进入这家小店，让我感到震撼的是男店主在利润微薄的情况下依然坚守着这间小店。当我问及能否现场观摩作品的制作过程、感受苗族文化的博大精深时，他却告诉我：他并不会刺绣，这些手工制品都是他的妻子亲手做的。妻子是母亲的学徒，母亲是苗族非物质文化的传承人。他没有外出打工，而是选择以这种方式支持自己的母亲和妻子，支持苗族的传统文化。虽然他不会刺绣，但他十分热爱自己的民族文化，因此他本着一颗弘扬民族文化的决心坚守了这间小店多年。最后他还告诉我，每周周一到周三愿意学习苗刺绣的人都可以到店里免费学习，这三天他母亲会在店里亲自教学。唯一的要求是希望去学习的人有耐心，热爱这种工艺并且可以坚持学下去。他们希望能有更多的人能够接触和了解到他们苗族的文化，也希望这些传统的手工艺能够一直传承下去。

少数民族的文化魅力对人们的吸引是我们都难以抗拒的，民族文化中的奥妙是我们有待研究的。少数民族的人们热爱着他们的文化，并在为继承和发展这种文化贡献着自己的力量。同时，我们也热爱这片拥有多彩文化的花溪土地，我们应该也必须为发扬这片土地上的多彩文化作出应有的贡献。

（六）问计于民

调查小组对收回问卷进行分析的结果及走访调查的情况表明：花溪的文化生活相对贫乏，民族文化保护支持相对薄弱。其原因是图书馆、电影院等文化基础设施极度缺乏，已经远远不能满足普通市民日益增长的文化生活需求。更为严重的是，这种文化生活的贫乏已经给花溪城镇化的精神文化建设带来了不良影响，对于物质文明和精神文明两手都要抓、两手都要硬的路线政策，精神文化建设的匮乏也一定会阻碍花溪城镇化发展的进度。

为了更好地协调城镇快速发展过程中所面临的精神文化建设匮乏的问题，我设计了另一份调查问卷，希望被调查者提出对花溪城镇化建设过程中丰富花溪文化生活的建议。通过问计于民来集思广益，让物质文明发展的同时，建设更符合花溪区民众需求的社会文化活动，协调发展精神文明建设。

通过此次问卷调查表明：城镇化建设中把政府有效供给、市场最优配置与社会资源整合有机结合起来，实现政府主导、财政支撑、市场运作和社会参与的良性互动和整合，提高活动的受众面和影响力，构建丰富多彩的文化生活环境，并引导人民大众积极参与丰富多彩的文化生活，宣传、学习时代精神，才能提高人民群众的幸福指数，真正实现城镇化建设。

热点问题统计分析：

问题：你是否支持花溪尽快建立文化馆、影剧院，以适应花溪城镇化发展的需要？

问卷调查表明：有91%的学生、80.5%的上班族和58%的老年人支持花溪尽快建立文化宫、影剧院，以适应花溪区民众对文化活动环境的需要。

三、分析及思考

在城镇化建设、房地产商及产业链的推动下，办公楼、写字楼、居民楼等地产行业得到了很快的发展，花溪发生了日新月异的变化。而与人民群众生活息息相关的文化生活设施，由于资金短缺、设施不完善等原因，总是发展缓慢。甚至还可能会因为其他建设的需要把一些原有的文化生活设施拆除，导致文化生活设施的严重不足，从而造成了人民群众文化生活的匮乏。因此，在城镇化建设当中应该考虑文化生活设施与其他基础城建设施的同步进行，有时候甚至需要有超前意识，才能够使民众在相应的文化环境中丰富文化生活，学习时代精神，陶冶情操，与时俱进，实现和谐社会的中国梦。

四、结论

花溪区是贵州省城镇化建设中的一个文化大区，是集文化旅游休闲于一体的综合性城镇，是少数民族集聚区和贵阳市高层次人才集中区，其中包含了国家211工程大学——贵州大学，以及贵州省其他高等学府。因此花溪区在整个贵阳的建设发展中有着举足轻重的地位。然而，由于花溪区政府的搬迁及城镇范围的迅速扩大，花溪区内原有的文化生活设施已经不能满足城镇化建设的需要。这主要体现在以下两个方面：第一，仅有的两个"大型"书店已远远不能满足花溪区现有的36.72万人口对图书的消费需求。并且从地理位置的角度来看，花溪区政府周围的居民到书店的距离较远，给需要购买图书的居民造成了很大不便。第二，文化馆于2008年拆除以后至今未建，花溪区居民早已失去了能够体验文化生活的活动场所。

因此，根据花溪人民对丰富多彩文化生活的迫切需求，我们希望相关部门尽快建立花溪区文化馆、影剧院等文化活动场所，保持物质文明建设同精神文明建设的协调发展，从而进一步丰富花溪区的城镇化建设内涵，推进人和社区的全面和谐发展。此外，要在花溪丰富的旅游资源带动下，充分继承花溪民族文化的精髓，传承并发展花溪民族文化，使来花溪旅游的客人能感受到具有花溪特色的民族文化，享受花溪特有的民族文化盛宴。同时，还要在花溪各居民区附近增设文化体育活动场所，让居民能够就近开展文化体育活动。

总的来说，我们的目标就是要把花溪区建设成为具有地方特色、民族特色的城镇，为城镇化建设中的花溪赋予城市精神和城镇灵魂。使花溪区的城镇化建设在全省乃至全国起到一个文化大区的典范作用。

五、建议

在城市化突飞猛进的今天，城市给我们带来了亘古未有的变化。城市不仅仅是人们生活的地方，也是人们交流、合作的地方。城镇成为人们释放思想、寄托精神、表达情感、显露气质、施展才华的又一个平台。所以城市就是地域文化的载体，是地域精神的象征。基于此，课题组认为，我们必须加快对花溪区城市文化的建设，只有这样才能跟上时代发展的步伐，才能满足人民群众日益增长的精神文化需求，进而推动精神文明发展。为此，我提出花溪区城镇化建设中，为营造相关居民文化生活环境所需的工作建议：

1. 加快花溪图书馆、影剧院等文化传播基础设施的建设。

2. 对已有的文化设施进行扩建，方便居民参加文体活动，定期开展一些有关文化生活的活动，提高人民群众的幸福指数。

3. 建立花溪文化发展历程纪念馆、历史名人纪念馆，建设具有地方特色的城镇。

4. 大力支持民间原生态手工艺作坊发展，加大民族文化的宣传力度，着力解决民族特色的传承与推广。

5. 对已有的古建筑进行保护，在修建设施时以现代建筑物为基础，彰显民族特色，建设具有民族特色的城镇。

6. 在花溪公园或湿地公园旁建一座文化宫，定期举行具有花溪特色及民族民间特色的文体活动、展示活动。让来花溪游玩的客人能在这里享受到具有花溪特色的文化盛宴。为城镇化建设中城镇赋予城市精神，建设具有城市文化的城镇。

六、后记

我经过调查研究，提出解决花溪城镇快速发展与群众文化需求的建议，并且给花溪区区委书记、区长、文体广播电视局局长写了一封信，旨在说明我研究小组进行课题研究的目的及意义，希望他们能够加大对花溪城镇化过程中对居民文化生活基础设施的建设的支持力度。

丰富多彩的文化生活环境的构建对文化活动的开展意义重大。参加有益健康的文化活动，有利于人们丰富精神世界，培养健全人格，增强精神力量，创造美好幸福生活。因此构建丰富多彩的文化生活环境，并引导人民大众积极参与丰富多彩的文化生活，在城镇化建设中具有不可取代的位置。提高人民群众的幸福指数，与城镇居民一道走向复兴之路，是城镇化建设的灵魂所在。

我们相信通过社会各方的努力，结合花溪丰富的资源以及其丰厚的历史文化底蕴，花溪将会得到文化的多样发展，同时也会带动花溪教育事业的发展，最终将实现花溪软实力的巩固和发展。花溪成为城镇化建设中的文化发展强区指日可待，贵州的城镇化建设也将成为全国具有城镇灵魂的城镇化建设。

最后，感谢贵阳市民族党支部书记、校长魏林的大力支持；感谢课题组几位指导教师对课题研究的指导；感谢在我研究活动中帮助我关心我支持我的所有同学及课题管理有关人员；感谢花溪区文体广播电视局的各位领导及工作人员；感谢苗族服饰店工作人员及传承人给我的启示；感谢花溪腰鼓队、秧歌队的成员给我的建议。

（本课题获2013年第28届全国青少年科技创新大赛三等奖）

指导　引领课题

——以"关于贵阳市小学生购买廉价零食的调查"课题为例

罗建华

摘　要： 学生学习"中学生创新力培养"校本课程，是以课题研究为载体。学生研究课题前，要进行通识培训，让学生知道怎样选课题，怎样研究课题，使学生了解课题研究的一般程序。与学生交流，引导学生关注生活，选取了学生、家长关心的廉价零食作为研究课题，指导学生用心研究必有收获，综合运用各种能力，提升素养，以"实践育人"，让学生体验过程，在过程中收获感悟，在感悟中得到收获，激发学生的社会责任感。

关键词： 课程　引导力　廉价零食　社会责任

一、课题引导 通识培训

在学校课程体系中，校本课程"中学生创新力培养"是学校特色课程之一，该课程以学生课题研究为载体，引导学生学习，教师首先对学生进行通识培训，让学生知道怎样选课题，怎样研究课题，使学生了解课题研究的一般程序，为培养学生的实践能力奠定基础；再结合学校省内外获奖的课题，具体讲解课题研究的步骤和注意的事项、发现问题、猜想与假设、设计实验与制定计划、进行实验与收集证据、分析与论证评估、交流与合作、安全与责任等。

通过学习，学生了解课题研究的基本知识后，教师对学生研究过程中可能出现的问题要有预判性，还需将研究方法和知识制作成PPT，根据研究进度及时给予学生指导。

二、关注兴趣 确定课题

好的研究课题是研究成功的前提。课题的确定，对学生应该是内容熟悉、难度适当、充满兴趣的。如何引导学生选择好研究课题呢？具体做法是：通过与学生交流，了解其兴趣、学习情况、学科优势、社会关注点、家庭背景以及爱好等。引导学生初步选择几个课题，论证各个课题的优劣、研究的难易程度，最后确定课题。以《关于贵阳市小学生购买廉价零食的调查》课题为例，学生喜欢购买零食，但小学生食品安全意识强吗？学生回顾自己在小学时的情形，深深感受到小学生的食品安全意识淡漠，最终在教师的引导下学生确定了这个课题。课题的确定充分体现了教师与学生之间思想与智慧的碰撞。

三、用心研究　必有收获

课题《关于贵阳市小学生购买廉价零食的调查》在搜集了相关资料、评估了课题可行性后，进入了调查研究过程。

教师引导学生制定实施了以下调查内容：①了解贵阳市小学生购买廉价零食的具体情况，到云岩区、南明区、小河区、花溪区以及乌当区等辖区内的中小学校进行实地调查。②对贵阳市的几家大型食品批发市场，实地调查。③在调查的过程中采访小学生、家长、老师、工商局工作人员、商家以及零售商等，做了大量的采访笔录。④制作不同类型的调查问卷，向被采访对象发放问卷，分析问卷，得出以上各类人群对廉价食品的看法。

许多课题研究，离不开调查问卷及对问卷的分析，而这个阶段，时间较长，可以很好地培养学生的综合素质，也有一些学生，在这个阶段因畏难而退却，不能很好地完成课题研究，所以对学生这个阶段的指导十分重要，教师既要正确的指导学生认真研究，鼓励学生坚持就有收获，还要有及时调控课题的研究方向的能力，指导学生按课题方案完成调查阶段的工作。研究《关于贵阳市小学生购买廉价零食的调查》课题的学生用了两个月的课余时间在调查、收集、分析过程上。因此这个课题收集的资料是丰富、翔实的，为后面的分析总结奠定了坚实的基础，也让学生在认真研究过程中，体会到认真与细心、毅力与坚持对完成课题研究的重要性。

四、综合应用　提升素养

课题"研究结果分析"过程是课题升华的过程，也是学生知识、能力提升的过程。在这个过程中学生将语文课的写作能力、信息技术课中的互联网搜索运用能力、图像处理能力、数据处理能力及数学中的统计知识等综合应用能力。用学生的话说："没有想到我也能写这样近万字的论文！做课题研究，写一篇高质量的论文，需要这样多的知识。原来认为这些知识没有什么用，现在懂得了没有这些知识根本不可能完成这个课题。原来认为学习、研究是一个人就能完成的，现在明白没有同学的合作与教师的指导是很难完成课题研究的。"

学生研究课题的过程，充分体现了课程引导的重要作用。在教师的指导下，学生没有人云亦云，而是独立思考，解决问题；了解社会，不畏艰难；提出建议，担当责任。这个过程使学生的综合素质、科学素养得到提高，社会责任感得到体现，公民意识得到增强。

五、实践育人 社会认同

在学校"知行合一"教育思想引导下，学生研究课题通过多维度思考，以社会实践为途径、科学分析为依据，得出调查结论："解决廉价零食质量差、卫生不达标、添加剂超标等问题，要从根本原因入手。作为生产工厂首先应该自律，承担社会责任，生产合格食品；政府要鼓励发展，加强监管，通过政策鼓励合法生产质优价廉食品的企业，奖励举报群众，形成全民监督的局面，加大处罚生产不合格食品的不良企业，大力打击不良商贩使之不敢销售不合格食品。"学生还认为：要彻底解决廉价不合格零食对小学生的危害，还应该从小教育学生学会辨认合格食品，宣传食品安全，树立安全意识。作为学校对学生要加强的食品安全宣传教育。"所以，学生将课题研究成果反馈到教育行政部门、工商管理部门，引起了相关部门的关注。

该课题在2012年第27届贵州省青少年科技创新大赛中荣获一等奖。这个成果，是对学生参与社会实践、关注社会热点问题并在实践中解决问题的最好激励。

心系天下，关注民生，知行结合，躬行实践，学生在实践中展示所学、砥砺品格、磨炼意志、完善人生，为青春奏响奉献之歌，不正是学校教育的期盼，开设课程的目的所在。

案例

关于贵阳市小学生购买廉价零食的调查

贵阳市民族中学2014届　李一涵　孙　妍
指导老师：罗建华

摘　要： 无论是在贵阳市食品批发市场还是在校园周围的摊点上，都有着数量惊人的廉价零食受到小学生的热烈追捧，为了小学生的身体健康，应该从根本解决廉价零食泛滥的问题。

关键词： 小学生　廉价零食　解决方案

一、引言

一个星期天，我在去学校的路上，看见了有些小学生模样的小朋友拿着几种5角钱一包的零食吃得津津有味。让我突然想起了自己在上小学时，像这种1角、5角的廉价零食也是非常受欢迎，只是没想到它的生命力会如此强大，那么多年过去了它却依然受到追捧。然而，从它的包装上就能看到渗出的油，还有配料表当中普遍含有7、8种添加剂。小学生吃它对身体有什么好处吗？只要没有坏处就谢天谢地了。

二、研究项目背景

近年来，食品安全问题一直为世界所关注，世界各地食品安全问题频发，它已经严重损害了消费者的健康，同时也让人们不禁发问："这些制造商良心何在？"中国、美国、英国、伊朗和新加坡作为在世界上有着举足轻重地位的国家，近年来食品安全问题也是频发。从"三鹿奶粉事件"到"染色馒头事件"，在社会上造成很大的负面影响。

从有关部门不定期对食品质量抽查的情况看，当前，我国常见的食品质量问题主要是三个方面：一是卫生指标超标；二是超量使用食品添加剂或使用已经明令禁止的食品添加剂；三是食品包装、标签等不规范，虚假标签、以次充好等人为"造假"现象。

在全国很多小学校园周边也不知是什么时候悄无声息地出现了很多廉价零食，多是1角、5角的。《消费主张》的记者在吉林省长春市、山东省临沂市、湖南省长沙市以及广东省深圳市做了调查，发现，学校门口的文具店或是食杂店都在销售着五角钱一袋的小食品，每到放学，孩子们都会到这里疯狂采购、大吃特吃一番。这些廉价零食因为价格不贵、口味又多，所以很受欢迎，从其外包装上看，它们似乎不是三无产品——有厂名、厂址、电话、成分配料表也写得比较明白，还有一个非常重要的图标——QS质量安全标志。一种名叫"弹弹恋爱"的糖果配料中，除了水和白砂糖外，就有多达8种的添加剂，其中包括卡拉胶、柠檬酸，以及各种香精和色素。太原市质量技术监督检验测试所食品科副科长赵利军在接受采访时说，国家允许品种的范围内添加就没有任何危害；其次，有四类添加剂过量会有危害，分别是防腐剂（如亚硝酸盐）、色素（如柠檬黄）、甜味剂（如安赛蜜），其他有毒有害物质（如面粉增白剂）。我们国家对食品添加剂的最大允许检出量、最大添加量都做了规定，如果添加了上述四类添加剂就少吃，如果没有这四类，就可以放心吃。然而，这些垃圾零食却因为其"出色"的口味赢得了众多小学生的喜爱。但是，这种廉价食品引起的争议相当大，且有小学生因为食用这种廉价零食而引起拉肚子、起疹子等不良症状。

广西中医学院教授、广西著名营养学家马力平教授强调，膨松剂、增味剂、酸味剂、香料等都是儿童食品中常见的添加剂。虽然在国家规定范围内使用添加剂并不违法，但对于儿童来说，"加得越少越好，离得越远越好"。

食品专家、东北农业大学食品学院刘宁教授表示儿童的免疫系统发育尚不成熟，一旦摄入了超量的化学物质就会引起过敏，造成儿童免疫系统发育缓慢的同时还抑制了代谢功能的正常运行。因此，过量的食品添加剂对于儿童的生长发育和身心健康都有负面影响。刘宁表示，在食品学上，有毒物质并没有严格的界限，而是有一个科学的量化标准。将食品添加剂控制在安全剂量以内就能够达到食品安全的标准。

专家普遍认为，儿童食品除了注重食品的花样和包装外，更要注重营养与安全。中国农业大学食品科学与营养工程学院副教授何计国表示："目前滥用食品添加剂的现象比较严重，究其原因还是重视程度不够。"马力平教授则希望国家"应该为儿童食品单独立法，其安全标准必须比成年人高"。因此，家长为孩子选购食品时应当尽量选用正规厂家出产的食品，以保证孩子的身体健康。

三、问题的提出

自从我们注意到世界食品安全问题泛滥的事实后，就开始想从这里进行我们的选题，从我们高中生的立场，来分析，甚至解决这件事情。

有了一点思路，我们就马上开始上网查询相关资料，通过网上铺天盖地地搜索，我们并没有发现有相关系统的课题，有的仅仅是一些报告。当然，我们还搜索到了相当多的全国有关廉价食品的新闻报道，有的是以文章的形式，有的是以视频的形式。

通过网络上的资料以及信息，我们发现这种廉价零食就是各种各样的添加剂构成的，在一些新闻报告中，我们甚至发现了一些地方的小学生在食用了这种廉价零食后，出现了身体不适的症状。我们只是普通的高中生，我们的能力不足以找到生产商并禁止他们生产这种东西，我们的精力也不允许我们对每一位小学生说让他们不要买，我们只希望能通过把它做成课题引起贵阳市政府以及社会各界的关注。

我们希望所有的小学生们能够健康饮食，吃出个好身体。而不是刚刚踏在了起跑线上，就失去了健康的体魄。

在搜集了相关资料、评估了课题可实施性后，我们就开始着手准备我们的课题。

四、调查研究过程

根据以往做课题的经验以及对相关资料的了解，我们拟定了一个的调查方案，用来指导我的整个调查研究过程，并在过程中根据实际情况灵活调整。在课题研究的过程我们遇到了不少问题，可最终被较好解决。

1. 准备材料

上网查相关资料，了解是否有廉价零食在市场上销售，对消费者有什么影响，社会各界的看法以及相关部门具体整治措施。进一步明确调查目标，使之更加全面具且具有创新性。

2. 实际调查

我们为了了解贵阳市小学生购买廉价零食的具体情况，去到了小河区、花溪区、云岩区、乌当区以及南明区进行实地调查。通过调查我们发现在很多学校周围都遍布着贩卖廉价零食的摊位，其中不乏流动摊点。同时，我们还看到了众多小学生围在摊点购买廉价零食，有些还分着吃。

在花溪区二小、小河区顺兴小学等校门口不远处，我们也都发现了贩卖着廉价零食的摊点，每个摊点所贩卖的廉价零食种类都很丰富，但卫生情况并不乐观。我们看到了敞露的1角钱一串的"羊肉串"、包装袋上遍布油渍的"恐龙蛋"，有些零食甚至还有一种刺鼻的说不清楚是什么味道的味道。

为了了解遍布在校园四周的零食究竟是从何而来，为什么而来。就找到了贵阳市的几家大型食品批发市场，准备实地调查。在去之前，我们尽力考虑了此行的目的以及可能面临的一些情况，比如怎么和商家"搭讪"，怎么拍好照片等等。

当我们真正踏入华丰食品批发市场后，才意识到廉价食品是如此泛滥：每走几步至少就能看到一家贩卖这种廉价零食的商铺。这些跟那些在小学门口贩卖的无论是种类还是数量简直就是大巫见小巫。

我们刚踏进华丰食品批发市场没走几步就看到了一家专门卖廉价零食的商家，我们走进去一探究竟。刚一迈进去，卖家就主动与我们展开了对话：

卖家（M）："我们这里不单卖！要买去旁边那家'水井1号'！"

李一涵（L）："她家准备开家店（指着孙妍说），我们先来了解一下。"

孙妍（S）："你们这里的东西怎么卖的啊？"

M："一件大概都是一百多两百。"

S："那么我拿回去卖赚得到钱不？"

M："咋可能卖不到钱嘛！一包这种零食你买回去只要两三毛，卖给那些小学生五毛钱，赚得到不嘛？"

L："哦，那么这种零食不会吃出什么问题吗？都招来苍蝇了！"

M："咋个可能嘛，不会嘞，我们卖了那么久没出过什么事情。"

当谈话进行不下去时，我们就去往了其他商铺。同样的问题我们得到了几乎完全一致的答案。所以商家都说不会有任何问题，还声称卖得很好。最后，我们去了很多商家都提起既可以批发又可以单卖的店铺"天井1号"。

从"天井1号"的门面看，我们没有发现什么异样。接着，我们往里走，看见了在货架的两边有很多商品，其中不乏一些知名品牌。接着，我们继续往里走，没想到却看到另一番广阔的天地。

这个地方，和教室一般大，墙上挂着、地上也堆着各种各样的廉价零食，光线很弱，更突显出包装袋反射出刺眼的光，让人不禁觉得一阵难受。

我们想与里面的工作人员交谈，然而，他们却很忙，没有时间甚至是不愿意搭理我们。我们觉得之前从其他商家获得的信息也比较多了，就只用镜头记录下了这里的一片"混乱"。

3.采访

为了能更全面地了解不同身份的人对于这种廉价零食有什么看法，我们采访了一些小学生、家长、老师以及工商局的相关领导。

（1）采访小学生

在花溪街头，我们看到了一些拿着廉价零食吃得津津有味的小学生，于是我们随机选取了三位小学生进行简单采访。其中一位小学生显得很有戒心，并不愿回答我们的问题，但他却告诉我们，他的同学较喜欢购买。另外一小学生告诉我们他喜欢购买廉价零食的原因大致有三个：价格便宜；味道好吃，辣得很过瘾；周围很多人都喜欢吃，自己跟着尝试，就喜欢上了。还有一位小学生告诉我们，她平常并不去购买这些廉价零食，她说她的家长告诉她这些东西不卫生，吃下去对身体不好。当我们问道："身边同学都在吃着的时候，你不想尝尝吗？"她不好意思地笑了笑说："偶尔自己也吃点，但是不多。"

（2）采访学校老师

利用课余时间，我在贵阳市民族中学采访了几位老师，了解了他们对廉价零食的看法。

思教处的何主任告诉我，他经常对学生进行食品安全教育，在他的印象中，廉价零食已经出现了很久，它们之所有受到了很多小学生的欢迎，是因为，它便宜且味道比较好，小学生没有多少零花钱，所以自然就会去购买廉价零食。同时，他认为，含有多种添加剂的廉价零食肯定会对小学生的生长发育造成一定的影响。最后，他说他认为廉价零食在市场上是没有存在的必要的，只有政府颁布相应的条例才有可能解决彻底，否则，仅仅是加强教育，小学生有点钱还是会去购买廉价零食的。

接着，我又采访了从北京师范大学前来实习的老师——周波老师。他说，对于含有多种添加剂的又向小学生贩卖的廉价零食一定不能再泛滥了，因为就算它过了国家的检测标准，但是小学生特殊的体质，难免会对生长发育有影响，更何况有些地方已经发生了小学生食用廉价零食身体出现了不良反应。同样，周波老师也认为光靠小学生自己或者家长很难杜绝廉价零食泛滥的现象。或许我们贵阳可以借鉴其他城市较好的解决方法来解决我们的廉价零食问题；同时，希望生产厂家能够自律。

（3）采访小学生家长

11月15日，我们在花溪街头随机询问了20位成年人，其中有3位成年人家里有正在上小学的孩子。所以，我们对他们进行了采访。

家长甲告诉我们，他的孩子是比较喜欢吃廉价零食的，至于廉价零食可能会有质量问题，他表示自己没有多少文化，并不清楚。还说，要是真有问题一定不让他吃。

家长乙说，自己工作忙，并不清楚孩子在学校会不会购买这些廉价零食，只知道在家里是没有吃过的，都是吃一些比较正规的零食。当我们问道："要是孩子在学校食用了廉价零食的话怎么办"时，他说那也没有办法，自己不可能随时知道孩子在干什么。

家长丙并没有完整地接受我们的采访，只是表示从来都跟孩子强调不要乱吃东西。

（4）采访批发市场的商家以及零售商

在11月14号，我们明察和暗访了华丰食品批发市场的商家及小河区一小周围的零售商。和之前我们去实地调查了解到的信息差不多，商家们都很肯定地说廉价零食对小学生身体发育不会造成影响，并且从没有发生过事故。并说，这种廉价零食卖得非常好，很有市场。通过询问，我们发现，卖廉价零食是能赚到钱的，有些进价不过3、4角钱，一转手就可以卖5角钱；有些廉价零食卖给小学生不过1角钱，那么它的生产成本我们可想而知。

（5）采访工商局相关领导

为了详细了解廉价零食是如何进入到贵阳市场的，11月18号，我去采访了贵阳市小河区工商局食品流通监督管理处的领导。他告诉我说每一种正规厂家生产的食品都一定是通过质量检测的，也会有一些小作坊生产的可能对人体有害的三无产品，在查到了不合格的零食后，一般是按它造成的后果进行处理。他还说，一般零食里的添加剂是国家允许的，不过是否超量需要专门的检测，由于食品繁多，不可能经常性的抽查，所以就有规定，比如一月份抽查乳制品，二月份抽查肉制品。或者是根据群众的一些反映进行检测。当我问到关于廉价零食所属的种类时，他说，有些是按照膨化食物进行抽检。然而这个问题并没有很清晰的回答。最后，他建议大家不要食用路边摊的食物，因为它们的卫生状况不详。同时，他建议小学生多吃新鲜水果蔬菜，零食能不吃就不吃。

4.问卷调查

为了深入了解贵阳市小学生及家长对廉价零食看法，我们精心设计了问卷进行调查。因为考虑到只发几十份或者只去一所学校不足以说明整个贵阳市小学生购买廉价零食的问题，所以我们一共准备了600份学生问卷、300份家长问卷。

调查对象：贵阳市小学生以及家长

调查地点：小河区、花溪区、云岩区

调查地点：先将贵阳市所有区名写在完全相同的纸片上，后随机抽取3张。分别为小河区、云岩区以及花溪区。接着将各个区能查到的小学名称写在完全相同的纸片上，后随机抽取4张。分别为小河区四小、小河区一小（由于未获得允许，后更改为顺兴小学）、花溪区小学、花溪区二小（由于未获得允许，后更改为吉林小学）。由于四所学校都集中在小河和花溪区，所以，我们根据自身情况，决定添加一所学校，即为云岩区茶店小学。

调查方法：因为考虑到问卷多，以我们自身的精力很难完成，且又无法保证质量。所以，我们向每个小学的大队部或教导处请求帮助，通过学校的帮助我们共分发500份的学生版的问卷调查，共收回470，作废的问卷20。家长问卷的发放，我向我的小学班主任请求帮助，在她的帮助下，我们共分发了200份家长问卷的调查，收回160份，作废的问卷2份。

（1）学生问卷

共分发600份的学生版的问卷调查，收回470份，废卷20份。

① 将近97%小学生每天的零用钱在5元以下，大部分其中还包含了吃早餐的费用。也就是说，用来购买零食的钱大约为5角到2元钱。根据我们对市场上零食价格的了解，用5角到2元钱买零食似乎只能用来购买廉价零食。这就是廉价零食受欢迎的必备条件之一。

② 超过73%的小学生平常有吃零食的习惯，有超过50%的家长允许孩子吃零食，还有超过10%的家长允许并主动购买零食给孩子吃。由此可见，家长放任自流的态度给廉价零食提供了很好的保障。

③ 大约73%的小学生平常喜欢在小商铺和流动摊点购买零食，然而它们的质量是没有保障的，只有少部分小学生是在正规超市购买零食。

④ 大约83%的学校周边有卖1元钱以下的零食，其中，大约63%的学校周边有很多卖廉价零食的。这无疑是给廉价零食提供了最好的市场与消费群体。

⑤ 超过63%的小学生会去购买廉价零食，其中17%的小学生经常购买。在购买廉价零食小学生中，家长不允许购买的只占了19%不到。我们由此可以知道家长对孩子的食品安全教育是比较薄弱的。

⑥将近68%的小学生购买廉价零食的原因是因为它味道好，大约17%的小学生觉得便宜，约16%的小学生被它们的包装所吸引。可见味道"鲜美"才是廉价

零食畅销最主要的原因。

⑦ 有大约13%的小学生自己或看见同学在吃过1元钱以下的零食后身体出现过不适的状况。更有超过50%的小学生表示并不清楚。由此可以看出，小学生的食品安全意识还是很薄弱的，也是因为如此，不健康的廉价零食才会有机可乘。

⑧ 有超过67%的小学生表示，在购买零食时会关注生产许可标志或者生产日期以及保质期。然而购买时关注配料的只有不到11%的小学生。这也正证实了网络上的新闻报道，大部分廉价零食在包装袋上都标有生产日期、保质期、甚至是生产许可的标志。然而，最终化验出来的结果大多是添加剂的非法使用，如过量或质量不过关。

⑨ 有超过56%的小学生表示，自己的家长是知道自己购买一元钱以下的廉价零食；大约7%的小学生表示，即使知道了廉价零食不健康也还是会购买的。

（2）家长问卷

共分发了300份家长问卷的调查，收回160份，作废的问卷2份。

① 采访的这158位家长家里均有小学生，其中，只有3位家长非常了解，大约56%的家长了解一些。可见，就连家长在日常生活中对于《食品安全法》并不重视，好在有大约70%的家长经常关注与食品安全相关的新闻，些许能向孩子提及一些相关的新闻。

大约有77%的家长在购买零食时会注意到包装袋上的生产日期和保质期；大约52%的家长会注意品牌、生产厂家及生产厂址；大约46%的家长会关系是否有生产许可标志。然而，关心食品配料的家长大约只占35%。

这一点同学生问卷反映出来的问题是一样的，消费者在购买零食时很少注意配料表，而廉价零食的问题往往出现在这里，因为不关心，所以忽略掉了一袋零食就可能含有7、8种添加剂的丑陋事实。

③ 除了有5位家长对廉价零食一无所知，其余家长多少都了解一些。大约有42%的家长表示自己的孩子不喜欢食用廉价零食，更有大约48%的家长并不清楚孩子是否喜欢购买廉价零食。由此可见，家长并不十分了解孩子在学校的事情，这在我们看来是极其危险的。因为小学生几乎没有自控能力，难免会去购买一些吸引他的廉价零食，然而，它的质量是没有保障的，也就难免会有小学生在食用后身体会出现不适。（高达48%的家长表示自己的孩子曾因吃零食出现过身体不适等状况，还有11%的家长表示并不清楚。）

超过96%的家长认为廉价零食的质量可能不过关。大约有63%的家长认为校园周边食品生产环境差以及假冒伪劣食品多。

在提及解决办法时，有大约93%的家长认为学校周围应该禁止"摆地摊销售零食"等现象，超过73%的家长认为提高学校及其周边地区食品安全水平，最有效的办法就是市政府加强生产加工过程的监管以及严格检验。

五、研究结果分析

经过两个月的辛苦，我们组的研究取得如下成果：

1. 了解为什么会出现小学生在食用廉价零食后出现身体不适等状况。首先，工商局的抽检是针对正规生产厂家的，倘若是小作坊生产的，根本就无从查起。其次，就算是正规厂家，由于食品种类过于繁多，工商局的抽检目前也只能做到以月为基本单位来进行抽检工作，难免会有漏网之鱼（比如食品添加剂用量超标、菌落数目超标等）。

2. 就贵阳市来说，廉价零食在小学生当中是很有市场的，在我们确定调查范围后，在云岩区、小河区以及花溪区多所小学周围均发现了贩卖廉价零食的摊点。看见小学生非常喜爱吃这种零食，不仅仅因为它便宜，而且味道还"鲜美"。

3. 家长对于食品安全问题还是不够重视，不仅不了解《食品安全法》，有些家长甚至对校园周边的廉价零食一无所知。更多的家长在购买零食时竟不在意配料表，也难怪一包廉价零食里含有7、8种添加剂还依旧畅销。

4. 食品批发市场廉价食品非常泛滥，不仅卖的人多，买的人更多。据我们了解，每次批发至少都是要买一大箱几百包，可见，廉价零食在贵阳对小学生的影响力是极大的。

5. 学校表示是经常对学生进行食品安全教育的，但是并不是最根本的办法，只要学生手里有钱，自然而然地就会去购买廉价零食。

6. 综合调查结论和认真分析我们提出了一些建议，要解决廉价零食的问题，还要从它出现的根本原因下手，作为生产工厂首先应该自律，不应该谋取这样的暴利，我们可以通过一些鼓励政策或者处罚政策使这些加工厂不再生产这些垃圾的廉价食品。同时，政府应该加大打击力度，比如奖励举报、重罚违法商贩等。

六、结论

通过对贵阳市小学生购买廉价零食的情况进行调查，我们发现，无论是在食品批发市场还是在校园周围的摊点上，都有着数量惊人的廉价零食受到小学生的热烈追捧，小学生及家长对于食品安全问题并未重视，商家不自律，政府也还没有将廉价零食列入重点监查的范围。

我们认为，要解决廉价零食泛滥的现象，管和查都不能从根本上解决问题。怎么样让喜欢购买廉价零食的小学生不去购买，这才是根本的解决之道。

七、收获和体会

通过这次的活动，我们受益良多。根据自己的调查研究和学习，我们了解了贵阳市小学生购买廉价零食的现状，探究出了问题的根本原因所在。我们还学会了自己提出解决的方案，知道一个问题是可以用多种方法来解决的，往往可以选择一个最佳的。通过这次调查研究，我们还学习了许多研究方法，学会了怎样设计调查问卷和论文写作，学会了怎么更好地与人沟通交流，如何倾听才能掌握更多的信息等等。当然，我们还明白了团队的重要性，做到团结，要互相鼓励与支持并在团队中发现自己的不足，学习同伴的优点。学习是条无止境的路，在一件事情完成之后总会有一点收获。这次的活动我们完成了许多之前想都不敢想的任务，通过思考与总结我们提升了自身的综合能力，同时也完善了一些书本上没有的知识。这些任务中凝结着我的心血，但也给了我们太多的感悟。如果还有机会，我们还是愿意再次挑战自己！

（本课题获2012年第27届贵州省青少年科技创新大赛一等奖）

多角度观察　创新性思考

——以"路权分配对交通的影响"课题为例

罗建华

摘　要： 校本课程"中学生创新力培养"的目标是引导学生学会科学研究，培养社会责任感、创新精神和实践能力，提升科学素养。学生在课程学习中，从关注民生、多维观察决定研究《路权分配对交通的影响》这个课题。在研究过程中学生互助协作、积累知识、打开思维空间，激发了学生的创新能力，提升了学生的公民意识。

关键词： 课程　引导力　路权　公民意识

"路权分配对交通的影响"课题就是几个学生对交通乱象引发的思考，怀着一份公民的责任行动起来，研究的过程很艰辛，提出的问题也许有些尖锐，但学生的成长是显著的，从要解决问题到担当责任，从担当责任到彰显公民意识，让教师体悟到课程引导的力量。

一、关注民生 多维观察

学生提出要研究城市交通问题，这是一个敏感而又"老大难"的问题，也是大家关心的问题。教师引导学生查询互联网，发现全国对交通问题的研究浩如烟海、多如牛毛。城市交通问题是我国目前的突出问题，很多人司空见惯以至熟视无睹。也有很多人提出了自己的一些看法和解决问题的建议。针对这个交通问题的研究，不能打击学生的积极性，还不能抄袭他人的成果，要有自己的与众不同的观点，对学生和指导教师都是一个挑战。对课程的学习，学生研究课题的目的不是为了获得某一领域学术上的独创性，而是让学生在实践中创新性地思考问题。于是教师指导学生，不确定研究方向，先参与实地调查等实践活动，收集到第一手资料研究后再定题目。

学生在不同地区、不同地段、不同时间，多维度观察城市道路交通情况。把看到的现象做好详细记录，收集了大量数据和资料。

资料有了，用什么问题做突破口呢？

引导学生分析调查中收集的数据及记录的现象：

1. 交通工具轿车、卡车、摩托车、电瓶车、自行车等流量和行人流量；

2. 交通乱象有机动车占用人行道、占用非机动车道、过斑马线不减速、不让行人等，两轮机动车及自行车没有专用车道，只好乱串。

3. 行人作为主要的交通参与者，有的不走斑马线、不看红绿灯横穿道路等。

学生在对不同时间段、不同路段的数据进行分析比较后，又学习了有关《道路交通安全法》，了解国内外对交通问题都有什么特别的观点和方法后确定了研究《路权分配对交通的影响》这个课题。

二、互助协作 创新思考

"能用众力，则无敌于天下矣；能用众智，则无畏于圣人矣。"教育的目标之一，就是在课程学习过程中，能体悟团队的力量，同伴互助超越"圣人"。学生在实地调查和收集资料的过程中，要在不同时段到不同地段进行调查，安全隐患就是其中问题之一，怎么解决？这就需要互助协作。

指导实地调查的学生组成互助组，相近课题学生组成大组进行安全意识教育，调查中可以相互照应，遇到难题商量解决。分工合作，各司其职，提高效率。调查汽车流量时，计数与记录分工；访谈时，提问、记录和拍照分工；写论文阶段，学生相互讨论、相互提建议、相互修改。学生在互助协作中增进了友谊，体会到合作的重要。

教师对学生课题的指导以提建议为主，这是基于两个方面：一方面教师指导的课题很多，有自然科学的，也有人文科学的，不可能对什么学科都了解；另一方面教师提出的建议只能是引导性的，给学生留下思考的空间，激发学生的创新能力。

三、破茧而出 升华认识

"宝剑锋从磨砺出，梅花香自苦寒来。"任何的成果后面，必定是艰辛的泪水和汗水，蝶在百花中起舞，难道不是经历破茧之痛苦后的重生，学生在课题中的收获，岂不是经历实践感悟后的升华。教育的目标不正是让学生在感悟中提升情感态度价值观。课题走到这个时候，最艰难的阶段已经迈过。

学生研究国内、国外关于交通问题的解决方案，研读《道路交通安全法》《中华人民共和国道路交通安全法实施条例》等发现，我国交通安全法所描绘的美好景象是"人车各行其道，互不干扰"，而现实中，人车相互侵占对方的道路、出现交通混乱局面的现象不少见。

学生了解到国外通过加强"路权"概念的强化与教育，从尊重人的道路使用权和交通工具道路使用权解决人车通行问题，所以国外"路权"分配有借鉴价值。

学生从多角度分析，发现本质，从而更好地解决问题，具有一定的社会价值，也提升了学生的社会责任感。

四、"路权"研究 公民意识

立德树人，实践育人，做"知行合一"的教育，这是我们教育工作者的追求。

学生通过研究，提出了自己对"路权"的理解以及在此基础上的道路通行解决方案。路权的研究，增强了学生公民意识，作为共和国的公民，有了一份光荣的义务与责任，更有了一份勇气与担当。

路权分配对交通的影响

贵阳市民族中学2014届　刘　云

指导老师：罗建华

项目简介

课题背景：花溪公园门口清溪路与溪北路交叉路口处车流量与人流量都很大，交通拥堵，给市民的出行带来了不便。国庆长假最后一天，在该交叉路口看到，众多车辆如巨龙般缓慢爬行，过往行人在车流中迂回穿梭，五六位交警正在维持秩序。

各种各样的交通不和谐的场景；耳边不断飘浮着对交通的抱怨和无奈；经常看到许许多多的交通案件层出不穷。尤其是花溪近几年的变化，更是让我越发觉得交通对人生活的重要。感叹，只有和谐交通才会让我们出行更加的有保障，才会使得我们的生活更加的美好。因此，我就有了研究花溪区道路交通的想法。

研究过程：实地调查：花溪区某些重要路口一段时间通过的各种车辆数量；然后用所得的记录做成饼形统计图对花溪区的交通进行分析；从中看到合理的路权的分配对交通的重要性；

总结并撰写论文。通过网络查询路权的有关知识。其次，了解它对交通有什么影响。第二，通过实地调查花溪区某些重要路口一段时间通过各种车辆的数量，同时观察花溪区的路权是否合理；第三，综上所述以及我的研究提出我们的建议和体会。

创新点：通过对花溪区分配路权的研究，让对路权的认识从书本转移到我们的实际生活中；让市民了解交通的和谐同样也需他们的支持、配合和维护；我们一起努力树立交通安全意识。让我们一起共创和谐社会。

通过研究我认为：1. 加大对路权的宣传力度。2. 普及交通安全教育。3. 加强路权的管理和分配。4. 尊重他人权利，构建和谐交通。

关键词：道路交通　路权　路权分配　和谐城市

一、前言

经济的发展导致路权问题的矛盾突出。近年，我国的经济水平的提高带动了我国国民的生活水平提高。也因此，我国越来越多民众拥有私家车并且仍然在上升，这样产生了一系列的交通问题。或许你也会对那些不遵守交通规则的人加以评论；但我们应该深思，引发这一现象的原因就只是行人没有素质的行为吗？难道您没有过马路时，路被机动车占道过？或是在人行道走着走着，身后就传来一阵刺耳的喇叭声？随时提心吊胆的，生怕过路的车辆一个不小心把你给撞了！因此，我们应该客观地认识事物的两面性。

贵阳市花溪区的交通也并不乐观，存在着路权分配不合理的问题。自2010年9月27日环城高速公路通车以来的"环高效应"，让花溪区今年的天河潭景区每天进入景区的游客数量增长了一倍，达到500人至1000人（同以往的淡季7月）。另外，花溪区的湿地公园的建成也同样吸引了大批的游客。这让花溪区政府着力将花溪打造成国家级、世界级综合旅游度假区，提升贵阳旅游竞争力的同时，也不得不面对车辆的剧增对交通的压力。因此，我开始了对路权的研究。

二、路权简介

（一）路权的概念

路权又称道路通行权。是据交通法规所享有的在一定空间和时间内使用道路及其相关设施的权利，主要包括通行权、先行权、占有权等内容。道路作为一种公共产品或准公共产品，具有非竞争性和非排他性，一切交通参与者均有权享用道路上的空间资源及相关交通设施服务。那么，为了保障交通顺畅与安全，所有交通参与者亦都应当遵守交通规则，尊重彼此的路权。因此，路权又被誉为维持交通顺畅与维护交通安全的最高概念。

（二）对路权的认识

1. 一切交通参与者，无论是机动车还是行人，均享有平等的路权。在美国，路权被称为"在通行中或者在路口处的优先权，车辆必须避让有优先权的行人和有优先权的其他通行车辆"。英国将路权表述为"公众允许在路面上沿着线路通行的权利"。我国台湾地区将路权定义为"路人使用道路相关设施，谁先谁后之权利（或利益）"等。每一个地区甚至是每一个国家都会赋予路权不同的内涵，但是每一种被赋予的内涵都是为大多数人民着想。

2. 我国1988年3月由国务院发布的《中华人民共和国道路交通管理条例》第

一章第七条对路权作了明确的规定，即"车辆、行人必须各行其道。借道通行的车辆或行人，应当让在其本道内通行的车辆或行人优先通行。" 这一规定明确指出了车辆、行人根据道的划分，按交通法规规定属于谁的路就由谁走，这就是交通参与者所享有的法定通行道路的权利。

3. 我国又于2004年5月1日，由国务院颁布实施的最新的中华人民共和国《国道路交通安全法》第四章第三十六条对路权的作了新的规定，即"根据道路条件和通行需求，道路划分为机动车道、非机动车道和人行道，机动车、非机动车和行人实行分道通行。没有划分机动车道、非机动车道和人行道的。机动车在道路中间行驶，非机动车和行人在两边行驶。"

三、课题背景

一天周末在过花溪区花溪公园前的马路时，几辆小轿车并没有停下的意思。无论怎样车主都要在行人中缓缓前行！行人嘴上不满地说了几句，他们还理直气壮地嚷嚷着脏话。最终一位大义凛然的叔叔站到一车前表示他的不满，那时在场的行人都很佩服他。我就有了研究有关情况的想法。

四、路权的实地研究

（一）调查的时间和地点

2012年11月，贵阳市花溪区各个重要交叉路口。

（二）调查手段

调查采用实地统计、随机访谈、现场拍照。

（三）调查对象和范围

一段时间各个绿灯期间(对于车而言)所通过的机动车和非机动车的数量多少，并用所得数量的平均数对花溪一天进出车辆数进行估计。观察是否有路权冲突的现象。对行人、交通协管员、交警等进行访谈。我进行调查的范围有宏盛超市前丁字路口、花溪大寨十字路口、磊花车站旁的十字路口和花溪公园旁的丁字路口。

五、调查和分析

调查后得知：自行车，如果道路越是接近市区，那么它的使用更为广泛。这是由于花溪区近年来旅游产业的蓬勃发展和近年来贵阳市的城市规划。然而，纵观花溪区的非机动车道却屈指可数。这让我很是惊讶，即使有也和机动车道没有明显的界限。从近年来贵阳市花溪区有关发展文件看，花溪区把旅游产业作为第三产业重点发展。如果要想在发展经济的同时，保护好花溪区的生态环境，那么路权的合理分配是必不可少的。电瓶车，电瓶车的使用情况和自行车一样，越是接近城市中心就越是普遍使用。它的使用一般是附近城区中的市民有短时间的区域活动，例如买菜、买药、赶集等等。对于我们的生态环境是一个好的行为，如果想要它的普遍使用持续下去，那么这和路权的合理管理是密不可分的。小轿车，轿车是城市道路的主流。目前，已经出现一定程度上的机动车辆进出城的数量在持续增加，这样就导致了机动车把非机动车的位置给霸占，就会使得非机动车往人行道上走。可想而知，如果小轿车在今后成为霸主，那么我们的生活环境将会是笼罩着一片片的尾气，今后就不会有旅游产业了。所以，路权和我们的生活密不可分。

六、路权冲突具体体现

（一）花溪区路权冲突

日前，有市民向《金黔在线》反映，花溪公园门口清溪路与溪北路交叉路口处车流量与人流量都很大，交通拥堵，给市民的出行带来了不便。国庆长假最后一天，该报记者对此进行了实地采访，并在该交叉路口看到，众多车辆缓慢爬行，过往行人在车流中迂回穿梭，五六位交警正在维持秩序。

据正在现场指挥交通的市交警支队七大队交警介绍，此路段一直以来都是花溪最拥堵的路段，交警部门采取了各种应对措施都是治标不治本。

市民：人多车堵，步步小心。

清溪路为沟通贵阳市区与花溪区之间的交通要道，往南通往青岩古镇和惠水长顺等地，溪北路则通往花溪二道，公交车、客车、货车等车辆均会通过此路段，此外，该路口毗邻花溪公园、花溪湿地公园、花溪平桥风景区以及贵州大学等地，大量人流车流涌入，很容易出现人多车堵的现象。

"等大学城修好，十几万学生入住花溪，这个车流人流更是不得了。"一位路过此地的市民说，他每天上下班都得经过这个交叉路口，虽然设置有红绿灯，也有交警和协管员的日常管理，但还是会有不少车辆横冲直撞，让他觉得过马路很危险。

司机：每日必堵，出行艰难。

采访中，在该路段坐上了一辆出租车，等待了40分钟，车龙都挪动缓慢。

出租车司机告诉我，这个路口是每日必堵，行人和车辆抢着过。"大家都说上下班高峰期打出租车难，可路不畅通我们想多跑几趟也没办法。"出租车司机说，"车子开到这里时，有的行人一下子窜出来，衣服都要擦到车子了，我们也怕得很。"只要是高峰期经过这个路口就无比头痛，为了保险起见，他干脆绕道而行。"这个地方能不能修个天桥或是地下通道啊，这样大家出行都方便。"

交警：建议修人行天桥。

"我们一大早就到岗了，这段路的车流量太大了。"七大队的王警官说。为及时疏导交通，七大队的交警每天都会来到此交叉路口值勤。

据七大队交警介绍，该路段地处交通要道，机动车与行人、非机动车的交通干扰十分严重，再加上该路段路面较窄、车辆通行速度慢、周围停车场缺乏等多重原因，直接导致交通拥堵。"尽管大队不断增强对该路段的管理力度，想尽各种办法使路口有所疏通，但是从长远来看，要想从根本上解决这个问题，则是需要建设人行立交桥。"

（二）其他城市的路权冲突

绿色出行遭遇窘境：家住江山市虎山城的徐强是一位骑行爱好者。在江山市江城北路上班的他，每天都要骑车穿过大半个市区，他总结了骑行经验。"除沿着人民医院后面防洪堤那段路骑稍微空一点以外，其他路都很挤。尤其是上下班时，骑车简直是遭罪。"

如今的骑车环境和道路状况让他直摇头。"如果骑在解放南路、解放路等一些比较窄的街道上，要千万避开公交车，它们启动加速时都会排出黑乎乎的尾气，太恐怖了！"描述起跟在汽车后面被尾气熏的情形，市民小祝心有余悸。而安全得不到保障，是让骑车者最担心的。"非机动车道本来就挤，汽车还总是往路边靠，一不留神发生刮擦，后果不堪设想！""有很多汽车拐弯时，往往对侧方的自行车视而不见，车速又快，太危险了！"市民王先生介绍，之前自己也是骑自行车上下班的，但考虑到安全问题，他现已改乘公交车了。并且笔者发现，江山市区许多道路的两旁都杂乱无章地停满了机动车，这也让原本就不宽敞的街道显得更加拥挤。在这样的状况下，骑自行车出行只能"见缝插针"，安全隐患大大增加。

（三）上述路权冲突的体现

由上述的两个具体路权冲突，我们很容易就发现。路权冲突主要双方是机动车与非机动车的路权、机动车与行人的路权，另外在花溪区还有非机动车和行人的路权冲突。

近年来，国内的机动车数量突飞猛进，道路交通流量日益增大。这使得行人在道路上通行的空间不断受到挤压，机动车与行人"抢夺"路权、机动车与非机动车"抢夺"路权和非机动车与行人"抢夺"的现象屡有发生。尤其是在城市道路交叉口，由于行人和车流的交汇集结、转向、通过，路权重叠，使得行人与机动车之间的路权冲突更为突出。上述的花溪区花溪公园门口、清溪路与溪北路交叉路口是路权冲突最好的佐证。

此外，还有绿灯通行的行人，在人行横道上被迫避让右转弯的机动车；上下班高峰时期人车交汇密集的路口，常常出现机动车、非机动车和行人在人行横道上挤成一团的情况，行人在车流的夹缝里穿行，车辆也在见缝插针地向前挪动，谁也不肯做出让步。国内还发生兰州市退休教师在斑马线上手持板砖砸车的"维权自助"。

这些严重的路权冲突在花溪区或多或少都有一些体现。

七、路权的分析

由于国家西部大开发的热潮，贵阳市的经济不知不觉就被带动起来，贵阳市民的生活质量水平也在不经意间提高了！追求高质量的生活表现尤为明显，私家车随之大量出现。这样的现象无可厚非，但是如果不协调好路权的分配，后果是难以设想的。另外还有许多的学生在大学城修建好后迁入，这将会让花溪区的交通受到更大的挑战。江山市骑自行车这项原本绿色低碳的出行方式，然而在江山城区却遭遇了道路拥挤、被汽车尾气熏、安全无法保障等窘境。这也是我们自己的悲哀，一边嘴上说低碳生活，一边又在背道而驰。

归根结底，原因还是在于路权的分配不合理，才会导致我们行人的合法的路权被机动车和非机动车"蚕食"。然而，新的道路交通安全法对路权的表述有所弱化，只是强调了车辆、行人分道通行，没有体现出各行其道的必要性。江山市和贵阳市目前都没有设置专门的自行车道。按照相关规定，自行车应该骑行在非机动车道上。然而，纵观贵阳市区的所有道路，几乎处处都存在着机动车违章停放的现象。有些路段的非机动车道，恰恰成了临时停车位。顺畅的车道被汽车阻断，一不小心就会发生事故。截至去年底，江山市汽车保有量已达万辆，其中大部分在市区。如此庞大的汽车数量，加上没有足够的停车空间，行人"路权"自行车"路权"就被逐步蚕食。此外，非机动车不按交通规则行驶，也让自行车骑行者和市民叫苦不迭。"本来就只有1至2米宽的非机动车道，还有体积较大、速度较快的电动车乱窜，叫我们怎么骑啊？"面对强势的电动车和摩托车，不少市民发出这样的感叹。

因为路权的合理分配是道路交通安全法学的重要理论之一，强调各行其道原则和先后通行原则。然而各行其道原则体现了对交通参与者在道路通行空间资源上的平等利用，即机动车使用者在机动车道上享有通行权，行人在人行道和人行横道内享有通行权，机动车、行人如果随意进入其他道路部分，就侵犯了该道路部分内相关交通参与者的通行权，由此发生的交通事故一般应当由侵权者一方承担主要或全部责任。另外《中华人民共和国道路交通安全法》对此也做出了明确规定："根据道路条件和通行需要，道路划分为机动车道、非机动车道和人行道的，机动车、非机动车、行人实行分道通行。没有划分机动车道、非机动车道和人行道的，机动车在道路中间通行，非机动车和行人在道路两侧通行。"

先后通行原则，实际上是在一定的道路空间范围内对各方交通参与者先行权内容所做的分配。一般情况下，行人通过人行横道时享有先行权。道路交通安全法第44条明确规定："机动车通过交叉路口，应当按照交通信号灯、交通标志、交通标线或者交通警察的指挥通过；通过没有交通信号灯、交通标志、交通标线或者交通警察指挥的交叉路口时，应当减速慢行，并让行人和优先通行的车辆先行。"第47条亦规定："机动车行经人行横道时，应当减速行驶；遇行人正在通过人行横道，应当停车让行。机动车行经没有交通信号的道路时，遇行人横过马路，应当避让。"

可是，路权的真正实现，还有赖于城市道路交通发展的科学规划和道路设施的技术保障以及交通参与者的相互配合等。作为交通参与者的我们应该自觉地树立道路交通安全意识及为他人着想的意识。只有这样道路才不会如此"窄"，交通纠纷才不会层出不穷，交通事故才不会屡屡皆是！

八、结论

自行车的"路权"以及行人的"路权"被汽车、电动车等逐步蚕食，骑行空间和人行道被大幅压缩的现象并不少见。例如衢州各地城区的一些路段同样存在，乃至全国大部分地区都无法防止这一现象的横行。

近年来，国内的机动车数量突飞猛进，道路交通流量日益增大，使得行人在道路上通行的空间不断受到挤压，机动车与行人"抢夺"路权的现象屡有发生。尤其是在城市道路交叉口，由于行人和车流的交汇集结、转向、通过，路权重叠，使得行人与机动车之间的路权冲突更为突出。

综上所述，不难发现路权的和谐是一环扣一环，所以说交通的不合谐并非全是行人的没素质导致的，这只不过是它的次要方面。它的主要方面是路权分配的不合理。另外调查时，我们也会观察到有许多车辆和行人都会互相不尊重彼此的权利，因此影响到之后的交通堵塞。这种情况的出现，导致电瓶车和自行车等环保低碳工具的使用大大减少，一定程度上阻碍低碳生活的落实和发展；同样对花溪的旅游生态环境也有一定的影响，并且会对交通事故的判断也会有一定的影响。

如果我们想营造一个和谐的交通环境，和谐的社会。那么我们就应学会尊重路权和他人权利。

九、体会和建议

（一）体会

目前，如何破解行路难已经成为百姓茶余饭后的话题之一，更是社会乃至国家所关心的民生问题之一。

每一个城市只有把路权落实到实处，不断对它加以完善。不仅让我们的交通环境更加美好，而且有助于完善和发展交通法规与法学理论。路权的特征决定了路权是交通法规的法学范畴，即路权是交通法规法学理论的研究课题。只有我们每一个城市加大它的认识和分配的实践，才会让路权在交通管理立法和执法中发挥它的积极作用，使得它成为交通法规法学理论的一个重要组成部分。通过对路权的研究必然有助于交通法规法学理论的完善和发展以及城市的和谐发展。

我们的市民作为交通的参与者，只有对城市路权意识的强化，才会了解尊重他人的路权的重要性。这无形中提高了市民的素质和提升了城市形象，而且有助于明确交通参与者的权利和义务。路权种类的划分首先要求交通参与者履行遵守交通法规的义务，才取得某种相应的使用道路的权利。这种权利与义务的结合，有助于明确交通参与者在不同情况下使用道路的权利和义务。用路权的概念可以更加明确地解释各种通行方法中交通参与者的权利和义务，即尊重他人的权利和遵守自己的权利。

只有加大对路权的宣传，养成尊重别人路权的习惯，我们才会减少交通事故的发生，有助于交通法规通行规则的优化。路权是交通管理中交通分离原则、交通流量均分原则、置否原则、优先权原则、交通总量削减原则、交通连续原则等交通管理原则的高度概括。最大限度地防止和减少交通主体的运动干涉，是交通法规通行规则所要解决的核心问题。路权为不同情况下交通主体使用道路权利的分配提供了基本方法。

只有把路权落实到实处，才会减少交通行事纠纷，有助于交通事故责任认定。近年来交通事故统计分析表明，大部分交通事故是因为交通参与者相互之间在通行路线上发生冲突所造成的，一般都涉及通行权和先行权的问题。因此路权在交通事故责任认定中具有普遍的作用。

（二）建议

我认为让老百姓外出更放心、更安心和更快捷，让低碳出行不再犯愁以及更好地实践低碳生活，让车主更加安全驾驶，让交通更加和谐；我认为效果最好与效率周期最短的方法就是国家重视并加强规划与管理（即路权的合理分配）。然而不同的地区可因时制宜、因地制宜。并且要以杜绝特殊待遇、人人平等的原则去落实。

十、结束语

路权的研究已经在国外引起了重视，并有相应的法律规定。我国对路权的研究尚处开始阶段。明确路权的定义、原则等，对交通事故处理，机动车与非机动车分道行驶及"通行权""先行权""占用权"等的理解、区分具有重要的意义。然而路权的合理分配对构建和谐交通意义重大，只有进一步地完善路权，我们的和谐交通才会得彻底的落实。

（本课题获2013年第28届贵州省青少年科技创新大赛一等奖）

从一种语言到一种文化

——以"新兴时尚元素——车贴文化"课题为例

吴学荣

摘　要： 学生偶然看到汽车尾部的"别吻我、我怕羞"之类的车贴语言，激发了对车贴现象的研究兴趣。在指导教师的引导下通过采集、分类、整理、研究车贴语言，将日常生活中的车贴语言的认识上升到对社会文化的研究。《新兴时尚元素——车贴文化》课题从立项到研究的过程，增强了学生关注生活，关心社会的习惯，培养了学生提出问题、研究问题的能力，体现了课程育人的功能。

关键词： 课程　引导力　车贴文化　社会文化

一、从"别吻我、我怕羞"说起

教师在课堂上讲到"拟人"修辞手法，让学生举一个"拟人"修辞手法的案例，学生陈某某说了一个"别吻我，我怕羞"的例句，一时间全班同学哄堂大笑。教师追问缘由，学生陈某某解释说是偶然看到的车贴的内容。事情并没有就此结束，学生陈某某针对自己看到的车贴现象在课后与教师继续交流，说到了她对车贴现象的观察，她发现时下车贴非常流行，很多汽车车身上都有车贴，车贴有文字有图片，可谓图文并茂，车贴已然成为一种时尚一种文化。她想对车贴现象做进一步的实践研究。听了陈某某的陈述，老师也觉得车贴现象很新颖，有研究价值。在老师的引导下该生对这个课题的研究方法、途径及价值进行综合考量，决定立项开展课题研究。

二、在"车贴语"的采集中引导

在《新兴时尚元素——车贴文化》课题的研究实践中，各种车贴现象的采集是一个重要的基础过程，这一过程促使学生走出课堂、学校到社会这崭新的学习空间里去，这对他们的心理、意识、行为提出了很高的要求。为了在保障学生人生安全的情况下开展课题研究，指导教师商议后一致决定，将安全意识和安全防护等议题纳入课题，让学生在社会实践中建立安全意识，在保障人生安全的前提下采集丰富多彩的车贴语。

为了保证研究的有效性，学生采集了车贴以后开始认真地对车贴进行分类，在分类的基础上研究车贴的文化内涵。

三、从车贴语到车贴文化

语言作为社会文化现象的一面镜子，时刻反映着社会文化的变迁与发展。车贴语作为社会文化的一个组成部分，以其生动活泼、幽默风趣、富有时代气息的特点反映着当今社会文化的状态。车贴语语言丰富多彩而具有时代特点，也体现出大众的思维及文化心理，它既是一种社会文化现象，也是一种特殊的语言现象，甚至可以说，经过时间的沉淀，车贴语已经发展成一种文化——车贴文化。研究车贴文化，有助于我们对社会文化的了解。

学生将收集起来的车贴分析研究发现：车贴语多使用比喻、拟人、双关、反语等修辞方法，以形象生动、幽默风趣的话语，引起人们的注意。车贴语还利用了汉语语音的特点，使用谐音等形式让人们读起来朗朗上口，便于记忆，便于公众传播。除此之外，一些车贴语还运用对偶句，不但具有视觉上的工整美，还形成听觉上的整齐美。车贴语总是在不断发展和变化，就车贴语而言，从最开始的"新手上路请小心"，到后来的"越催越慢，再催熄火"，再到近期的"驾校除名，自学成才""别吻我，我怕羞""偶是新手，擅长急刹，酷爱熄火，上坡必滑"等。

车贴的主要功能是提醒后车注意安全，但是其语言却折射了人们的兴趣喜好甚至文化内涵。有的车贴语诙谐幽默，体现了车主乐观幽默的性格；有的车贴语极尽夸张，警示后车司机注意安全；有的车贴语用女司机说事，其中有对女司机驾驶的讽刺，更有对行车安全的重视。

四、车贴文化折射社会文化

车贴语作为一种特殊现象，已经上升为一种文化，我们对车贴文化的关注，有助于对社会文化的理解。

车贴语的广泛流行，恰恰反映了我国改革开放以来所取得的巨大的经济成果，反映了劳动人民在解决了温饱问题以后对文化产生了巨大的需求。从这个意义上说，车贴语只是一种大众对文化追求的表现形式。车贴语的流行符合中国的国情，符合中国人的社会心理，也符合人的个性心理。在车贴语中，有部分语义泛化的现象出现，年轻人喜欢用时髦的网络语言作为车贴语，不断别出心裁，彰显个性。这些都说明车贴语是人们对生活的一种积极、乐观、美好的态度。车贴语中安全是必不可少的因素，这反映了人们对交通安全的重视，也说明了安全已经成为今天社会人们越来越关注的问题。

学生通过课题研究，形成对车贴语的正确认识，有助于他们对社会的深度认识。在此基础上，学生的思想得到锻炼，有助于他们看世界时能从本质上、普世规律上来对世界做出正确的评议。

五、在研究中养成担当意识

车贴文化在人们生活中越来越具有重要地位，车贴文化从属于范围更宽更广的社会文化，车贴文化能够对社会文化构成影响。课题组学生认为有关部门应该重视对车贴文化的健康引导，使车贴文化健康、积极向上地发展，成为一种体现人们文化修养及素质的载体，传播正能量，从而积极影响社会文化的发展。因此，课题组建议动员更多的力量投入到车贴语的创作中来，只有更多更优秀更阳光向上充满正能量的车贴诞生，才能从主流上影响社会文化的构建和发展。

《新兴时尚元素——车贴文化》课题从对车贴语言的关注上升到对车贴文化的研究，进而思考用车贴文化影响社会文化的构建和发展，这是学生在实践活动中巨大的创造力的体现，也是学生关心社会生活社会文化的体现，更是学生以社会发展为己任的责任意识的体现。

2014年，《新兴时尚元素——车贴文化》课题参加第29届贵州省青少年科技创新大赛荣获得一等奖。

案例

新兴时尚元素——车贴文化

贵阳市民族中学2014届课题组　陈信君

指导老师：吴学荣

摘要： 车贴在某种程度上代表着汽车文化，中国的汽车文化应该有自己独特的内涵，它所表现的应当是通过幽默的方式，使车主在城市拥堵的道路上，在相对压抑的环境中保持平和的心境，开朗地面对生活。车贴的文化是非常迅速、非常明确的，首先给人们一个视觉、直观的刺激，然后是心理的刺激，因此，车贴文化就是把车主的表达放在里面，应该倡导一种健康积极的车贴语，在优美的、清新的、心平气和的环境下发展，体现汽车礼仪、汽车文明。

关键词： 车贴　时尚元素　新兴文化

一、研究背景

随着当代社会的高速发展，越来越多的新兴文化元素出现在人们面前，而车贴文化也正是伴随着现代社会的不断发展而出现的，车贴在某种程度上代表着汽车文化，中国的汽车文化应该有自己独特的内涵，它所表现的应当是通过幽默的方式，使车主在城市拥堵的道路上，在相对压抑的环境中保持平和的心境，开朗地面对生活。

二、研究过程

（一）制作调查问卷

经过多次探讨，反复思考及研究，选取一些普遍存在的问题制作调查问卷，针对有车族进行调查统计，了解他们对车贴的了解以及看法等。

（二）问卷调查

经过多天主要在停车场及小区住户人群中发放问卷，随机进行调查，共发放问卷180余份，当场回收调查问卷，并请受调查的人在问卷上进行签名，以保证问卷结果的真实性与可靠性。

（三）调查问卷分析：

1.您关注过汽车车贴吗？

A.没有　B.有　C.自己正在使用

统计结果：A.0.08%　B.47.52%　C.52.4%

2.您认为汽车车贴的适宜人群是？

A.爱好时尚的年轻人　B.赛车车主或越野车车主　C.喜欢搞怪炫耀的人

D.任何人群

统计结果：A.32.5%　B.10.8%　C.17.2%　D.39.5%

3.您觉得汽车车贴的使用是？

A.利大于弊　B.弊大于利　C.无所谓

统计结果：A.32.1%　B.17.9%　C.50%

4.如果在行驶过程中您看见前方车辆贴有车贴，您的感受是？

A 分散注意力，影响行车安全

B 可起到警示作用，有利减少车祸

C 赋予幽默感，可以带来好心情

D 无所谓

统计结果：A.18.3%　B.21.6%　C.48.2%　D.11.9%

5.如果您使用车贴，您会选择哪一类型的车贴？

A.标语口号类　B.风趣幽默类　C.图案类　D.其他

统计结果：A.14.4%　B.37.3%　C.32.3%　D.16%

6.您会选择将车贴贴在汽车哪个部位？

A.车窗　B.车尾　C.车头引擎盖

统计结果：A.11.4%　B.65.7%　C.22.9%

7.在您见到的车贴中反映车主什么样的心理？

A.追求时尚潮流　B.娱乐大众　C.哗众取宠　D.彰显个性

统计结果：A.14.8%　B.11.6%　C.14.6%　D.59%

8.您觉得未来车贴的发展趋势是什么？

A.能引领新的文化潮流　B.沿袭娱乐搞怪风格　C.在其他功能上有所创新

D.没什么前景

统计结果：A.43.8%　B.9.8%　C.31.45%　D.14.95%

通过对调查问卷的统计与分析不难发现，现代社会人们对于车贴的关注已经越来越多，车贴文化已经成为人们日常生活的一部分。通过问卷调查我们可以知道车贴对于人们的现代化生活已经不可或缺，由此我们应该更加重视车贴文化的健康发展。

（四）车贴文化的发展过程

随着现代社会的高速发展，新兴事物与新兴现象不断出现，每天几乎都会有新的文化现象显现于人们的视野之内。语言作为社会文化现象的一面镜子，时刻反映着社会文化的变迁与发展。提示语文化作为社会文化的一个组成部分，以其生动活泼、幽默风趣、富有时代气息的特点反映着当今社会文化的变迁。近来，提示语文化在汽车狭小的尾部也开始占有一席之地，我们把这种在汽车尾部的提示语称之为车贴语。车贴语蕴含着人类的思维方式和强大的社会文化因素，呈现出语言的丰富多彩和时代性，也体现出大众的思维及文化心理，它既是一种社会文化现象，也是一种特殊的言语现象。从最开始普通的的"新手上路请小心"，到后来的"越催越慢，再催熄火"，再到近期越来越风趣俏皮的"我的驾照是买的"，贴在车身和车尾的车贴，越来越五花八门，越来越有趣。这些车贴日益受到广大车主的青睐。车贴日益成为中国新经济时代背景下一种微小但鲜活的文化形态。在经济发展模式多样化的今天，人们的文化需求也有了更为丰富的要求。车贴虽小，但折射出人们的兴趣喜好甚至价值取向。小小车贴，也成为当代社会经济文化生活一个微小的窗口。

（五）关于车贴文化的调查分析

现在是经济快速发展阶段，越来越多的人被卷进了生活的洪流中。社会生活纷繁的今天，人们每时每刻都需要交际，为了交际，为了传递社会信息，进行社会互动与合作，或发生冲突，或达成默契。现在人们更加注重语言艺术，杜绝"语言暴力"。这就需要修辞来构建适切的话语，或抒发自己的情感，或表达自己的意见，或维护个人利益而唇枪舌剑，或捍卫真理而大声疾呼。而车贴正是现下新兴的交际方式之一，随着车贴文化的日益发展，车贴语也在与时俱进、不断发展，不断将修辞融入其中，运用大量的修辞方法，使车贴语具有美感，陶冶情操，提升公众道德水平。车贴语是一种社会行为，有具体的语境。它不是专属于某个行业或某个领域，而是运用于公众传播领域。只有准确、全面、深入地对语境信息认知，才能构建适切的话语，才能促使交际双方或多方社会合作，有助于改善人际关系。车贴语的使用主体因年龄、性别、职业、社会文化背景等不同而有着千差万别。车贴语有时表达直白，有时表达委婉，有时表达幽默，有时表达庄重，这样才能符合大众意愿，进行公众传播，以达到理想的交际效果。如果车贴语是诸如此类"离我远点""不要碰我"等等，不考虑语境和使用主体等多方面的差异，而是用生硬的语气，将所要表达的意思赤裸裸地展现在大众面前，缺乏美感，此类车贴语言并不会受大众的喜爱，反而产生令人厌恶之情，也不符合时代发展的主题，更不符合话语构建的适切原则。虽然直接明了地表达了车主自己的意愿，但最后只会销声匿迹。车贴语的构建是依据具体的语境，有目的、有意识进行构建，具有一定的言语动机性。车贴语的目的是通过话语信息的传播，引起大众的注意，以起到警示注意交通安全的作用。

车贴语的语言能否引起大众的注意，能否实现言语的动机，能否达到交际的目的，都是通过修辞效果的好坏来决定的。因此，车贴语多使用比喻、拟人、双关、反语等修辞方法，以形象生动、幽默风趣的话语，引起人们的注意。读者在认知其言语意义时，会把相关的认知领域串联起来，同时需要结合语境，形成联想、对比，形象性、新异性就来自与此。车贴语还利用了汉语语音的特点，使用谐音等形式让人们读起来朗朗上口，便于记忆，以便进行公众传播。除此之外，一些车贴语还运用了对偶句，不但具有视觉上的工整美，还可以形成听觉上的整齐美。车贴语要依据语境，有意识、有目的地构建话语。话语提供的信息，既不能多，也不能少。人类交际的许多误解，多与话语信息的不对称有关。车贴语多以短句为主，保证信息量的适量。如果车贴语过于冗长，信息量过大，后车的司机没有足够的时间去看车贴语，或没有足够的时间去理解话语，就会达不到效果；如果信息量过小，读者不能够接受足够的信息，也会造成交际失败或其他麻烦。所以，车贴语的语言应朴素、简洁明了。车贴语体现了社会心理和个性的心理。车贴语作为提示性的语言，在大众中传播开来，现在使用车贴语的汽车不仅仅是私家车，还有部分出租车和其他的一些车辆。无论是在停车场还是在马路上，随处都可以见到使用车贴的车辆。使用车贴语的车主车不仅有年轻人，中年人也屡见不鲜。大众在使用车贴语，就是在接受并且认可车贴语。车贴语作为一种社会文化，它符合中国人的社会心理，也能够符合人个性的心理。在车贴语中，有部分语义泛化的现象出现。年轻人喜欢用时髦的网络流行语作为车贴语，别出心裁，彰显个性。这些都说明车贴语也是人们对生活一种积极、乐观、美好的态度。

　　车贴在某种程度上代表着汽车文化，中国的汽车文化应该有自己独特的内涵，它所表现的应当是通过幽默的方式，使车主在城市拥堵的道路上、在相对压抑的环境中保持平和的心境，开朗地面对生活。车贴的文化是非常迅速、非常明确的，首先给人们一个视觉、直观的刺激，然后是心理的刺激，因此，车贴文化就是把车主的表达放在里面，应该倡导一种健康积极的车贴语言，在优美的、清新的、心平气和的环境下发展，体现汽车礼仪、汽车文明。

三、思考

　　车贴文化的出现正是当今社会文化多元的体现之一，对于这样的新兴文化我们理应用宽容与理性的眼光去看待，既要扬其长处也要避其短处，只有这样才能让车贴文化不断发展与成熟。同时由于车贴文化在人们生活中越来越重要的地位，我们应该更加重视对于车贴文化的健康引导，使车贴文化的发展积极向上，成为另一种体现人们文化修养及素质的存在。

四、建议

1. 由地方政府或交通部门规范车贴使用的部位以及内容。
2. 对车贴材质的规范。
3. 对车贴语言的审查及备案。

（本课题获2014年第29届贵州省青少年科技创新大赛一等奖）

在课题参与中培养社会责任感

——以"贵阳市公交车公共安全问题的调查与思考"为例

田 方 田 毅 李静璇

摘 要：课程是育人的心脏，是教育的核心。学校课程的开设和实施就是围绕育人目标展开的。在育人的过程中，培养什么人、怎样培养人的思考和实践也是在对"知"与"行"的理解和探究中进行的。学校课程引导力的实施，是对"知行合一"教育思想的具体体现。为提升学生的安全意识，我们引导学生以贵阳市公交车公共安全问题为切入点，通过观察、调查、访谈等方式指导学生获取公共安全相关知识，感受到贵阳公交的快速发展为大家带来了诸多便捷，也带来了诸多烦恼。学生通过亲身体验、拥挤感触，以及从调研报告到政协提案的形成过程，有效增强了学生的社会责任感和公共安全意识，通过课程引导实现了学生从书本走向实践，从课堂走向社会。

关键词：课程 引导力 公交车安全 公民意识

王阳明说："知行原是两个字说一个工夫，这一个工夫须著此两个字，方说得完全无弊病……知是行的主意，行是知的工夫；知是行之始，行是知之成。"学校课程引导力的实施，则是"知行合一"教育思想的具体体现。

一、交通便捷与公交烦恼

随着交通事业的迅猛发展和私家车的增多，在给人们带来诸多便利的同时也带来了诸多烦恼。在贵阳市的上下班高峰期，交通拥堵导致车辆缓行，这对人们乘车出行图个快速便捷的初衷无疑是种烦恼。另一方面，交通发展也带来了交通意外频发，我国每年死于交通事故的人数达10万人之多。近年来，多起公交车起火，其燃烧场面之惨烈，人员伤亡之惨痛，经济损失之巨大，社会反响之强烈，引起我们与学生的关注和思索，由此成立课题研究小组，确定研究课题为《贵阳市公交车公共安全问题的调查与思考》，开始对贵阳市公交车安全运行状况进行调研。

二、乘车体验和拥挤感触

为了使课题能顺利实施，我们与课题组的几位学生一起，共同讨论课题实施的思路、方案和课题研究的预期效果，课题实施的计划，学生根据研究方案自行分组，具体任务落实到每位学生，按照计划分以下几步完成课题研究。第一步，老师组织和指导学生通过相关书籍、报纸、杂志和网络自学公共安全的相关知识，学习公共安全法律法规，了解公交车安全行驶的相关内容；第二步，对学生的安全防范意识和访谈方式方法等方面进行系统培训；第三步，组织和引导学生对贵阳市公交车进行观察、调查、访谈、体验、讨论和总结完成课题研究。

学生通过多条公交热线的实地体验，有如下感触：

1. 公交车有超员现象，时常因拥挤车门打不开，上车容易下车难，存在很大安全隐患。

2. 高峰期运力不足问题突出，车站候车人很多，难以挤上车，对于上车人是否带有不安全的物品不得而知，存在很大安全隐患。

3. 有时个别驾驶员行车时接打电话，再加上公共交通设施不完善，易引发交通安全事故。

三、改进建议

1. 通过各类交通安全法规知识的培训和宣传，使全体公民公交安全意识能得到切实增强，每位市民都能懂得和掌握公共交通安全应急措施。

2. 完善公共交通基础设施，所有公交车都有专用车道，任何时候都畅通不堵塞。

3. 加大科技技术在公共交通安全方面的应用，改进公交车安全设施，一旦公交车存在安全隐患时会自动报警、及时停运并自动打开逃生门等。

四、从调研报告到政协提案

（一）教师引导与政协沟通，形成报告引起政协重视

在教师的组织、引导、协调和参与下，学生先后采访了花溪区交通局、运管所、万达客车厂等部门领导，他们分别耐心解答学生提出的问题，为课题的顺利

研究和结题提供了支持和帮助。并将课题研究中的建议分别呈送给公交公司主管部门、区政府领导、花溪区政协和花溪区交通局。

研究成果引起了主管部门的高度重视，学生提出的部分建议得到了采纳，市政协委员将课题研究中发现的问题和提出的建议作为原提案提交到贵阳市政协十一届五次全会，被列为政协十一届五次全会贵阳市主席督办案。该课题在2015年4月荣获第30届贵州省青少年科技创新大赛一等奖。

（二）政协转发报告，公交公司做出回复

市公交公司根据贵阳市十一届五次政协全会的提案，认真回复了课题研究中提出的公交车安全的有关问题，同时对公交车安全设施提出改进的方法和措施，通过公交管理提高公民意识，产生了一定的社会效益。正如贵州日报群工部领导所说：该课题研究抓住当下社会普遍关注的城市车辆激增、交通堵塞，特别是交通安全事故频发，造成人民群众生命财产重大损失的社会现象和问题，通过组织指导学生参加社会实践，亲身体验和感受，发现问题，提出了解决问题的意见和建议，并引起了政府相关部门的高度重视，部分建议得到了采纳，有效推动了工作，促进了问题的化解。

五、从乘车秩序到公民意识

课程来自于育人的需求，在课程引导实施过程中，教师是组织者、引导者和参与者。学生通过亲身参与研究探索的体验，学会了同伴互助、团队协作和创新思维，提升了自主学习、自觉思考、发现问题和解决问题的能力，增强了公共安全意识，实现了把生活烦恼转换为一种问题思考，把乘车体验转换为一种课程调查，把个体感受转换为一种人文关怀，把调研成果转换为一种社会秩序，把安全意识转换为一种公民意识。

案例

贵阳市公交车公共安全问题的调查与思考

贵阳市民族中学2015届　王怀福　吴建霖
指导教师：田　毅　田　方　李静璇

摘要： 就我们贵阳而言，公交车辆增加，带来交通便捷，但许多公交车上几乎没有预防突发事故和制止犯罪的设备，只有少量的安全锤和灭火器，存在很大安全隐患。如果发生突发事故，或许乘车人都会死在车上。公交车问题关乎我们每一个人，在这个拥挤的社会，每个人出行都必不可免地要乘坐公交车。而现在，公交车的安全却得不到保障，所以，公交车安全问题的解决刻不容缓，我们研究小组在老师的指导下，通过对贵阳市公交车的观察、调查、访谈、讨论和实地体验，并向有关部门提出以下建议：一加大对驾驶员和乘客安全知识的教育。二增加公交车的安检设备，如易燃易爆气体液体探测仪。三改进公交车安全设施，一旦公交车存在安全隐患时会报警、及时停止行驶并自动打开逃生门等。

关键词： 公交车　公共安全　问题及对策

一、引言

近年来，全国各地公交车引发不安全形势依然严峻复杂，特别是在城市公交实施的纵火、爆炸、劫持人质等严重刑事案件时有发生，造成多人死伤的严重后果。贵阳市城乡公交车公共安全怎样，为此，我们成立了课题研究小组，对贵阳市公交车安全进行调查研究。

二、研究项目背景

（一）当前我国公交车公共安全现状

1.公交车安全事件频频发生

2005年8月8日福州公交车自杀性爆炸案到2014年7月15日广州公交车爆燃事

件之间的9年间，公交车公共安全案件共发生35起，共造成近100人死亡，392人受伤，71.43%的案件在24小时内宣布破案。

此类案件愈来愈多，这是不争的事实。2008年集中爆发了6起，但随后"平静"了3年。2012—2014年开始又出现明显增加、逐年走高的趋势，分别出现了6起、7起和9起公交车案件。

2014年2月27日中午12点37分，贵阳237路公交车在金阳南路野鸭塘野鸭小学门口起火。目击者称，火灾发生时公交车上有50多名乘客，只有20多人跑出来。

当前公交车内引发危害公共安全事件问题频频发生，案事件问题的发生，暴露出不法分子极端的思想、行为，其性质恶劣，对社会危害极大。公共场所安全问题，特别是公交车内安全问题，反映出新时期公共安全问题潜在的安全隐患。

（二）公交车安全事件可能发生的原因

1.公交车现有的车况

很多公交车辆老旧，车内电器线路老化，车内应当具备的公交专用设备较多，且大多需由车辆供电，如GPS、车载监控摄像头、硬盘录像机、车载视频等。这些设备都是车辆出厂后增加的，加大了车辆原有供电线路的负荷。车辆内饰多为塑料板、橡胶板、布饰、泡沫板等易燃材料，一旦遇到明火，蔓延速度较快，难以控制。

2.车辆混行导致交通拥堵加剧、公共交通安全隐患加大

同其他国家相比，道路交通拥堵情况在我国异常严重，车辆混行是导致这种状况的主要因素之一。人车混行、机动车与非机动车混行、其他车辆与公交车混行使交通状况更加复杂化，这就导致了许多公共交通设施得不到完善的利用，同时加大了公共交通工具的安全风险。

3.城市交通设施供需不平衡

随着国家经济的迅速发展，我国的机动车保有量飞速提高。与此同时，为了适应这一发展，我国也加大了在交通设施建设方面的力度。虽然加大了投资力度但仍远远赶不上机动车的增长速度。以北京为例，与东京这一国际都市相比，北京的城市面积是东京的5.81倍，但是东京的交通标志是北京的14倍；而东京的交通信号机是北京的33倍，人行横道数是北京的21倍。由此可看出，我国城市交通设施存在着严重不足，不能满足交通需求，并且存在着很大的安全隐患。

4. 公共交通用具超载严重

由于路线、车次等方面设置得不科学，在高峰期间公共交通工具会处于超载状态。超载使车辆的行驶稳定性、制动性能、转向稳定性趋差，轮胎爆胎可能性增大，极易引发交通安全事故。

同时，在市场经济条件下，具有社会公益性质的公交公司要生存和发展，只能以"经济效益挂帅"为经营思路，对公交车承载的公共安全责任考虑不够，营运考核方式制定得不够合理，一些驾驶员在利益驱使下，多拉快跑，占道抢道、超速超载成为普遍行为，给群众的安全造成了极大的威胁。

5. 对社会不满、患病、家庭不和、想要报复社会的不法分子利用公交车进行破坏。

三、研究过程

（一）制定研究计划

1. 信息收集，拟定问卷

网上收集、书籍报刊查找交通安全方面的有关资料，拟定公交车交通安全注意事项的宣传方案、资料和调查问卷。

2. 制定研究计划

①查新：2014年4月27日—29日

②课题研究时间：2014年4月27日—2014年11月20日

③主题活动：采访贵阳市市民并发放和回收调查问卷，同时发放交通安全宣传资料。

时间：2014年5月1日—5日

地点：贵阳市河滨公园、公交车站及公交车站点、人民广场及其他公共场所、贵阳市民族中学

④主题活动：对贵阳市部分公交车站、站点、部分公交车运行的路线；公交车的车况及车中的安全设施；人们上下车的秩序；乘车时所带的物品；车辆行驶中驾驶员和乘车人员应对突发事件的处理方法、措施进行实地考察。

时间：2014年5月10日—30日

⑤主题活动：问卷分析，补充问卷，统计分析，拟定宣传方案

统计调查问卷，做初步分析，发现问题，并提出相应的解决措施和方案，做补充调查，统计问卷，写作调查报告。

时间：2014年6月1日—6月20日

⑥主题活动：信息分析处理，课题组研讨出对公交车安全有隐患的进行整改的初步方案，并向有关部门提出整改的建议，同时向学校、社会宣传交通安全法和安全乘车的建议。

时间：2014年7月1日—10月30日

⑦主题活动：课题研究的总结、反思

时间：2014年11月1日—20日

（二）实施过程

1. 2014年5月1日在贵阳市河滨公园对市民采访，并放发和回收问卷调查。

2. 2014年5月2日在贵阳市河滨公园向公交车站采访司机并做问卷调查。

3. 2014年5月3日—4日对贵阳市民族中学学生发放和回收调查问卷，后期又走访花溪区交通局。

4. 2014年5月5日向乘客发放公交车安全宣传资料。

（三）课题组成员体验和观察公交车可能存在的安全问题。

课题组成员分别到下列地方进行实地观察，并记录好观察到的现象。

贵阳市部分公交车站（花溪车站、河滨公园车站、火车站等）、站点（花溪、贵大、大十字、河滨公园、火车站等）；

体验和观察：部分公交车（1、4、201、202、203、237等）运行的路线；部分公交车（1、4、201、202、203、237等）的车况及车中的安全设施；人们上下车的秩序；乘车时所带的物品；车辆行驶中驾驶员和乘车人员应对突发事件的处理方法、措施。

（四）研究方法

1. 问卷调查法

问卷调查法，是以书面提出问题的方式搜集资料的一种研究方法，即调查者就调查项目编制成表式，分发或邮寄给有关人员，请其填写答案，然后回收整理、统计和研究。

为达到深层次了解调查贵阳市公交车公共安全的目的，我们使用了问卷调查，分为公交驾驶员卷、市民卷两部分，以便全面调查贵阳市各类人群对贵阳市交通公共安全知识的掌握、防范意识和改建贵阳市公交车公共安全的建议等，我们回收调查卷220份。

2. 访谈法

访谈，就是研究性交谈，以口头形式，根据被询问者的答复搜集客观的、不带偏见的事实材料，以准确地说明样本所要代表的总体的一种方式。为使贵阳市公交车公共安全现状较深层次的内容更具真实性，我们对相关人员进行了采访，如学生、市民、交通局领导和万达客车厂副总经理。

3. 观察法

观察法是指研究者根据一定的研究目的、研究提纲和观察表，用自己的感官和辅助工具去直接观察被研究对象，从而获得资料的一种方法。科学的观察具有目的性、计划性、系统性和可重复性。如现有的公交车没有安装易燃易爆报警器。

在调查贵阳市公交车公共安全的时候，我们都广泛地使用了观察法。

4. 文献研究法

我们在问卷结果分析和制定建议时使用了文献研究法、定量分析法和功能分析法，定量分析法是从问卷中提取一定量的数据来进行分析，看清问题，从而反映出现状，再通过文献研究法进行对比、参考，更进一步地反映问题。功能分析法则根据需要，表达我们的意见，提出有关的建议。

五、研究结果分析

（一）调查问卷统计分析

1. 公交车安全设施及市民安全意识教育调查表

驾驶员同志，您好！

我们是贵阳民族中学课题小组成员，我们正在做关于《贵阳市公交车公共安全问题的调查与思考》课题，想请问您几个相关问题，了解下您的意见。您的回答将被完全保密，请放心。我们只用于课题研究，谢谢您的协助与支持！

1. 您会主动学习交通安全知识吗？

A. 经常 B. 比较多 C. 比较少 D. 从不

2. 您认为对公交车驾驶员定期培训重要吗？

A. 很重要 B. 重要 C. 一般 D. 不重要

3. 您认为下列哪些行为会影响驾驶员行车安全？（多选）

A. 和乘客聊天 B. 抽烟 C. 打电话 D. 听歌 E. 喝水、吃东西

4. 现有公交车在行车右转时遇到人行横道上行人通行时会主动避让吗？

A. 一定会避让 B. 有时会避让 C. 从来不避让

5.下列行为中公交车司机哪些行为容易做（可多选）

A.乘客未能安全上下车即启动车辆

B.不在公交车停靠站停放车辆

C.在没有监控的路段超速行驶

D.在没有信号灯的交叉口不减速行驶

E.行车时乱占用车道

6. 你对出租车、私家车及其他车辆占用公交专用道怎样看待?

A.严重影响道路安全　B.对交通安全存在一定的隐患

C.道路资源不够用可以理解

7.你是否在公交车行驶接听电话或者做其他事情?（回答B.C,请看第8题,如您选A请跳过第8题）

A.经常　B.偶尔　C.从不

8.在行驶中,如果有紧急电话,你会?

A.立刻靠边停,并且闪信号灯　B.挂电话后,等得到有停车位的地方停

C.使用蓝牙耳机接听,放慢车速

9.你会让携带易燃易爆的乘客上车吗?

A.经常　B.偶尔　C.从不

10.没有到达站上,你会随意停靠上下乘客吗?

A.经常　B.偶尔　C.经常

我们发放和回收了20名公交车驾驶员的问卷调查

调查问卷分析

1.您会主动学习交通安全知识吗?

A.经常　B.比较多　C.从不

其中有8位司机经常主动学习交通安全知识,10位司机偶尔主动学习交通安全知识,2位司机从不主动学习交通安全知识。

2.您认为对公交车驾驶员定期培训重要吗?

A.重要　B.一般　C.不重要

其中认为对公交车驾驶员定期培训重要的司机有12人,认为对公交车驾驶员定期培训为一般的有5人,认为对公交车驾驶员定期培训不重要的有3人。

3.您认为下列哪些行为会最影响驾驶员行车安全?

A.和乘客聊天　B.抽烟　C.打电话　D.听歌　E.喝水、吃东西

其中认为和乘客聊天最影响驾驶员行车安全有2人，抽烟的最影响驾驶员行车安全有4人，打电话最影响驾驶员行车安全有6人，听歌最影响驾驶员行车安全有3人，喝水，吃东西最影响驾驶员行车安全有6人。

4.现有公交车在行车右转时遇到人行横道上行人通行时会主动避让吗？

A.一定会避让　B.有时会避让　C.从来不避让

其中有3人行横道上行人通行时会主动避让，11人有时避让，6人从不避让。

5.下列行为中公交车司机哪些行为容易做（可多选）

A.乘客未能安全上下车司机就启动车辆

B.不在公交车站停靠站停放车辆

C.在没有监控的路段超速行驶

乘客未能安全上下车司机就启动车辆14人，不在公交车站停靠站停放车辆2人，在没有监控的路段超速行驶4人。

6.你对出租车、私家车及其他车辆占用公交专用道怎样看待？

A.严重影响道路安全　B.对交通安全存在一定的隐患

C.道路资源不够用可以理解

对出租车、私家车及其他车辆占用公交专用道认为会严重影响道路安全5人对交通安全存在一定的隐患13人，道路资源不够用可以理解 2人。

7.你是否在公交车行驶接听电话或者做其他事情？（回答B.C，请看第8题，如您选A请跳过第8题）

A.经常　B.偶尔　C.从不

其中，在公交车行驶接听电话或者做其他事情，经常做的有7人，偶尔做的有12人，从不做的有一人。

8.在行驶中，如果有紧急电话，你会？

A.立刻靠边停，并且闪信号灯　B.挂电话后，等得到有停车位的地方停

C.使用蓝牙耳机接听，放慢车速

在行驶中，如果有紧急电话其中有，立刻靠边停，并且闪信号灯1人　挂电话后，等得到有停车位的地方停 16人　使用蓝牙耳机接听，放慢车速3人。

9.你会让携带易燃易爆的乘客上车吗？

A.大意　B.偶尔　C.从不

让携带易燃易爆的乘客上车其中有3人经常，9人偶尔，8人从不。

10.没有到达站上，你会随意停靠上下乘客吗?

A. 经常　B. 偶尔　C. 从不

没有到达站上，你会随意停靠上下乘客，4人经常，7人偶尔，9人从不。

以下是我们发放和回收800名市民的调查问卷分析:

公交车安全设施及市民安全意识教育调查表2

市民同志，您好!

我们是贵阳民族中学课题小组成员，我们正在做关于《贵阳市公交车公共安全问题的调查与思考》课题，想请问你几个相关问题，了解下您的意见。您的回答将被完全保密，请放心。我们只用于课题研究，谢谢你的协助与支持!

1.你是否有在车上被盗的经历?

2.你被盗了何物?

3.你是何时发现的?

4.如果发现被盗你如何处理?

5.您是否知道安全锤的使用方法?

6.你是如何知道公交车安全知识的?

7.你是否知道灭火器的使用方法?

（二）通过现场采访和以上调查问卷分析，我们发现:

公交车的安全问题不可忽视。有许许多多的隐患存在车上，比如有人带油类的东西上车时，所有乘客和司机都可以要求该名携带易燃易爆物品的乘客下车。就算此人不是想蓄意犯罪，为了全车人的安全也必须把他请下车。

由于社会上有许多人被那些假摔行家们吓怕了，也不想多管闲事，就算看到别人正在被盗也不敢上前去制止。对于这种情况我们可以不当面揭穿，但我们可以用其他的一些方式去提醒被害者，不能让这种不正之风更猖狂下去。

就我们贵阳而言，许多公交车上几乎没有任何预防犯罪的设备,只有少量的安全锤和灭火器。如果发生突发事故或许乘车人都会死在车上。公交车问题关乎我们每一个人，在这个拥挤的社会，每个人出行都必不可免地要乘坐公交车。而现在，公交车的安全却得不到保障，所以，解决公交车的安全问题刻不容缓，必须提上相关部门的议程。对此，我们小组做了大量的相关调查，并且整理了相关资料。

（三）课题成员体验和观察公交车安全的突出问题原因分析

1. 公交车超载问题

众所周知，传统的公交车仅限于城市周边，鉴于其速度慢，且没有大型机动车辆等危险系数相对大的车辆通过，公交车超载在便民、利民的前提下倒显得无足轻重。但是，城乡公交车的营运路线不只是城区周边，城乡公交车穿梭于部分国道、省道，甚至是低标准的乡村道路，那么公交车的载客问题，就要引起我们的足够重视。根据我市实际情况，建议公交车可以在城区内依据《机动车运行安全技术条件》所规定的城市公共汽车为0.125平方米核定1人。出了城区，严格按照《道路交通法》之规定执行，特别是在每逢周一周五学生上学和放学期间，交管部门要加大巡查力度。我市公交车本来都有载客人数限制，比如55人或43人，但驾驶员视而不见。

2. 公交车的其他安全问题

（1）由于社会车辆停靠载人，公交车无法进站，在行车道上下人极易引发交通事故。

（2）驾驶员习惯接听手机和收发短信，极易造成会车迟钝。

（3）安全防护用品安装不到位。

3. 公交车安全设施漏洞的问题

目前公交车几乎没有安装易燃易爆自动报警器和自动灭火装置，一旦车着火，车内的人各自逃命，现实中根本无暇打开灭火器。还有现有的公交车窗多为推拉玻璃窗，逃生渠道不畅。

六、结论

（一）政策改进方案

通过我们分析，很多公交车事故发生的原因，其中之一是乘客缺乏基本的安全意识和逃生常识。为止，我们商量了很多对策、解决方案、宣传方案，最后提出了一套循序渐进的改进方案。

1. 交通安全宣传——这是需要马上展开的工作，也是一项长期性的工作，所以我们把它放在第一位，依托各种媒体，大力宣传交通安全法及交通安全的常识。

2. 举办交通安全知识的培训和竞赛

在市内各社区、各单位举办不同层次的交通安全知识的培训活动，同时定期举行交通安全知识竞赛。加强司乘人员安全教育，严厉打击行车道上停靠载客、下客行为，维护城市道路交通秩序。交管部门应督促公交车配备足量的安全锤、灭火器等安全防护用品，并在雨雪特殊天气，每车必须携带防滑链、三角木、沙袋、铁锹等，同时每车足额按照规定投保。

3.把公共交通优先发展落到实处

公共交通是一种效率较高的交通方式，几乎所有国家和地区在经历了痛苦曲折探索之后，都选择了优先发展公共交通的政策。提倡"公交优先"，加强出行者"公交优先"这一意识，让人们在出行的时候优先选择公交。加大力度推行实施公交专用车道，保证公交车辆对道路的专用和优先使用权，减少并线和社会车辆混行，保障公共交通安全、便捷、经济。降低交通事故的发生。

4.完善城市公共交通基础设施

交通基础设施滞后是影响公共交通安全的重要因素。要加快公交始末站、港湾式停靠站的建设。公交场站是城市的重要基础设施，也是优先发展城市公共交通的重要保证。

5.提高公共交通安全应急水平

由于城市公共交通灾害的特殊性，保障安全成为城市公共交通建设和运营的核心工作。要建立和健全应急法律保障体系以及公共交通安全应急救援机制，加强驾驶员、乘车人特别是老人和儿童应急知识的普及和应急能力的训练，提高公共交通系统抵抗重大事故的能力，确保公共交通的安全。

6.加快科技技术在公共交通安全方面的应用

要加大科技投入，积极实施交通智能化战略，以信息化手段促进交通与城市的协调发展，逐步实现交通决策科学化、管理现代化、交通基础设施运行效率最大化。加快建设公共信息基础设施，构筑智能交通系统的基本框架，包括建设交通信息交互中心、交通信息采集系统、道路和公路监控系统、交通信息发布和诱导系统等。

7.发展车厢文化

公交车的小电视，经常播放一些公交车安全知识和逃生知识，充分利用好这有利条件，营造良好的车厢文化氛围，这有助于增强司机和乘车人的安全意识，培养安全习惯，自觉形成"安全高于一切"的态度，使预防与控制公共交通事故能力得到全面加强。在车厢内张贴安全乘车知识，绘制安全漫画，使整个车厢处处洋溢着和谐的安全文化氛围，寓教于乐，让乘车人和驾驶员在潜移默化的安全文化熏陶中。

8.公交车增加部分设施设备

通过本次研究调查，我们认为公交车应进行如下改进：

（1）安装一种一旦空气中有汽油和香蕉水等有味道的可燃物就会自动报警的警报器。

（2）公交车中间后门都应安装开关式语音话筒，可以让司机多多观察乘客的需要。比如有些顾客没有赶到门口，但是门已经关了，下不了车，就会喊司机开门，司机有些时候会听不到，有了语音话筒就可以很好解决这个问题了。

（3）在车后部安装逃生门，以备前后门气阀打不开时紧急使用。或许这些大多时候都是不必要的，但是真正用到的时候却是关乎性命的，所以我们不得不重视公交车安全的问题。

七、收获和体会

这是一个尊重生命、保护自我的大众话题，它关系到广大乘客的人身和财物安全，它是对公交车公共安全隐患的深入探究，为广大市民及乘客起到一个安全警示和防范知识的普及作用。但是我们在做课题的时候发现我们的知识储备不足，比如易燃易爆探测器我们发现很难实施。一是灵敏度问题，比如烟感器调高灵敏度，它会乱叫扰民。二是安装成本问题，一台检测仪要几万元。三是驾驶员主要任务是开好车，这就需要专门的安全员。科学的路是不平坦的，所以作为中学生要苦学本领。

我们通过这个课题的研究，激发了科学探究的热情，培养了独立思考、刻苦探索的科学精神，通过反复地实践推敲，学会了怎样做课题，同时提高了我们团结协作能力和社会交际能力，丰富了课余生活。而且同学之间、师生之间通过做课题互相探讨，无私奉献，结下了永久的友谊。通过做这个课题，我们发现书本知识只有运用于社会实践才有价值，才会增强我们青年学生社会责任意识、法制意识，为以后回报社会、服务人民积累了一点宝贵的社会经验。

（本课题获2014年第29届贵州省青少年科技创新大赛一等奖）

在综合实践活动中规划人生

——以"数据化天堂——爽爽的贵阳 避暑的天堂"课题为例

吴学荣 曹继美 魏 林 李静璇 李 健 赵相黔

摘 要： 在国家课程校本化和校本课程的开发中，学生研究课题成为课程实施的载体，课题研究促使学生参与综合实践活动，让学生在生活中体验，在体验中感受，在感受中规划。在实践中体验做好一件事需要付出的努力与艰辛，体验到完成一件事的成功和快乐，逐步恢复自信，在活动中感悟到人生的意义、价值，树立人生目标，追求人生价值，实现从"要我学"到"我要学"的转变，形成自己的人生规划。

关键词： 课程 引导力 实践活动 人生规划

一、在失落中引领，在引领中参与

教师在教学中难免会遇到这样的情况：有的学生学习能力较弱，学习态度不够端正；还有的学生虽然学习努力，但由于方法不当，学习效果不理想等等，这些学生在学习上缺乏自信，学习情绪低落，学习状态被动。在学校校本课程的引导下，通过大会、班会、个人交谈等多种方式结合，进行宣传、动员、培训，多层面动员和引导学生参与到综合实践活动中。培养学生的社会责任感、创新精神和实践能力，使学生实现从书本走向实践，从课堂走向社会，从传承走向创新。

二、在参与中体验，在体验中感受

在参与课题研究过程中，学生因为有困难或发现课题研究难度很大，畏难想放弃，教师通过帮助和鼓励，让他们养成做事善始善终的良好习惯。有的学生，在研究课题时，前面的过程都做得不错，到写研究报告时，感觉有困难就想放弃

了。教师引导学生分析问题造成的原因，指出正是由于在课题研究过程中学生对
很多过程性资料收集整理不够认真仔细，导致课题中后期撰写研究报告时遇到困
难。学生深切地感受到无论做什么事情都应该认真仔细，对于很多有用的资料一
定要加强收集和管理。指导教师把自己收集的资料拿出来交给学生，指导学生先
把研究的过程按要求写出来，再一起修改，一遍不行两遍，两遍不行三遍，直至
最终完成研究报告的撰写。经过指导教师和学生的共同努力，学生最终完成了课
题研究。课题研究工作让学生体验到做一件事的艰辛与不易，同时也体验到成功
的喜悦和自豪。

教师针对学生研究过程中遇到的问题，引导学生共同探讨解决问题的方法和
措施，不断鼓励学生，使他们充满自信。在"参与"中"体验"，并根据学生每一
次探究活动效果进行评价，提出改进意见，增强了学生研究的积极性与主动性。

三、在研究中对比，在对比中探究

《数据化天堂——爽爽的贵阳 避暑的天堂》课题研究过程中，学生根据国
内外气候对旅游的影响研究现状以及旅游气候的评价指标体系，还有贵州省气象
局提供的气象资料，结合中国旅游评价体系，计算了贵阳市及国内著名旅游胜地
各月的旅游舒适度指数，通过分析研究，得出结果：贵阳市各月均适宜旅游，贵
阳的天气以春、夏、秋三个季节为好，尤其是夏秋两个季节，相较于全国其他城
市，贵阳凉爽宜人的气候优势极为明显。学生认为贵阳市的旅游经济开发应该在
这两个季节上做文章。

在学生实地调查过程中，有很多接受调查的游客表示：贵阳的紫外线较弱，
与国内其他地区相比，是适宜旅游、适宜人居的城市。从这个角度看，贵阳被誉
为"爽爽的贵阳，避暑的天堂"真是名副其实。学生根据游客的感受，建议有关
部门在评价气候时把紫外线的强弱也作为国内旅游气候评价指标体系的一个因素
进行研究。

四、在活动中感悟，在感悟中规划

在《数据化天堂——爽爽的贵阳 避暑的天堂》课题研究开展之前，学生彭
某学习情绪低落，学习状态不好。在指导教师的关爱下，他也参与了课题研究。
在一次实地调查采访中，彭某在花溪公园遇到两个70岁左右的老人，他请这两位
老人填写调查问卷时，注意到了老人手中的垃圾，他好奇地询问老人捡拾垃圾的
原因，老人说："贵阳风景优美，气候宜人，我们珍惜有生之年来享受大自然给

予我们的恩赐。你看花溪公园这么美，有的人却不珍惜，垃圾随手乱扔。我们看见了，感觉不好，也觉得虽然人老了但是善心不应该老，我们应该为美丽的花溪做点什么，所以就把别人随地乱丢的垃圾捡起来，一会儿放到垃圾桶。"彭某听了很受感动，主动要求替老人们把垃圾放到垃圾桶去。课题研究的后期，彭某的学习态度有了很大的变化，他立志刻苦学习，考上大学选择和环境保护有关的专业，为生活环境的治理贡献自己的力量。从此，他端正了学习态度，改变了之前不好的学习习惯。经过努力，他不负所望，学习成绩在班上名列前茅，大踏步向自己的人生目标前进。

五、在实践中收获，在收获中提升

《数据化天堂——爽爽的贵阳 避暑的天堂》课题在2015年第30届贵州省青少年科技创新大赛中荣获一等奖。学生自参加课题研究活动后，明确了学习的目标，端正了学习的态度，激发了学习的兴趣，形成了正确的价值观，增强了自信，对学习的方法有了更深层次的理解，为终身发展打下了坚实的基础。不仅如此，学生把"要我学"变为"我要学"，享受活动的快乐，享受学习的快乐。从快乐的学习中走向收获，在收获中不断提升。对生存的技能、生活的意义、生命的价值等都有了更深层次的理解。

案例

数据化天堂

——爽爽的贵阳 避暑的天堂

贵阳市民族中学2017届课题组　藕智林

指导老师：吴学荣　曹继美　李静璇　李健　魏林　赵相黔

摘要： 本文概述了国内外气候对旅游的影响研究现状以及旅游气候的评价指标体系，并利用贵州省气象局提供的气象资料结合中国避暑旅游评价体系—贵阳指数，计算了贵阳市以及国内著名旅游胜地各月的旅游舒适度指数，结果表明贵阳市各月均适宜旅游，贵阳的旅游优势集中于春、秋、夏三个季节，冬季稍差；贵阳市与国内其他几个著名旅游胜地的旅游气候相比也具有较明显的优势。

关键词： 旅游　人居　天堂　舒适度　评价

一、研究背景

随着经济的快速发展，给资源环境保护造成了巨大的压力。在经济的发展过程中，急需培养资源节约型、环境友好型的产业。旅游业与社会经济发展息息相关，旅游业在国民经济和社会发展中具有重要地位和多方面的作用，对推动国家可持续发展也将起到重要的作用，而国家的可持续发展又为旅游业创造了好的条件。在同等产业发展条件下，相比其他多数行业，旅游业的投入和消耗的资源较少，环境代价也小，有"无烟工业"的美誉，因此，旅游业是天然的具有可持续发展优势的产业。2008年我国人均GDP已接近3000美元，按照国际上旅游业发展规律，将进入大众旅游消费快速发展阶段，这也标志着我国经济社会发展进入了旅游消费需求快速增长的新阶段。当前我国居民年均出游率仅1人次，而美国、日本等发达国家年均国民出游已达7—9次，与之相比，我国国民旅游消费潜力巨大。旅游业作为世界最大产业之一，正在迅猛拉动各国经济发展。据联合国统计，中国已经逐步取代诸如法国、西班牙等传统旅游大国，成为世界旅游业最大的新兴市场。贵州自"十一五"开始，旅游业已成为重要的经济支柱产业之一。发展旅游业是促进"两型"社会建设、提高国民生活质量的现实选择，同时在新农村建设和促进区域协调发展中，通过旅游消费可以促进财富从发达地区向农村和中西部欠发达地区转移。

在影响旅游业发展的诸因素中，气候条件的优劣是决定一个地区旅游业发展的先决条件之一，也是旅游者考虑的主要问题。现代旅游事业及其活动的开展，诸如旅游地区的自然风光和最佳旅游季节的选择，都无不与气候有关。丰富的气候资源不仅具有特殊的景观功能，还可以增加有特色的旅游内容。绝大多数游客在选择旅游目的地时，总希望当地气候宜人。温和而爽朗的气候，和煦明媚的阳光可以和奇峰、洞穴、海滩、森林一样吸引大批游客，是宝贵的旅游资源。被称之为"旅游王国"的西班牙，人们形象地描述该国的旅游业是"向世界出售阳光、海水、沙滩"。

"旅游气候"（touristeclimate）概念最早是由芝加哥大学教授Hibbs JR于1966年提出，他认为旅游气候是一种在不同时间和空间，会产生有利或不利影响，能为旅游开发所利用，并能被评估的旅游资源。卢云亭（1988）教授认为"气候旅游资源"包括障碍旅游活动、破坏自然美景的气候条件，所以提出风景气候和风景气象的概念，专指那种可以造景、育景，并有观赏功能的大气物理过程。甘枝茂指出"凡能够吸引旅游者产生旅游动机，并可能被利用来开展旅游活动的各种自然、人文客体或其他因素，都可称为旅游资源"。缪启龙在1999年提出"旅游气候资源"的概念，他认为"所谓旅游气候资源是指具有满足人们正常的生理需求和特殊的心理需求功能的气象景观和气候条件，是任何一个旅游环境必不可少的重要构成因素，是一种特殊的旅游资源"。从上可知，旅游气候涵盖气候和天气，旅游气候资源包括气象景观、气候和天气资源。

气候是旅游环境的重要组成部分，同时也是一种重要的旅游资源。对旅游者出游的"决策行为"和"空间行为"起着举足轻重的作用，这已是不争的事实。气候的地域分布差异导致旅游气候资源具有明显的差异性，从而形成不同特色的旅游资源。旅游气候资源根据功能可分为观赏景观（物候景观，如金海雪山、百里杜鹃；森林季相变化，如雷公山；冰雪景观，冰雪、雨淞；云雾景观等）、保健医疗（如森林浴、阳光浴、避暑、避寒等）、体育运动（如漂流、滑雪等）、科学考察等。因此开发旅游气候资源时不仅要开发游览观赏等较低层次的旅游项目，还应对资源的功能再进行深层次、多层次开发，开拓旅游活动项目的宽度和深度。

气候是贵阳的七大优势资源之一。 独特的气候造就了贵阳独一无二的自然及人文生态环境，造就了丰富的旅游资源。贵州地处云贵高原东部，地势西高东低，最高海拔为2900米，最低为200米，一般地区在1000米上下。境内地势起伏较大，山岭连绵，峰谷相间，地形复杂，地表崎岖不平。特殊的地理环境，形成了亚热带季风高原型气候，温暖湿润，雨热同季，冬无严寒（冬季大部分地区平均温度在4.0~8.0℃，与纬度相近的东部地区比，冬季非常短促，春季气温回升早）、夏无酷暑（夏季全省大部地区平均温度在22.0~26.0℃之间，较邻省更为凉爽舒适），素有"天然大空调"美誉。"一山有四季，十里不同天"的"小气候"更是贵州典型的、也是与其他省份不同的气候特征。有的欧洲游客将贵阳比喻为"东方的瑞士"和"世界的公园"。 近20年来，贵阳部分旅游资源已经得到一定程度的开发。王富玉副书记曾强调，贵州已基本形成了观光旅游、度假旅游、乡村旅游、红色旅游、生态旅游和专项旅游相结合的多元化产品体系，奠定了旅游产业发展的坚实基础。

为此，项目组依托贵州旅游气候资源研究成果，依据气象资料从不同时间和不同地域深入分析贵阳的旅游气候优势，用数据化的形式说明我们理想的天堂。

二、研究过程

（一）通过查阅相关文献，了解国内外旅游气候资源研究状况

1.国内外研究概况

气候是影响旅游业发展的关键因素之一（1994，Boniface和Cooper）。地理位置、地形、景观、动植物、天气和气候等构成了一个旅游地的自然旅游资源。早在1966年，Hibbs就提出"旅游气候是一种在不同时间和空间，会产生有利或不利影响，能为旅游开发所利用，并能被评估的旅游资源"，认为旅游气候是一种随时空而变换，既是旅游的支撑环境，同时又是旅游吸引物的，极富价值的旅游资源。1999年在世界生态气候学协会(ISB)悉尼大会上，为促进旅游气候学的研究，成立了世界生态气候学协会气候、旅游与游憩委员会（ISBCCTR）。2001年ISBCCTR首次在希腊的Mellton Resort召开第一次正式会议，标志着旅游气候作为影响旅游者选地的重要因素，已经受到世界各国的普遍关注。国内外在旅游气候的研究与应用上，主要集中在以下几个方面：

（1）气候对旅游的影响

气象和气候条件，是风景区开发的重要背景因素之一。首先，气候现象与其

他自然人文景观相配合可形成观赏价值颇高的风景。如寒冷季节或高寒气候区才能见到的气候景观——冰雪；寒冷有雾的天气条件下，雾滴在物体表面直接冻结而形成的乳白色附着物——雾凇；在山地条件下，云可以形成独特的风景——云海，阳光在大气中折射而产生的光学现象——海市蜃楼、佛光、武当叠影等，已形成独特而引人入胜的风景。

气候对旅游的贡献不仅仅体现在造景上，也体现在宜人的气候条件下，人们无需借助任何消寒或避暑装备与设施，就能保证一切生理过程正常进行。据研究，宜人气候主要包括以下四种：避暑型气候（山地高原、海滨型、高纬度型）、避寒型气候（多在热带、亚热带的海洋性气候区）、阳光充足型气候、四季如春型气候。为此，气候宜人的地域，具有旅游胜地的先天条件。

天气和气候不仅影响旅游开发商和经营者的决策行为，而且会影响旅游者的活动经历。旅游者如果选择到该地旅游，则有可能遇到太冷、太热、阴雨等天气，造成诸如交通费用增加、中暑、伤寒等不便。阴雨连绵和暖冬造成的降雪减少等气候异常或不期而遇的天气状况也会限制游客正常旅游活动的进行，从而造成旅游地的收入减少。而且宜人的气候总是伴随着气候灾害存在。几乎所有的旅游热点城市和景区都具有自然灾害发生历史。据吴章文教授考察研究，湖南桃源洞国家森林公园的旅游气象障碍主要是冰冻，其次是暴雨和洪涝；阳明山国家森林公园的旅游气象障碍主要是大雨和暴雨、冰冻和雪压、积雪和浓雾。气候灾害作为旅游活动的障碍，主要表现在六方面：影响景观的季相变化、影响旅游流的时间和空间分布、影响旅游区的布局、影响游客的观赏效果和舒适度。

（2）旅游气候指标

旅游活动具有异地性、闲暇性和享受性。这种"享受"应该包括旅游区在旅游季节有舒适的气候。气候不仅影响旅游活动的环境和游客的活动，而且影响游客的体感舒适度。许多学者提出了不少气候指标。主要有特吉旺（W.H.Terjung，1996）的舒适指数（Comfort Index）和风效指数（Wind Effect index）、金圣三的温湿指数（THI），加拿大气象局提出的舒适指数和E.C.Thmo提出由Bosen进一步发展的不舒适指数(也称温湿指数)。特吉旺根据多数人的感受，把温度与湿度的不同组合分为H类，采用月平均最高气温和月平均最小相对湿度(表示白昼)以及月平均最低气温和月平均最相对湿度(表示夜间)四个指标，在舒适指数列线图上查得昼、夜的舒适指数。风效指数将温度与风速的不同组合分为12类，通过月平均的最高气温（表示白昼）和最低气温（表示夜间）及风速三项指标，从风效指数列线图上查出风效指数的昼、夜值。气温过高或过低都会直接影响人们的思维活动和生理机能。实验表明，同一气温下，因相对湿度不同，人体的感觉不同。为此金圣三提出用温度、湿度结合来计算温湿指数，从而来衡量气候的舒适度。

此外还有慕尼黑林业试验站所提出的有效温度、由Bedford等人提出的风寒指数（也称寒冷指数）、Becker的舒适指数、Davis的最舒适气候指标、Fergusson的英国海滨夏季气候指标、Murrya的夏季气候简明指标、Rackclifef的Arnalhg的夏季和冬季气候指标，Baue等提出更加复杂的、以人体与环境的热量交换为基础的旅游气候指标。Mieczkowski也曾设计一个基础广泛的气候指标用于评估世界旅游气候圈。钱妙芬等在《旅游气候宜人度评价方法研究》中，提出了"气候宜人度"数学模型。它综合描述了气压、日照、降水、雾日、风速、气温、相对湿度和大气污染物浓度对气候宜人程度的影响。使气候宜人度在时间、空间上更具可比性。目前，旅游气候指标众多，但是缺乏权威的指标。

（3）旅游气候资源评价

气候是否舒适宜人，影响着旅游者的行为和心理体验，决定着旅游活动质量和效益的高低。气候条件是一个地区旅游业发展的先决因子，适宜的天气、气候不仅具有特殊的景观功能，而且可以增添和争取富有特色的旅游内容，扩展旅游活动的时空分布。国内外不少学者也采用定量分析方法进行了气候资源评价与开发的研究。Maunder以新西兰为例研究了气候指标公式在气候经济研究上的应用，Findlay编写了安大略湖国家公园的气候志，Crowe研究了安大略湖的旅游气候，Masterton研究了加拿大草原省份的旅游气候侧，Smith研究了东南亚的旅游气候圈。我国在旅游气候资源评价上也做了不少工作，如保继刚等采用特吉旺提出的气候生理评价指标对庐山的旅游气候进行舒适度综合评价，梁平等的"黔东南旅游气候适宜性评价"，范正业等的"中国海滨旅游地气候适宜性评价"，毛端谦等的"三爪仑国家森林公园旅游气候评价"，徐向华等的"赤水景区旅游气候资源分析与评价"，邸瑞琦等的"内蒙古地区旅游气候资源评价与分区"，廖善刚的"福建省旅游气候资源分析"，左平等的"湖南山地的旅游气候资源及其开发"等，张宽权采用模糊数学方法对舒适度指标进行了探讨，并对四川省成都市的舒适度进行了评价。

捷克查尔斯大学M.Beriling和日本东京大学P.Charnalaz（1999）建立地方性模型，研究了全球变暖对奥地利冬季观光和滑雪旅游的影响。指出全球变暖将改变积雪深度和滑雪旅游区的性质。该模型的两个指标（居民居住海拔高度）和滑雪运动起始海拔高度是奥地利的"关键海拔高度"的参考。研究表明,随着奥地利所有地区降雪减少,但是在较低海拔地区这种现象会更加明显。

旅游气候评价的定量研究工作,主要体现在对旅游小气候的观测方面。如北京林业大学的陈健、陆鼎煌先生等于研究了北京绿地景观地带的小气候,陆鼎煌与吴章文等人合作研究"张家界国家森林公园效益"时,进行了张家界国家森林公园部分景观地段的森林小气候观测。此后,吴章文等在进行湖南桃源洞、阳明山、广州流溪河、江西三爪仑、广西姑婆山、大瑶山、四川青城山等森林公园的研究时,对这些森林公园的光照、热量、水分、风向、风速等气候资源都进行了分析评价,同时,也对这些森林公园的森林小气候、旅游舒适度及舒适旅游期进行了短期定位观测和分析评价。

2. 国内外旅游气候资源研究状况与用数据化的形式说明我们理想的天堂的思考

综上所述,旅游气候在短短几十年的研究与实践中,在气候对旅游的影响、旅游气候指标、旅游气候资源评价中做了较多的研究,随着旅游气候研究的深入发展,研究方法已从最初单纯的定性描述,发展到定量分析和定性研究与定量分析两者紧密结合,进而发展到利用数学模型进行评价研究。上述研究为我们提供了可借鉴的旅游气候资源指标确定和资源评价的技术和方法,但是,这些成果要么仅限于小范围探索和研究,其推广应用的可靠性、可操作性与实用性较差。要么缺乏较为精细气象台站和观测数据作为支撑,对旅游区域和景点气候资源进行较为客观细致评价,存在对旅游气候资源评价不精细等问题,难以在贵州这种山地地形复杂、立体气候明显地区进行应用;而且关于旅游气候季节品牌研究鲜有报道。因此,用数据化的形式说明我们理想的天堂还需要对贵州旅游气候和全国的旅游气候进行比较研究。

(二)通过走访贵州省气象局了解相关资料

在研究过程中,我先在学校开具了综合实践活动的调查证明,到贵州省气象局找到胡家敏、于飞、古书鸿等专家,在他们的大力协助下,我获得了以下数据及资料。

1. 贵阳市地形地貌特征

贵阳市位于东经106° 07′ ~ 107° 16′,北纬26° 11′ ~ 27° 21′,东西长115千米,南北宽130千米,政区面积8634平方千米。地处苗岭山脉中段,地势南北高,中部低,境内山区面积占40.1%,丘陵面积占44.5%,山间坪坝区占

15.4%。全市中部及中部以西地势较高，最高点位于清镇市东部站街镇宝塔山，海拔1762米，北部及东南部地势相对较低，最低点位于开阳县北部水龙乡小河口乌江出境处，海拔529米，全市平均海拔1200米。地貌类型多样，山地分布于北、东和南部，丘陵集中于中、西和东部，山间盆地和洼谷地，土层深厚，土质肥沃。全市水土流失面积占32.34%，喀斯特面积占85.0%。

2. 贵阳市气候特点

（1）日照时数的年内变化特征

从贵阳市8个站点的日照时数的月变化（1971年—2000年平均）可知，全市各地日照时数呈单峰型变化特征，1、2月日照为全年最少，约为40小时左右，然后逐渐增加，6月份略有减少，然后一直增加到8月份达到全年的最高值，达到160～180小时，只有息烽站点是7月份达到了全年的最高值，8月份稍微有点下降，从9月开始每个站点都开始逐渐减少，直到12月全市约降为65小时。

研究小结：贵阳市区的年日照时数在1084.6～1307小时，其中修文的年日照时数（1971年—2000年）最高，为1307小时，北部的开阳年日照时数为最低，为1084小时，比修文少了200多小时之多。

（2）贵阳市云量特征分析

云量是指云块占据天空的面积。中国云量采用10成制（世界上有的国家采用8成制），即将天空划分为10等份，碧空无云或被云遮蔽不到0.5成时，云量为"0"；云遮盖天空一半时，云量为"5"。云量多时，应估计露出的青天，再推算出云量；云量少时，则直接估计云所遮蔽天空的份数。每天4次定时气象观测时都要观测云量，4次云量的平均就是这一天的日平均云量。

中国总云量最多的地方正是在日照最少的川黔地区。这里年平均总云量普遍都在8.0以上。中国总云量最少的地方是在华北、西北和青藏高原的大部分地区，普遍都在4.0以下。贵阳市全市8个县市多年平均总云量为8.1；平均低云量为6.8。

研究小结：从图中可以看出，贵阳市总云量季节变化不大，冬春略高，夏秋略低，其中1月和2月最高，为8.7；其次6月也有一个峰值区，为8.4；8月最低，为7.3。低云量季节变化相对显著，冬季高，夏季低，其中1月和2月最高，为7.9；8月最低，为5.5。

在各个县市中，总云量以修文年平均最高，为8.3；花溪最低，为7.9。低云量以乌当最高，为7.5；开阳最低，为5.9。

在各月中，总云量以息烽、开阳2月份，白云区1、2月份为最高，值为8.8；以开阳8月份最低为6.9。低云量以贵阳1月份最高为8.5；以息烽8月份最低，为4.5。

各站总云量，均以8月份最低，1月或2月最高。

各站多年平均云量

类别	息烽县	开阳县	修文县	清镇市	贵阳市	白云区	花溪区	乌当区	区域平均
总云量	8.0	8.0	8.3	8.0	8.1	8.1	7.9	8.2	8.1
低云量	6.1	5.9	7.4	6.4	7.4	7.1	6.6	7.5	6.8

（三）贵阳避暑旅游气候与其他地区避暑旅游气候的比较分析（数据）

1. 贵阳的气温

表3.1贵阳和同纬度城市6、7、8月及夏季（6—8月）平均气温比较

将贵阳市最热月（7月）和夏季（6—8月）的平均温度与同纬度城市和国内部分著名夏季避暑城市的最热月和夏季平均温度进行比较后可以看出，贵阳市最热月的平均温度为23.9℃。除云南外，贵阳夏季的温度条件不论是与中国同纬度城市，还是与其他避暑旅游城市相比都算是最好的。与地处中纬度的高山避暑胜地庐山和高纬度北方的哈尔滨相当，甚至比北方的海滨避暑城市大连、青岛和著名的承德避暑山庄都要低，表明在中国与贵州以东同纬度城市及其他避暑旅游城市相比，贵阳市夏季避暑的温度条件十分优越。

2. 贵阳相对湿度的特征

湿度在夏季和冬季对人的舒适性影响最大。通过对西南和北方几个夏季避暑条件最好的城市在夏季（6—8月）各月平均相对湿度的比较可知：贵阳市夏季的相对湿度在76%～79%之间；同纬度昆明市夏季的相对湿度变幅在77%～81%之间，丽江和大理7、8月份相对湿度＞80%；北方哈尔滨夏季的相对湿度变幅在64%～80%之间。因此，贵阳夏季的相对湿度最为宜人。

3. 贵阳的风速

贵阳的风速为微风级别，静风天气少，非常适合旅游。除海拔略高的开阳县在7月份为3.3m/s外，其他地方基本都在3.0m/s以下，各地的风速均属于微风级别。所以可以认为贵阳市的风速对避暑旅游是非常适宜的。

4. 贵阳的总辐射和紫外线辐射特征

科学研究证明，紫外线能促进维生素D合成，抗佝偻病，也具有杀菌、促进机体的免疫能力等作用，但长期、多次暴晒引起皮肤病变、白内障增加，影响免

疫系统等。因此，紫外线辐射对避暑旅游有重要影响。贵阳地区虽然海拔高度较高，但由于阴天多、低云多，对紫外线辐射地衰减较强。

根据2004年—2005年贵阳市紫外线辐射的观测资料表明：以一天中紫外线辐射量最高的11—14时为例，夏季晴空天气条件下紫外线辐射量为17.7W/m^2米，处于四级水平；多云天气条件下，紫外线辐射量为14.7W/m^2，处于三级水平；阴天紫外线辐射量为6.9W/m^2，处于二级水平。除了中午紫外线最强的这段时间，贵阳的紫外线辐射量基本在二级左右。加上贵阳多以多云和阴天为主，因此贵阳的紫外线辐明显低于云南、西北和北方的避暑城市。

5.海拔对舒适度的影响

贵阳市地处云贵高原东侧，平均海拔在1100m左右。旅游舒适性除了受气温、湿度、风速、辐射影响外，在一定程度上还受到气压的影响。气压主要是通过氧分压影响人体。随着海拔高度的上升，空气变稀薄，氧分压随之降低。到一定高度就会因缺氧而使人体产生不适。据生理卫生实验研究，最适合人类生存的海拔高度是500～2000m。

6.贵阳的降水特点

降水丰富和多夜雨使贵阳的旅游气候和生态环境条件凸显优越。贵阳市年降水约1100mm，其中夏季（6—8月）的降水约占全年的1/2。丰富的降水为贵阳市众多的湖泊和河流提供了丰富的水源补充。

7.空气质量

洁净大气是人类赖以生存的必要条件之一。空气质量的好坏反映了空气污染程度，当空气质量为轻度污染以上时，健康人群可能出现刺激症状，易感人群症状加剧，对人体影响较大。因此，空气质量的优劣是人们避暑旅游的参考条件之一。由于贵阳降水多、夜雨多，通过降水的清洗作用，使白天人为活动产生的气溶胶和污染物气体被冲刷，所以多年来贵阳市环境空气质量优、良以上的天数占全年天数的90%，如2007年贵阳346天优良。

8.沙尘天气

根据近60年气象观测数据统计表明，贵阳市到目前为止从未出现过沙尘天气。

（四）寻找可以参考的标准或依据

通过对贵阳避暑旅游气候与其他地区避暑旅游气候的比较分析，发现了很多规律，但是，为了我们的研究更具有说服力，我又再次找到贵州省气象局胡家敏专家，在她的大力协助下，为我们的研究提供了可以参考的标准或依据。

1. 贵阳指数的提出

根据上述分析，贵阳的夏季避暑气候和避暑环境条件在中国可能是最优的，因此可以把贵阳的夏季避暑气候条件作为判别避暑旅游地的评价标准，从而创立了贵阳指数。贵阳指数是以中国贵阳为首选地、样本地、基准地，用以专门分析、评价、衡量一个城市或一个区域的气候条件是否适宜避暑，是一个评价夏季避暑旅游城市的标准，并具有较普遍基准参考价值的评价指标体系。由于贵阳市是该指数主要的数据采集地与研发地，因此根据国际惯例将"中国避暑旅游气候评价指标体系"命名为"贵阳指数"。

2. 贵州省旅游气象舒适度标准制定

研究表明气候条件是影响旅游舒适度的重要因素。人体生理的舒适感觉受到自然界多种气候要素的影响，其最主要的气候因子是空气温度、空气湿度和风速。此外，日照和紫外线、大气压等因素也对人体舒适度有一些影响。气温对人体舒适感觉影响最大，因为它与人体的热平衡、体温调节等生理功能密切相关，是人体冷热感觉的晴雨表。大量实验表明，气温适中时，空气湿度对人体的影响并不显著，但在高温条件下，空气湿度对人体感觉就非常大。因为高温条件下，空气湿度的增大会大大影响汗液蒸发，机体的热平衡遭到破坏，而低温高湿时身体的热辐射被空气的蒸汽所吸收，因此使人体感到不舒适。总之，温度、湿度对人体的舒适性影响是综合的。

气象舒适度方面已做过一些研究工作。国内学者或引进国外方法和模式，或根据地方特点应用改进的经验公式进行舒适度对旅游的影响研究。引进国外方法具有代表性的是法国的特吉旺（Terjung）方法和美国的舒适指数（Comfort Index）。前者由于计算中要求的特定时刻气象数据无法获得，难以实际应用。后者使用的英制标准与中国的气象观测仪器和数据不接轨，而且在计算舒适度时没有考虑风速的影响。而在中国南部高湿度条件下，风速对人体舒适度的影响非常重要。国内的基于地方气候特点经验公式方面，由于中国幅员辽阔，气候类型多样，无法"放之四海而皆准"。因此，随着贵州旅游业迅速发展，编制适合贵州气候特点的旅游气象舒适度标准需求就显得十分迫切和必要。

参考国内外与气象舒适度相关的文献，根据贵州气候的特点，在总结全省有关气象科研成果基础上，通过旅游气象条件与人体舒适度关系的研究和分析，编制了《贵州省旅游气象舒适度标准》。由于该标准编制是基于贵州省的气候背景和资料进行的，建议将编制完成的舒适度标准作为推荐性贵州省地方标准使用，并上报有关部门审核。通过专家评审委员会评审，并在互联网上公示，广泛征求修改意见后，2008年经贵州省质量技术监督局批准成为贵州省地方标准（DB52/556—2009）。

3. 标准主要内容

（1）应用范围

规范规定了贵州省范围旅游气象舒适度的计算方法、等级划分标准、等级命名、说明等。本规范适用于贵州省内开展的旅游气象舒适度评价、比较和发布。

（2）标准使用的术语、定义

下列术语、定义适用于本标准。

①空气温度

空气温度（以下简称气温）是表示空气冷热程度的物理量。以摄氏度（℃）为单位，取1位小数，零度以下为负值。地面气温是离地面1.5m高度处百叶箱中温度表或温度计测量得到的空气温度。

②相对湿度

湿度的一种表达方式，是空气中实际水气压与当时气温下的饱和水汽压之比。以百分数（%）表示，取整数。相对湿度是指离地面1.5m高度处百叶箱中湿度计测量计算得到的相对湿度。

③风速

风速是指单位时间内空气移动的水平距离。风速以m/s为单位，取1位小数。地面气象观测中测定的是离地面10m高度处的风速。

④旅游气象舒适度

旅游气象舒适度是指某时段的地面气温、湿度、风速对人体户外活动舒适程度的综合影响，其表达公式为：

$$SD=1.8T-0.55（1.8T-26）（1-RH）-2.5\sqrt{V}+32$$

式中 SD —— 舒适度指数；

T —— 气温；

RH —— 相对湿度；

V —— 风速；

（4）专家的观点

在调查研究的过程中，贵州省气象局于飞专家说：我们通过创立适合贵州气候特征的旅游气象舒适度的标准，为论证与打造贵州旅游气候优势提供了科学的判别依据，为我们重新认识贵州的旅游气候优势提供了科学支撑。

根据避暑旅游气候评价指标体系、旅游气象舒适度标准和我省的气候比较优势特征，提出了贵州旅游气候资源的最大的优势是避暑旅游气候，建议应该首先着力将贵州打造成为中国和国际避暑旅游品牌，然后再向春、秋季节延伸旅游产业链的旅游发展战略。根据该体系的评价，提出了"避暑之都·贵阳""中国凉都·六盘水""西部之秀·安顺""水墨金州·黔西南""阳光城·威宁"，以及川、滇、黔交汇的毕节等城市，都是广大旅游者消夏避暑的最佳选择的决策建议。

三、天堂的数据——贵阳市旅游气候资源优势分析

（一）贵阳市各月旅游气候舒适度分析

根据综合舒适度指标计算公式，利用贵阳1971—2006年的气象资料，计算其旅游气候舒适度，并绘制了旅游气象舒适度曲线图，以分析评价贵阳市旅游舒适度状况。

按月份而论，贵阳旅游气象舒适度曲线在40~69之间波动，均在较舒适的范围内。贵阳四季旅游气象舒适度，4—10月份的舒适指数高于57而又低于69，具有舒适的旅游气候，而1—3月、11和12月五个月份具有较为舒适的旅游气候条件，没有较不舒适和不舒适的月份，因此，贵阳的旅游气候资源相对丰富，全年12个月份均可进行不同舒适程度的旅游活动。由定量分析的结果可知，贵阳的旅游优势集中于春、秋、夏三个季节，冬季稍差。

通过对贵阳12个月份的综合舒适指数求算术平均值，可得其全年旅游气象舒适度为56，舒适程度较高，旅游气候条件较为优越。利用贵阳以及国内几个著名旅游景区的气象资料以及贵州旅游气候资源评价模型，通过模型研究法研究得到贵阳市各月旅游舒适度为最优。

2、贵阳市与国内旅游城市舒适度比较

同时根据综合舒适度指标计算公式，选择国内不同城市的气象数据计算出其旅游季（5月、6、7、8以及10月）的舒适度指数。根据数据可得出，5月份，五大旅游城市中，除黄山市外，其他四个城市的气候舒适度均为很舒适，舒适度为最高等级，即是说这四大城市均为旅游的首选城市。6月份，仅贵阳市、昆明市为很舒适等级，其他三个城市为舒适等级；7月份，仅昆明市为很舒适等级，贵阳市、成都市、黄山市为舒适等级，桂林市为较舒适等级；8月份，仅成都市为很舒适，贵阳市、昆明市、黄山市皆为舒适等级，桂林市为较舒适等级；10月

份，桂林市为很舒适等级，贵阳市、昆明市、成都市为舒适等级，黄山市为较舒适。由此可见，贵阳市、昆明市在旅游季都是国内理想的旅游城市，而其他城市要选择不同季节前往旅游比较适宜。

四、天堂的建议

1. 气候资源是旅游舒适度的决定性因素之一。当前，在全球气候变暖背景下，要把避暑型舒适型气候资源作为旅游资源中的稀缺性资源加以宣传和利用，把贵州旅游经济的发展推向更高的层次。

2. 得天独厚的气候生态环境是贵阳最大的比较优势，作为政府部门应该大力倡导生态立省，坚决杜绝引进高耗能、高排放、高污染的东部发达省份淘汰下来的"三高"企业，永葆我们的青山绿水。

3. 贵阳拥有"天堂"般的气候资源，作为我们每一个中学生应该热爱她，从我做起，养成良好的生活习惯，用实际行动保护她，使她不仅有天堂般的气候优势，而且是一个文明、整洁、干净的美丽城市，从而吸引更多的国内外游客。

（本课题获2014年第29届贵州省青少年科技创新大赛一等奖）

重引导　育创新　提素养

——以"自动调光玻璃窗的创意设计"为例谈创新力培养

杨卓松　吴学荣

摘　要：课程的功能是育人，课题研究是校本课程实施的有效载体。开展学生课题研究有利于培养学生的思维能力，学习能力及创新精神，提升学生的科学素养。学生在《自动调光玻璃窗的创意设计》课题的任务驱动下，通过自主学习、开拓思维、敢于创新，解决创意设计过程中的难题，体现"知行合一"的思想，实现了从书本走向实践，从课堂走向社会。

关键词：课程　引导力　创意设计　创新力划

一、课程引导，点亮科技之光

从2010年以来，学校一直在实施国家课程校本化，经过科学的规划与开发，学校将校本课程建设成"中学生领导力开发""中学生创新力培养""民族文化研究"三大板块。教师指导学生开展的课题研究《自动调光玻璃窗的创意设计》属于"中学生创新力培养"这一校本课程的范畴。

2011年以后，学校非常重视对学生综合素质的培养，积极组织学生参加全国青少年科技创新大赛、中学生领导力大赛和青少年科技创意大赛。2015年第一届国际青少年科技创意大赛将在上海举行，学校面向全校征集参赛作品，课题研究"自动调光玻璃窗的创意设计"就是在这样的背景下诞生的。

学生的想象力总是能带给我们无限的惊喜，在征集参赛作品的任务驱动下，他们更是将自己的创新激情发挥到了极致。不到一个星期，学生的创新构想就一项项呈现：垃圾处理机、可调节的座椅、制氧的绿色植物、可调光的玻璃窗、全息投影等等。但是他们的思维肯定是不够缜密的，在教师的引导下，学生从创新点、可操作性、实用性等多方面考量，淘汰了部分构想。最后经报学校审核《自动调光玻璃窗的创意设计》项目被允许立项开展课题研究，以准备参加第1届国际青少年科技创意大赛。在课题研究中，学生查资料、绘图纸、设计结构、寻找材料，每一项工作都是在摸索中前进，在前进中学习。课程通过课题研究点亮了科技之光，引燃了学生学习的激情，课程引导是培养学生创新能力的基础支撑，是学生自主学习的驱动。

二、课题研究，提升科学素养

《自动调光玻璃窗的创意设计》课题研究专业性非常强，对课题组的学生而言，仅有的知识储备是不够的。为了推进研究，课题组的学生广泛地学习，查阅资料。如偏振片的透光原理、检测光照度的方法、偏振片精确的转动等都需要他们去恶补光学、逻辑电路和机械控制等方面的知识。学生在自学知识时遇到障碍，教师都会耐心地给予指导。

目前市面上的自动调光玻璃窗是液晶玻璃窗，只有电动窗帘的开关功能，通电时，玻璃窗是不透明的；断电时，玻璃窗是透明的，没有自动调光的功能而且成本高，不利于环保。为了实现玻璃的自动调光，就必须运用到特殊的材料。但是要选用什么样的材料可是一个难题，一开始学生想要寻求网络支持。其实，高中物理课本上就有现成的解决方案。教师启发学生应该学以致用。于是学生转而开始研究课本，从课本中寻找答案。经过努力，他们终于在物理课本中找到了答案——用偏光片调光。一个问题刚刚解决，另一个问题马上就生出来，偏光片可以调光，但是偏光片非常脆弱，不能胜任日常高频使用。于是课题组想到了用双层钢化玻璃做外层保护，两层钢化玻璃之间抽真空密封，不仅可以防止灰尘，还能减小带动偏光片旋转的齿轮的运行阻力，可谓一举两得。

自动调光玻璃窗的结构设计还差最重要的一个环节，那就是自动调节的问题。自动调节不仅仅是让窗户自动运行起来，它还涉及人体工学的问题。比如人眼感觉最舒适的光照是多少？偏振片旋转多少角度，调光才合适？这些问题都亟待解决。在教师的启发和引导下，课题组学生设计了自动调光的比较电路逻辑图和自动调光玻璃窗的结构图以及可行性实验的设计，他们还上网查阅资料了解光照人体工学方面的知识。可喜的是，在研究过程中，学生们又萌发了新的创意——储存太阳能，利用太阳能来驱动窗户自动调节，这样既节能又环保。

在开展课题研究的过程中，学生学会了科学研究的步骤与方法，拓宽了知识面，开阔了眼界，使思考问题更加多元化，提升了科学素养。

三、创意设计，收获成功

2016年4月，第31届贵州省青少年科技创新大赛在六盘水市举行，来自全省几十家学校和上百个课题参加了这次比赛，课题《自动调光玻璃窗的创意设计》在这次比赛中凭借出色的创意荣获一等奖，并且获得了代表贵州省参加全国青少年科技创新大赛的资格。同年7月该创意设计赴上海参加第31届全国青少年科技创新大赛，荣获创意优秀奖。目前，《自动调光玻璃窗的创意设计》已申报国家专利。

四、课程育人，引导成长

在征集参加第一届国际青少年科技创意大赛作品的任务驱动下，《自动调光玻璃窗的创意设计》课题组在短时间内由产生创意，到制作出成品，再到比赛现场参加比赛，反映了学生非常强的实践能力。学生在课程的引导下，在教师的指导下，灵活运用所学知识，积极学习未知知识，科学规划课题研究步骤，无论是科学素养、学习能力还是实践能力均得到了很大的提升，体现了课程育人的巨大作用。

自动调光玻璃窗创意研究报告

贵阳市民族中学2017届　项瑞阳

指导教师：杨卓松 吴学荣

摘要：现在市场上出现的调光玻璃是液晶调光玻璃，其主材液晶膜在断电时呈不透明态，通电时呈透明态，使得其同时具有普通玻璃和电控窗帘的双重特点。由于液晶膜的耐温性与耐压性都较低，而其成本和价钱偏高，主要适用于高端市场。偏振片对入射光具有遮挡和透过的功能，我设计的自动调光玻璃窗主要是通过控制器控制旋转偏振片来达到自动调光的目的；在玻璃窗的内侧安装薄膜太阳能电池，目的是把被偏振片遮挡回来的光转化成电能存储起来，满足夜晚对电能的需求，达到节能、环保的目的。

关键词：玻璃窗　自动调光　舒适　环保　节能

一、研究背景

由于各种原因，在教室内学生看黑板时光线时强时弱，极其影响学生的视力。在学习高中物理光的偏振性时我接触到偏振片的相关理论，了解偏振片具有遮挡和透过的功能，我试图利用这一理论设计一种窗子，可以自动调光，自动控制教室的光照度。

二、研究目的和意义

我设计的自动调光玻璃窗可以自动调节室内的光照度，达到人眼感受最舒适的值，不需要窗帘的遮挡。室内舒适的光照环境可以保护学生的眼睛。另外，若把此推广到办公楼、住宅，其舒适、节能、环保的意义更为重大。

三、研究原理

（一）偏振片调光原理

可以使自然光变成偏振光的光学元件叫偏振片。偏振片对入射光具有遮挡和透过的功能，如图1所示，当自然光通过偏振片P后，只有振动方向与偏振片的透振方向一致的光才能顺利通过，其余的光都挡在偏振片之外，即通过偏振片P的光沿某个特定的方向振动，这种光叫偏振光。当偏振光再通过偏振片Q时，若两偏振片的透振方向平行，则偏振光可以通过；若两偏振片的透振方向垂直，则偏振光不能透过Q，即旋转Q可调节偏振光的透过率。

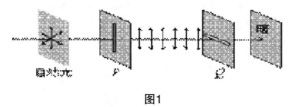

图1

（二）自动调光玻璃窗的结构

自动调光玻璃窗主要由钢化玻璃、偏振片与齿轮组成（如图2）。钢化玻璃在外层，将两张偏振片置内，齿轮与任一偏振片组成一体一起旋转。钢化玻璃保护偏振片不受破坏或雨水等侵蚀和达到隔音效果；齿轮旋转调节偏振片的透振方向，调节光的透过率；钢化玻璃内外侧安装薄膜太阳能电池，把太阳能转化成电能存储在蓄电池里，向教室供电照明。

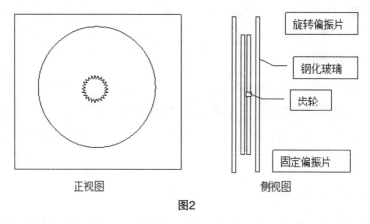

正视图   侧视图

图2

（三）调光控制系统

它由照度计、控制电路组成。照度计检测室内的光照度值，控制电路计算室内照度值大于或小于标准值时，偏振片需要旋转多少角度才能修复到标准值。即照度值等于500LX时，照度计不发信号，偏振片不旋转；大于或小于500LX时，它发出信号给控制电路，控制电路据此计算偏振片需偏转的角度，通过数字转换器转换成电流值，传给齿轮使其准确的旋转角度，达到我们需要的标准值，保障玻璃窗的自动调节功能。

（四）薄膜太阳膜电池存储电能

偏振片旋转调光只有一部分光透过偏振片，其余太阳光却被遮挡，如果把这部分太阳能存储起来用于照明，环保节能。为此我设想把双层薄膜太阳能电池放在钢化玻璃的内外侧：外层薄膜太阳能电池吸收太阳光，内层薄膜太阳能电池吸收被偏振片挡住反射回来的光，把太阳能转化成电能。

四、设计思路

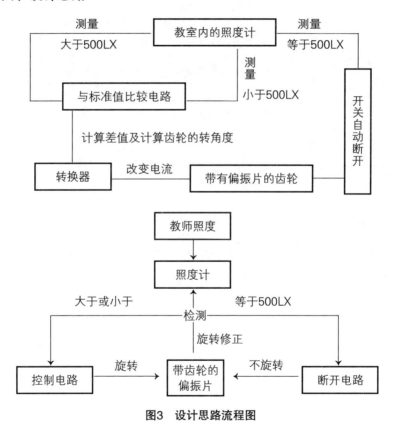

图3　设计思路流程图

五、可行性实验

第一次实验目的：齿轮随电流值的变化旋转不同的角度

改变光照度，光敏电阻的阻值改变，调节电流大小，使齿轮带动偏振片旋转，以此验证偏振片调光的可行性。

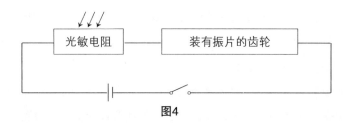

图4

第二次试验的目的：薄膜太阳能电池能否储存电能，并能供小灯泡照明

把薄膜太阳能电池装在玻璃上，在阳光照射下，把太阳能转化成电能，储存在蓄电池中，让小灯泡亮。

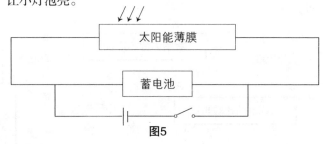

图5

第三次试验的目的：加入控制电路，控制齿轮的旋转

这次试验因为我知识不够，无法画出复杂的电路图，所以没有做出来，我只能画出我的一些设想。

六、研究成果

通过以上研究论证，可得出这个创意是可行的。自动调光玻璃窗主要通过偏振片的转动进行调光，在调光过程中，我们采用测量电路、比较电路、电信号转换电路来控制齿轮旋转，调控教室的照度，达到稳定的光照环境，满足我们上课、学习需要。太阳能薄膜电池又将太阳光和被偏振片挡住反射回来的光转化为电能储存在蓄电池里，能源再利用，节能环保。

七、感悟

通过研究，让我知道研究任何问题都有它的科学性、合理性，不是自己想什么就是什么；通过研究，我学会在网上查阅资料，解决疑惑。在研究中，让我学会与老师沟通，在老师的指导下顺利地完成这次创意设计。这次研究，由于物理知识的欠缺，刚开始把我的创意跟杨老师说的时候，她很赞成我的想法，并不厌其烦地教我不懂的光学知识和电学知识，直到我明白为止，这一切让我很感动，从中我学到了对知识学习的严谨态度，对我以后的学习很有帮助。

　　我也看到了我的许多不足：一、画电路图时，对电路上的符号不是很了解，走了不少的弯路；二、开始对偏振片了解不是很透彻，自动调光功能总不能如愿以偿；三、遗憾成品没有做出来，只能参加创意类比赛。 成品的制作难度在于光照度出现偏差时，怎样通过控制电路来计算齿轮旋转的角度值，通过转换器转化成电流值改变齿轮的旋转角度。这些知识对于高中生的我来说，解决起来非常难，这也是这个创意一直制作不出来的客观原因。

（本课题获2015年第30届贵州省青少年科技创新大赛一等奖）

践行知行合一，课程引领成长

——以"贵阳市花溪区大水沟农村垃圾处理问题及对策"课题为例

张　军　王义兰　赵相黔

摘　要： 我校建设了中学生"领导力开发""创新力培养""民族文化研究"等校本课程。学生在课程的引导下开展课题研究，各方面能力得到提升，形成了爱祖国爱家乡的公民素养。学生为了更好地了解家乡、研究家乡、热爱家乡，把大水沟作为研究对象，形成了《贵阳市花溪区大水沟农村垃圾处理问题及对策》的课题。大水沟乡垃圾处理问题，是中国农村地区的缩影。学生在老师的引导下商讨大水沟农村垃圾处理的对策，并由点到面整理总结出了一套针对农村垃圾处理问题的策略和方法。学校依托课程，引导学生参与社会实践，不仅提升了学生的实践能力，还培养了学生爱护环境、热爱家乡的情怀和社会责任感。

关键词： 课程　引导力　垃圾处理　社会责任感

一、过路并非只是路过

大水沟处于城乡结合部，一次偶然的借道经过使课题组的学生目睹了大水沟垃圾处理不善，造成环境污染的情况（目前已得到根本的改善）。过路不能只是路过，学生决定针对大水沟的环境问题做一番调查，研究制定出大水沟环境治理的办法，当学生提出这个想法以后，我们认为很有研究价值。我们非常高兴地看到学生关注民生、愿意改善大水沟环境污染的想法，但是如果想法仅仅是停留在大水沟环境问题上，未免格局太小，视野狭窄。于是我们建议学生将视野放得更宽些，在我们的建议下，学生调整思路，决定将研究的对象做一下调整，由原先的单一关心大水沟的垃圾处理问题，上升到对全国乡村垃圾处理问题和环境保护问题的关注。校本课程让简单的过路不仅仅是路过，使学生具备发现问题的慧眼，思考问题和解决问题的能力。

二、深入实地调查，践行知行合一

学生的调查研究分为实地调查、网络调查两个部分。

在实地调查中，学生发现大水沟居民居住分散，没有专门的垃圾收集、运输、填埋及处理系统，生活垃圾实行露天倾倒，造成环境污染。虽然社区设有垃圾回收的垃圾池，但是对大多数居民来说，垃圾池过于遥远，所以很多居民选择了将垃圾就近倾倒在街道上、道路边。经过对大水沟垃圾处理问题的初步调查，学生经过分析认为大水沟的垃圾处理不善问题，根本原因在于居民的素质不高，责任意识不强。

学生终归是学生，他们思考问题的深度总是不够的。于是指导教师告诉他们，对任何问题的关注和思考，要将他放到一个更大背景中。比如，对大水沟垃圾处理的研究要从政治、经济、文化等多方面来看，只有观察的面够宽广，才能最大程度发现问题。于是，学生开始研究《贵阳市农村综合环境整治2015年工作计划》（以下简称计划）。课题组发现这个工作计划针对农村垃圾处理出台了很多严苛的规章制度，但是却忽略了从村民家中到垃圾池这一步骤。而这一步恰恰是大水沟乡垃圾污染的重要原因，也是全国农村垃圾管理不善的重要原因。

三、他山之石，可以攻玉

为了继续推进课题研究，为农村垃圾处理探寻到更为切实可行的办法。在指导教师的引导下，学生将目光聚焦到国外，他们通过网络了解了一些国外垃圾成功治理的方法并从中得到了一些启示。在欧盟，政府制定法律将随意倾倒垃圾视为犯罪，并将其记入个人的档案。在美国，通过政策倾斜，鼓励每一位公民都投身于垃圾处理工作中。由此可见，在大水沟以及更广泛的中国农村，垃圾治理最缺乏的不是资金、人力投入，而是村民对参与垃圾处理的重要性和积极性的认识。国外的垃圾处理办法，可以成为我国农村垃圾处理办法的借鉴。

四、我成长，我收获，我快乐

在经历了繁重的实地调查、网络调查、数据分析等研究工作之后，课题组的成员终于圆满完成了研究工作。

课题组将自己的研究成果汇集起来，写了一封信给大水沟行政管理部门。在信中，他们针对大水沟垃圾处理问题提出了五点建议，希望能够从根本上解决大水沟的垃圾处理顽疾，建议得到了积极回应。2016年4月，课题组的研究成果引起了市区政协的高度重视，政协委员在回访大水沟的时候发现大水沟的垃圾问题已经得到了很好的处理，目前大水沟及整个周边区域对垃圾实行网格化管理，大水沟的面貌已经焕然一新。

《贵阳市花溪区大水沟乡农村垃圾处理问题及对策》课题研究的开展，让课题组成员在校本课程的引导下，在指导老师的指导下，在调查研究的方法、思考问题的方式，以及公民素养的形成等多个方面均有收获。由于课题研究的成功，形成了一系列切实可行的解决农村垃圾问题的办法。2016年4月，《贵阳市花溪区大水沟农村垃圾处理问题及对策》课题获得第31届贵州省青少年科技创新大赛一等奖。

五、人生需要课程，课程伴我成长

《贵阳市花溪区大水沟农村垃圾处理问题及对策》课题研究的开展，源于学生对实际生活的关注。学生将课程引入生活，解决实际困难，在教师的引导下开展课题研究，提升了发现问题、思考问题、解决问题的能力。学生在参与课题研究的实践过程中形成了自主学习、自觉思考、能动思辨、同伴互助、团队协作、创新思维的素养，培养了社会责任感。课程应学生需求而生，又引导学生成长。

案例

贵阳市花溪区大水沟乡农村垃圾处理问题及对策

贵阳市民族中学2017届　高凤麟

指导教师：王义兰　赵相黔　张　军

一、研究背景

随着经济的不断发展和农民收入的不断增加，农民消费方式发生了重大变化，工业产品在农民生活中日益增多，生活垃圾成分和含量也在趋向城市化。与此同时，农村生活垃圾的产生量也逐年增加在实际工作中，政府管理部门的执法范围更多地或完全集中在市区、卫星城镇和中心镇，对农村生活垃圾的执法管理处于一种近乎真空的状态，缺少专门针对农村这一特殊环境和区域的生活垃圾治理的相关法律法规，给依法管理带来了困难。对于"地广人稀"的农村来说，基层部门与村民的自治组织在垃圾集中处理上屈指可数的教育引导也并没有起到什么作用，固执的村民们依旧我行我素，随意倾倒垃圾。

我校位于贵阳市花溪区董家堰地段，其旁不到500米的大水沟乡处于花溪与贵阳市城郊结合部，是十分重要的郊区与城区过渡段，在上下学高峰期时，我校部分有私家车的同学会从大水沟乡绕道而行。据这些同学的描述，大水沟乡的道路两旁有严重的垃圾随意堆放的问题，这些垃圾一方面阻碍了交通，另一方面也对大水沟乡造成了环境污染。作为一道城市乡村间的"大门"，大水沟乡代表了花溪区的面貌，同时更代表了贵阳市区边界的整体面貌。对此，我在学习闲暇时到实地展开了调查。

二、研究方法

1.问卷调查法

我向本校随机抽取80名学生，发放有关大水沟乡垃圾处理现状的调查问卷，收回有效问卷20张。从这些问卷中，我了解到了大水沟乡部分垃圾发布点，以及目测该地人口数量等信息。

2.访谈法

本课题的访谈对象为大水沟村民及我校路过大水沟的同学，从他们的口中我更进一步地了解到，大水沟乡垃圾处理间隔时间以及处理力度等。

3.实地调查法

在学习间隙，我前往大水沟村调查卫生状况，与村民进行交谈，在走访几户人家后，得到了许多有用的信息。

4.文献研究法

我从网络上搜索了我国部分首先发展起来农村的卫生治理情况，尤其是垃圾处理方面的成绩；再搜索了国外的优秀治理经验，将之进行比较，在思索后针对大水沟乡的特殊地理位置以及其特殊的垃圾处理现状制作处理计划。

三、实地调查结果

（一）大水沟"垃圾处理"现状调查

在实地调查中我发现，大水沟村民居住较分散，没有专门的垃圾收集、运输、填埋及处理系统，生活垃圾几乎都是随意倒在河塘、路埂、坝头、桥下等处。垃圾侵占公路、蚕食农田、阻塞河道。长此以往，道路两旁成了没有覆土的垃圾填埋场，自然低洼地成了天然垃圾箱，侵占了大量土地，苍蝇、蚊虫等病原体大量滋生。村民说，如果是少量垃圾他们也会自己收拾整理，但现在垃圾太多，即便想自己弄也不知道怎么下手，偶尔会有垃圾车来清理一次，也都不会清理得很彻底，村民们也会因为方便就继续把垃圾堆在路边。

在走访过程中我发现两个垃圾池，相较于路面上成堆的垃圾，垃圾池却是稍显"冷落"而"无人问津"。一旁的村民说，因为垃圾池比较远，路边也没有垃圾桶，所以村民们会约定俗成地把垃圾放在家对面的街道上，一方面方便了许多，另一方面也不会在家中闻到臭味。村民说，村里曾组织过宣传教育不要乱堆放垃圾，甚至推行了罚款制度，也在经常堆放垃圾的地方写各种文明、不文明的标语。然而这些并不能改变什么，村民不会因为充满漏洞的制度以及无力的标语，就提着大袋大袋的生活垃圾走到很远的垃圾池倾倒。

（二）网络调查

1.国外农村垃圾处理和环境治理的启示

了解了大水沟乡的垃圾处理现状后，我在网络上搜索了一些国外成功的治理方法并得到了一些启示。在欧盟的一些村庄里，张贴着"随意乱倒垃圾是犯罪，此类行为将记录在案"的告示。在美国，垃圾公司深入乡村，但是公司的员工都是农民，他们开着小垃圾车，到各家各户收取垃圾。在这些发达国家中也并没有以大量的环卫工具和人力物力来监管，就算是纵观我国目前公认的卫生乡，也没有在垃圾处理上投入很多精力，这些成功的案例都有一个必不可少的因素：参与者的积极性。由此可见，在大水沟村最缺乏的不是资金人力投入，而是村民对于处理垃圾的积极性。

2. 探寻贵阳市相关法律法规的管理

《贵阳市农村综合环境整治2015年工作计划》显示，今年，我市将开展农村环境问题大排查、大清理，完善必要的环卫基础设施，集中解决垃圾杂物、污水横流、乱搭乱建等环境"脏、乱、差"问题，在此基础上打造一批生态文明社区和美丽村庄。到今年底，全市至少300个乡环境状况得到根本改善，基本达到整洁有序、美丽宜居的目标，农村环境综合整治取得阶段性成效。多年来，贵州省贵阳市就一直在处理农村环境问题，政府看见了功能有待发展的垃圾池，并大力推行一池三改；看见了不完善的垃圾整理制度，便调整了垃圾中转站的工作方式；看见了一团糟的分类回收，继而制订了严苛的垃圾回收流程。

四、调查分析结论

贵阳市针对卫生环境问题制订了多项详细的规章制度，但是唯独没有涉及强调从村民家中到垃圾池这一步骤，没有任何明文规定和约定俗成。而这一步骤恰恰是最为缺失的，也是最难整改的。推行农村垃圾集中处置，不仅要改善农村居民生存环境质量差的现状，更深层的是要触及农民的陈规陋习。因此，在农村推行垃圾集中处置需要一个过程。要从转变农民的思想观念入手，通过各种途径，让他们顺从垃圾集中处置的必然趋势，使他们在农村环境卫生的改善中得到实惠。农村环卫投入有待增加，但如何调动村民积极性更有待商讨。于是我得出以下结论：

导致大水沟道路旁垃圾覆盖的直接原因有：教育宣传力度不够；垃圾回收制度的不完善，垃圾回收设备的缺失。

导致大水沟道路旁垃圾覆盖的根本原因有：村民积极性不高；没有垃圾集中处理的意识。

五、建议

由调查可知，当前阻碍农村垃圾处理的最大问题是：农村村民的积极性不高，当地教育宣传力度的缺失以及法律法制的不完善。针对这些问题，我尝试提出以下建议：

1. 增设垃圾桶，完善垃圾池与垃圾回收处理制度，并加大监管力度，领导干部首先做好带头作用。贵阳人口较多，上层干部的监管有不可避免的漏洞，对于大水沟村村民居住分散的情况，不仅要"民官"相互监督垃圾处理工作，更要"官官"相互制约，相互监督工作，以保证垃圾处理工作中可避免的漏洞全部避免，使这项工作做到最佳。大水沟乡的基层干部更要以身作则，努力投身建设乡村事业，不能仅靠他人监督，需要自发地关心关注这些问题，自己提出可实施性强，有特色的规划、制度。贵阳市中心的卫生管理措施并不适用于大水沟乡的实际情况，大水沟乡基层管理部门需要结合自身的实际状况，进行微调整，使纸上的制度真正成为可行性强的措施。

2. 让村民从自身做起，村委会以一家一户为单位，根据村民习惯于将垃圾丢在家对面的陋习划分片区，自主监管该片区卫生以及垃圾箱的使用，如若垃圾箱过满，而环卫工人没有及时整理，可向村委会反映。村委会干部以一两天或三天为周期例行检查，确保工作落实到每一户人家，使每一位村民真正成为村寨主人。

3. 村委会干部须明确奖惩，并坚决执行。在每一次例行检查后登记每户所划分卫生区检查结果，每一个月评选出最卫生家庭，给予奖励，通过这种激励的方式变相保护村民主观上对垃圾集中处理的热情与积极性，以最终形成优良的民风民俗，改变不良的随意倾倒垃圾的陋习。

4. 设立公民举报制度，若发现随意倒垃圾或对其所管辖卫生区域不负责任的情况，可向村委会反映，调查情况属实后可酌情奖励。以此提高居民积极性。

5. 定期举行"中国梦·改变"等类型活动，征集环境卫生、民风民俗改变改进的对比照片或视频文章等。

六、启发

1. 大水沟村的特殊性在于其处于城乡结合部，乡面积较大，村寨多，居民分布广，不便于集中管理，然而卫生管理的普遍性就在于适合统筹兼顾集中管理，针对大水沟乡这样的特殊情况，我们应遵循两点论与重点论，一方面要牢牢抓居民的主动性，做好基层自我管理；另一方面要敦促环保卫生人力物力投入，让居民的主动性得以保留发展，成为习性。

2. 客观因素固然重要，但我们更应该要求主观因素最大限度地发挥其良好的能动影响。

3. 贵阳市创模创卫实行很多年了，可是大水沟还是现状堪忧，并不是创模创卫本身的制度不好，而是大水沟乡更应该结合自身的实际状况，进行微调整。

七、创新点

1. 强调分户自主管理并评选优秀管理户。

2. 培养大水沟乡乡民垃圾集中处理意识。

3. 通过奖励乡民与干部相互监督的方式培养村民垃圾处理积极性。

4. 开展有关活动使自我管理垃圾集中处理成为民风民俗。

5. 大水沟乡垃圾集中处理计划。

6. 以敦促基层政府对该问题的重视让居民的主动性得以保留发展，成为习性。

八、收获与体会

在深入调查以前，我一味地认为只要客观地多增添垃圾桶、垃圾池，努力完善每一个制度，填补每一个空缺漏洞就可以解决垃圾乱堆乱放的问题。后来我在看见两个周围堆满了垃圾而腹中空空如也的垃圾池，以及在与村民中的交谈中明白，不管投入多少人力物力，都无法改变长久以来遗留并日益滋长的陈规陋俗。解决一个问题时，我们不能仅仅从监督人的身上寻找缺点，更应该首先去正视自己的症状。大水沟村民自始至终都不会去考虑集中处理垃圾，不是因为政府引导缺乏，而是因为他们习惯于依赖政府来处理。政府又怎么能天天监管处理到位呢？客观因素固然重要，但我们更应该要求主观因素最大限度地发挥其良好的能动影响。

对于制度方面，贵阳市制定了看似完美的垃圾处理方案，但这只不过是针对市里，人口密集度大的地方。放在大水沟却完全不适用，甚至可以说是浪费财力物力的方案。在这次课题研究中，我明白了再好看的"衣服"也不一定适合自己，我们要结合自身情况，为自己找到完美的"道路"。

通过此次研究我学会了调查研究法、文献研究法，学会了与人交流的技巧和策略，提高了撰写文章的能力。在人文科学的研究当中学会了提出自己的观点并尝试解决一些社会问题。

（本课题获2015年第30届贵州省青少年科技创新大赛一等奖）

从"异想"到"专利"

——以"公路减速带发电装置的创意与设计"课题为例

赵相黔　罗建华　景应国

摘　要： 科学素养是与科学活动有关的综合素养，在"大众创业，万众创新"的今天，是最具竞争力的素养之一。课程引导进行课题研究是培养和提升学生科学素养的有效途径。在这一过程当中，我们从学生对生活中常见现象的观察出发，使学生了解资源的可贵与损耗；科学地对汽车行驶中动能的浪费与转换进行了分析；通过对三个维度的否定巧妙地将减速带设计成发电机并申报了专利，将学生的"异想"变成了"科学发明"。

关键词： 课程　引导力　减速带发电

《公路减速带发电装置的创意与设计》是一个工程发明类课题。通过科学的方法引导学生，将其"异想"变成了"专利发明"。

一、资源可贵与损耗

科学素养是与科学活动有关的一种综合素养，在"大众创业，万众创新"的今天，科学素养是公民最具竞争力的素养之一。在课程引导下进行课题研究是培养和提升学生科学素养的有效途径。2015年9月，高二年级的一个学生通过长期的观察和思考，提出了一个"异想"，利用行驶的汽车发电，再将产生的电能进行储存并进行合理应用，可达到"节约"可贵的能源并减少资源的"损耗"的目的。

这是一个很好的源于生活观察的研究项目，可通过课题研究的方式展开。

二、动能的浪费与转换

科学的研究必定需要科学的原理和科学的方法进行支撑。为了指导学生完成设想，引导学生用科学的方法分析问题。

根据能量守恒原理，让学生仔细观察和分析行驶的汽车能量转换的情况，并根据其观察的结果对其设想进行分析和判断，确定其"异想"的可行性。

通过有目的的观察后，学生发现了行驶的汽车存在动能的浪费与转换的情况：汽车在行驶过程当中并不是都需要发动机提供能量，有时汽车的势能可以转化为汽车的动能，这一情况通常出现在汽车下坡时。这时汽车驾驶员通常的行为是"刹车"，存在"浪费"能量这一问题。

另外学生还查阅了我国公路下坡路段总里程数据，得出如果设计合理的装置收集这些被"浪费"的能量可以达到"发电"目的且经济效益极大的结论。

三、三个维度的否定

学生前期的理论分析是卓有成效的，这是掌握了科学分析方法的结果。为了进一步提升学生的科研能力，我们将课题研究引向了更为深入的层次。

将理论分析变为具体设计，需要科学的设计与实践，而这一过程并非一帆风顺。

学生设计的第一个方案是改装汽车，在汽车上安装下坡发电装置。这是一个并不可行的方案，于是我们引导学生用"缺点分析法"思考这一设计无法回避的缺点有哪些。经过多次引导和启发，学生产生了正确的认识：①这样的改装势必会增加汽车的造价；②产生的电能如果过大将产生无法储存的情况；③对于现有的车辆可能无法进行有效利用。于是学生最终放弃了这一"不合理"设想。

后来学生想到了改造道路，在下坡路段安装发电装置，但随后也被自己用"缺点分析法"推翻了……

经过多次的自我否定，多次讨论和反复引导，学生终于将目光锁定在汽车减速带上。经过仔细分析、认真讨论、科学论证，最终确定了这一科学的项目创意方向。这一过程磨砺了学生坚定的科学研究信念。

四、减速带成了发电机

科学研究要培养学生综合思考问题的能力。这一环节着力引导学生用"并联"的思想综合考虑问题。学生经过反复考虑和仔细推敲，合理地将我国电力资源缺乏、公路里程总量大、下坡路段多、行车存在安全隐患这几个看似毫不相关的问题进行了关联，设计了一套"公路减速带发电装置"，既可以发电提供清洁能源，解决能源问题；又能防止下坡时车速过快，解决了行车安全问题。

科学研究重在细节设计，要培养和提升学生的科学素养，要在设计细节上下足功夫，使其养成严谨细致的科学态度。

学生的第一次设计很简单，在公路下面安装一种"按压式"发电机，每一次汽车经过减速带都会产生"按压"使发电机运行发电，有点类似于按压发电的手电筒。我们引导学生用"缺点列举"的方法进行了自我否定。

接着学生通过查阅文献，改进了发电装置，运用法拉第电磁感应原理，通过棘轮机构单向旋转，使线圈与磁铁产生相对运动，理论上可以产生持续和稳定的感应电流。

发电装置设计成功后继续引发学生思考如何在施工安装装置。

在"缺点否定法"的帮助下，学生经过两次尝试便产生了一个巧妙的设计：在减速带下面连接一根延长连杆，连杆延长至公路旁边与发电装置进行连接。汽车经过减速带后将其动能转化为机械能，再由连杆将机械能传递到发电装置中转化为电能，这样既不会破坏路面又可以发电，维修设备和更换设备的时候也不会破坏到路面的设计。

在这一研究过程当中，学生掌握了一些基本的科学研究方法和分析方法，科学设计能力、科学实践能力等科学素养得到了显著提升。

五、我也有专利了

功夫不负有心人，该项设计获得了2016年4月第31届贵州省青少年科技创新大赛科技创意类一等奖。这是一项具有创新性的设计，故此还申报了专利。

大赛结束以后，学生并未结束思考，他认为如果能够改将"单连杆"改成"多连杆"，会使这项设计更为完美，于是又开始了对"多连杆"的研究。科学创造的意识已经深深植根于学生的头脑中。

六、科学就是异想的实现

培养和提升学生的科学素养不要忽视"异想"。一种异想可能就是一项发明，异想经过认证引导能转换为发明，知识是解决问题的基础，联想是解决问题的方式，实践是解决问题路径，学生有所思，教师有所引，使行有所得！

案例

公路减速带发电装置的创意与设计

贵阳市民族中学2017届　陈宁彬

指导教师：赵相黔　景应国　李　健

摘要： 我国电力资源缺乏，公路里程总量大、下坡路段多，存在行车安全隐患。这是几个看似毫不相关的问题，在本课题的研究当中被合理地进行了关联。我设计了一套"公路减速带发电装置"，既可以发电提供清洁能源解决能源问题，又能防止下坡时车速过快导致的行车安全问题。

一、研究背景

随着经济的发展、社会的进步，人类社会正面临着一系列重大的挑战，全球经济发展，人口迅速增加，需要提供更多的食物、住房和原料和能源。

能源供给不足的矛盾正一天天凸显，全球有20亿人得不到正常的能源供应。这个时候，全世界都把目光投向了可再生能源，希望可再生能源能够改变人类的能源结构，维持长远的可持续发展。

我国的公路里程总量大、行车密度高。根据中国交通运输"十二五"（2011—2015年）发展规划称，到2015年末我国公路网规模将进一步扩大，公路总里程达到450万公里，二级及以上公路里程达到65万公里，国省道总体技术状况达到良等水平，农村公路总里程达到390万公里。

山区公路由于地形、地貌、地质条件等因素的限制，在一些特殊困难路段不得不采用连续长下坡。对行车安全存在巨大的隐患。连续长下坡路段往往是重大、特大恶性交通事故的多发段。国家督办治理的全国29处公路危险路段就有16处属于连续长下坡路段，高达55%，公路连续长下坡路段的行车安全是一个急需解决的问题。

减速带是常见的一种减速装置，其设计原理是通过碰撞损耗部分能量，起到减速作用。如果汽车高速通过减速带会影响乘车舒适性，所以驾驶员会在通过减速带时主动减速。为了行车安全，通常会在下坡路段进行减速操作。

对上述资料进行分析，可以得出以下几个关键要素：能源紧张、公路里程长、长下坡路段多、汽车司机刹车、行车安全。能不能将这几个看似不相关的概念关联在一起呢？于是我提出了如下的创意设计。

二、研究的目的及意义

设计一个利用在公路下坡道路行驶的汽车进行发电的装置，同时这一装置也可以有效地减缓车辆行驶速度，减少交通事故发生的概率。

电能属于清洁能源，这一设计有效地利用了行驶在公路下坡道路上的汽车的惯性，使汽车的势能转化为电能；又能合理地控制车速，达到安全行车的目的。

三、解决问题的原理

1.汽车下坡时能量转化分析

为简便起见，我们假设汽车在下坡路段行驶时驾驶员不加油，不考虑化学能转变为动能这一因素。

汽车在下坡时重力势能会转变为汽车的动能，使汽车的行驶速度加快，如果速度过快会使汽车失控造成危险。这时驾驶员会进行刹车操作达到减速目的，最终将一部分动能转化为热能。

2.公路减速带发电装置的设想

根据能量守恒与转化定律，我认为如果能够在公路上进行合理的设计，完全能够将"多余"的势能转化为电能，也能够保证汽车在不消耗自身能源（不用加油）的情况下安全、正常地通行。

3.公路减速带发电装置的设计思路

在公路坡道的路面上安装"减速踏板"，"减速踏板"在车辆的压力下往复运动，带动电磁发电机进行发电。由整流器利用变速恒幅技术将发电系统发出的交流电整流成幅值确定的直流电，再利用蓄电池将间歇运行行车得到的电能集中起来，得到可以利用的电能。

这一设计思路可概括为：汽车在下坡时的重力势能会转化为机械能，将机械能转化为电能，再将电能进行贮存进行利用；为发电而安装的"减速踏板"具有减速带的作用，增大汽车的阻力，降低车速、减少汽车刹车片的磨损，保证行车安全。

四、实践研究

1.第一次设计（如图一）

我利用汽车下坡时重力势能对踏板的压力将磁铁压到线圈中，再由线圈中的弹簧向上弹回，来回进行切割磁感线运动，由整流器利用变速恒幅技术将发电系统发出的交流电整流成幅值确定的直流电，再利用蓄电池将间歇运行行车得到的电能集中起来，形成可以利用的电能。

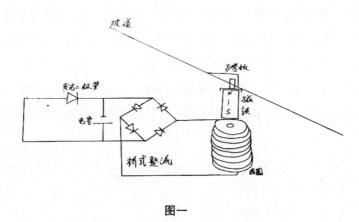

图一

2.第二次设计（如图二）

由于我认为第一次设计的成本太高，并且每辆车经过时所发的电并不多，于是第二次设计相对于我第一次的设计有了一个很大的改变。

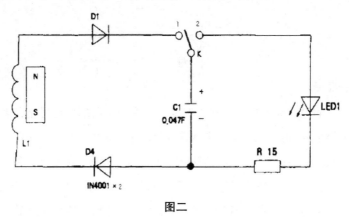

图二

棘轮机构传动结构图确定：

1为弹簧，2为压力摇杆，3为与微型发电机相连的棘轮，4为二级变速圆柱直齿齿轮。（如图三）

压部件2，让部件2绕轴，即部件1做转动。在轴处，安装部件1，可以使得部件2作往复转动。部件2带有和齿轮4相啮合的直齿，齿轮4与3相啮合，棘轮3于微型发电机相固定。齿轮4来回转动，带动3与发电机的永磁体一起转动，棘轮3在此的作用是通过齿轮4的传动使它转动发电，并且只是在汽车压踏板齿条使齿轮正转的情况下转动发电，松开后反转情况下棘轮不反转。

原理：棘轮机构，它由主动摆杆、棘爪、棘轮、止回棘爪和机架组成。主动件空套在与棘轮固连的从动轴上，并与驱动棘爪用转动副相连。当主动件顺时针方向摆动时，驱动棘爪便插入棘轮的齿槽中，使棘轮跟着转过一定角度，此时，止回棘爪在棘轮的齿背上滑动。当主动件逆时针方向转动时，止回棘爪阻止棘轮发生逆时针方向转动，而驱动棘爪却能够在棘轮齿背上滑过，所以，这时棘轮静止不动。因此，当主动件作连续的往复摆动时，棘轮作单向的间歇运动。运用法拉第电磁感应原理，通过棘轮机构单向旋转，使线圈与磁铁产生相对运动，产生感应电流。

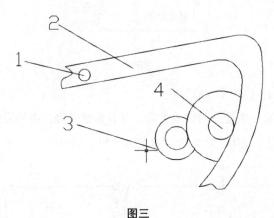

图三

3.第三次设计

我拿着我的设计成果兴冲冲地找到老师，说明了我的设计思路，老师认为我的设计相当有创意，但是同时也指出这仅仅是一个"创意"，不太可能实现，我追问原因，老师认为，这一设计最大的缺陷在于要破坏公路，需要在公路下方重新施工，如果这样的话其成本很有可能远远高于我设计的价值。我陷入了苦恼与沉思，我并不甘心我的"发明"变得不能实现。于是我再次进行了研究与探索。

原理是正确的，思路也是好的。可是为什么不能够实现呢？一定要破坏公路吗？都是能量转换，一定要在路面下方进行吗？为什么不能在公路旁边进行呢？我终于寻找到了实现自己"梦想"的途径。于是有了下面的设计：

在减速带下面用一根连杆将连杆延长（如图四，五，六），把第二次设计的装置延长到公路旁边，汽车经过减速带后将动能转化为机械能，再由连杆将机械能转化为电能，这样既不会破坏路面又可以发电。维修设备和更换设备的时候也不会破坏到路面。

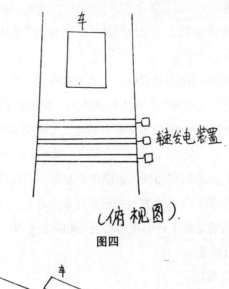

（俯视图）

图四

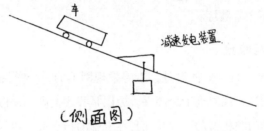

（侧面图）

图五

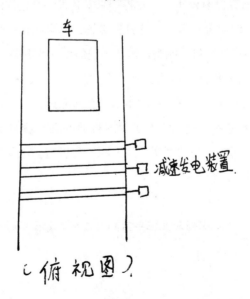

（俯视图）

图六

五、研究成果

通过这一次的实践探究，成功地设计了公路减速带发电装置。该系统的技术要点如下：

1. 在公路下坡路面内适当位置嵌入"减速踏板"，利用行车惯性动能转化为机械能再转化为电能，又能增加行车下坡的阻力，减少交通事故的发生。

2. 由整流器利用变速恒幅技术将发电系统发出的交流电整流成幅值确定的直流电。

3. 利用蓄电池将间歇行车得到的电能集中起来，形成可以利用的电能。

4. 从外观看，安装的发电装置与普通减速带没有太大区别，只是密度大了一些，这样做的原因当然是为了产生更多的电能和降低车速，保证行车安全，普通行车者从心理上可以接受。

5. 对公路不产生破坏。

六、感悟与收获

这是一个天马行空般的设计，查寻发现网上的一个学机械的大学生团队也进行了类似的设计。我感到十分高兴，原因是我才上高二，做了与大学生的毕业论文设计研究的问题相似的设计。而且在老师的指点下，我的设计超过他们的设计，我的成功之处就在于对现有公路不会产生任何破坏。

当然，我的研究没有停止，我觉得如果安装很多套这样的设备应该会提高其成本，我会在放假时研究一下"多连杆"装置，如果能在一个下坡路段安装一个发电装置，用"多连杆"将动能进行传递，我的设计就更完美了。

在此次设计当中我真正地把自己一个"想法"通过科学的方法进行"研究与设计"，这是以前从来没有做过的事情，在研究过程当中我查阅了很多课外书籍，与老师的交流过程当中也掌握了很多科学解决问题的方法，通过第四次设计，我也明白了"理想"与"现实"的差距，我想这会让我的科学探索之路走得更加"务实"一些。

（本课题获2015年第30届贵州省青少年科技创新大赛一等奖）

激发兴趣　引导创新　助推成长

——以"振动发电装置的研究及应用"课题为例

赵相黔　罗建华　景应国

摘　要：兴趣是学习的最大动力。然而在现实中却存在着一个非常普遍的现象：学生缺乏学习兴趣，学习变成了完成父母、老师的任务；学生处于一种被教育、被学习的状态。课程引导激发学生学习兴趣不失为解决这一问题的有效途径。一名学习物理有困难的学生试图研究发明一套"振动发电装置"，在教师的引导下她突破了物理学习的困局，成功完成了设计，进而树立了学习自信心，在这一过程当中培养了一种热爱科学、为科学拼搏的情怀。

关键词：课程　引导力　振动发电　学生成长

《振动发电装置的研究及应用》是一个工程类课题，学生通过对生活中各种现象的观察，结合能量转化原理和基础物理学知识，设计了一个通过"振动"产生电能的装置，并对其应用进行了设想。

一、物理学习是个困局

高中学生普遍感到物理难学，弄清概念难，做题目更难。但事实上大部分学生产生这一困局的真正原因并不是因为物理"难学"，而是学生"怕学"物理。引导学生走出困局主动学习，我们使用了项目推动这一途径。

2015年7月一个学生观察到生活当中很多能量都被"浪费"了，想将生活中被"浪费"的能量收集起来供人们使用，实现节能环保。

这位同学的物理基础知识比较匮乏，属于陷入物理学习困局的学生。她的这一设想又需要大量的高中物理知识进行支撑。合理引导学生进行科学探究，在探究中激发其学习兴趣。

二、研究振动发电装置

引导学生学习科学思考的方法是课题研究的第一步，这一阶段学生了解了科学发明的常见方法，整理了自己的设计思路。试图将"电磁学原理"和"能量守恒原理"进行结合，设计一种应用广泛的"振动发电"装置，将物体"振动"所产生的动能转化为电能并贮存起来供人们使用。

这是一个有创意、有价值、有实用性的科学研究课题。

确定研究方向以后学生展开了研究实践。其研究由两部分组成：设计合理的装置；合理地应用装置。第一步要应用大量物理学知识，第二步要应用大量工程学知识。无论是哪一步都远远超过了学生所掌握的知识。

兴趣是最好的老师！在科学研究和发明的道路上，学生被科学设计特有的魅力所吸引，突破重重障碍，不断扩充自己的物理学知识，用巨大的毅力一步步完成了她的设计。

学生第一次设计的"成果"是将物体"振动"产生的机械能转化为电能的一个简单装置，通过"振动"产生的电能可使LED灯发光。但这个装置还缺乏创新性，更谈不上实用价值。不过学生体验了"成功"，点燃了她持续创新和设计的热情！

第二次设计是在上次设计的装置中连接一个电容，可以储存电能，这样不用一直"振动"，也可使二极管发光。这一设计进步了很多，但是仍然没有达到学生当初的设计要求，于是我们引导学生阅读专业书籍，让她了解到这种装置的电流不稳定，从而推动了下一次的研究。

学生通过查阅资料，找到了解决电流不稳定的方法，于是产生了第三次设计，即在原来的装置中引入"桥式整流装置"。

以学生最初的技术目标进行评价，其设计已经基本达标。且学生已经进入"学有所用，用之有果"的佳境。可是学生科学创造能力似乎被彻底引动了，她又一次进行了自我否定，认为电容不能实现充放电同时进行的功能。这一次她做出了更大的突破，进行了学科横向联系，将化学课学习的蓄电池进行了应用，把电容更改为蓄电池，合理、有效地解决了这一难题。

三、突破学习的困局

学生在这一阶段的研究中"竟然"不知不觉突破了物理学习的困局。不仅掌握了高中阶段"最难"理解的电磁学理论，还进行了有效的突破，学习和掌握了很多书本以外的物理知识。以前看似"天书"的物理学科，现在变得如此简单和亲切。可贵的是，学生的学习能力似乎被激发了，学习兴趣大幅提升，通过一年多的努力，各学科成绩突飞猛进，突破了学习的困局。

四、应用振动发电装置

装置设计的研究已经完成，如何应用这个装置又成了新的研究内容。合理应用装置是一种锻炼发散思维的好机会。学生仔细观察着身边的事物，思考如何在这些事物上科学地加载自己的设计成果。

思考的力量是强大的，她将自己的设计用于跑步机、健身踏步机等，设计了将运动效果用发电量来进行核算的方法以增加运动健身的趣味性。

思考无处不在，看电视时学生也在考虑这种"情境"下能否使用她的设计，设想在动物身上安装"振动发电装置"给小型摄像机或定位装置等设备供电。

创新的能量是无限的，学生观察到学校厕所的门经常被打开、关闭，设想如果在门上安装该装置，得到的电能可用于厕所换气扇的使用。

五、实现学生成长

2016年4月学生带着她的研究项目参加了第31届贵州省青少年科技创新大赛荣获一等奖。比赛本身就是一个开阔视野的过程，大赛后她又提出了新的观点：目前设计的这个发电装置可产生的电压不够高、电流不够强，其适用范围也不大。她决定在假期中学习有关变压器的知识，再次对她设计的发电装置进行"升级"，并对该装置的应用再次进行突破！

通过这次独立的课题研究，学生掌握了发明设计的一般过程和课题研究的整个流程；体会、感受了发现问题和解决问题过程当中的艰辛；培养了创新意识，学会了创新方法，提高了实践能力；在研究过程当通过不断研究，通过不断发现问题并解决问题，逐渐对科学研究产生了深厚的兴趣，有了一种热爱科学、为科学拼搏的情怀，这才是学生成长的精彩所在。

案例

振动发电装置的研究及应用

贵阳市民族中学2017届　周美均

指导老师：赵相黔　罗建华　景应国

摘要： 现代社会电能供给越来越重要。如何将生活中被人们"浪费"的能量收集起来转变为电能供人们使用是我的创意思想。根据"电磁学原理"，我设计了一种应用广泛的"振动发电"装置，将物体"振动"所产生的动能转化为电能并贮存起来供人们使用，可以产生稳定的电流，有很大的实用价值。

关键词： 电磁学　振动发电　应用

一、创意背景

目前，中国缺电现象呈蔓延之势。根据中电联官网公布的《2011年全国电力供需情况及2012年分析预测》，2012年电力需求增长放缓，但火电装机增长慢、电煤供应不足、水电来水不确定性大等因素影响，预计全国电力供需仍然偏紧，区域性、时段性、季节性缺电较为突出。

在这样电能供给相对不足的时代，我能为之做点什么呢？节约用电属于"节流"，有没有"开源"的方法呢？

二、理论依据

通过对电磁感应原理、磁通量等知识的学习，使我明白生活中使用的电能大部分是利用电磁感应原理产生的（太阳能发电、电池等除外），其方法是使导体在磁场里做切割磁感线运动，导体内会产生感应电动势。如果导体是闭合电路的一部分，或者线圈是闭合的，就会产生感应电流。产生感应电流的条件可归结为：穿过闭合电路的磁通量发生变化。

三、创意目的

生活当中的"振动"现象非常普遍，如果能设计出合理的装置，将生活中"浪费"的机械能转化为电能并进行贮存供人们使用，相信可以在一定程度上节约宝贵的电力资源。

四、研究方法

1. 文献研究法：通过学习和查阅物理教材、网上资料了解到了电磁感应原理、磁通量知识及其应用。

2. 理论分析法：根据物理电磁学理论确定的创意的科学性。

3. 假设法：提出创意设想并分析其科学性与实用性。

五、设计过程

1.第一次设计

设计一个将物体"振动"产生的机械能转化为电能的装置，并使发光二极管发光。如图：

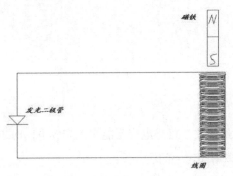

装置的设计得到了老师的肯定，但问题是这个装置市场上已经有了产品，无创新性；且实用价值不大，不"振动"就没有电。

若想使发光二极管持续发光，要不停地"振动"才能实现。这个装置除了可以锻炼身体外好像没有什么用！于是我又开始了第二次设计。

2.第二次设计

为解决实用性这个问题，我决定在装置中连接一个电容，用于储存电能，这样不用一直"振动"也可使二极管发光。设计图如下：

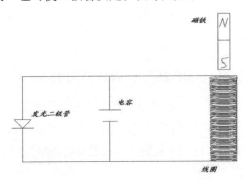

老师对这个装置分析后指出了其中的问题：电流不稳定。

如何获得稳定的电流呢？我通过查阅资料，找到了解决问题的方法，于是有了第三次的设计。

3.第三次设计

为了解决装置中的电流、电压不稳定的问题，经查阅资料发现"桥式整流装置"以解决这一问题。

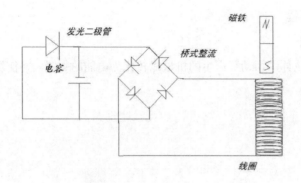

4.第四次设计

虽然大部分问题已经解决，可是电容不能实现充放电同时进行的功能，所以我将电容更改为蓄电池以解决这一问题。

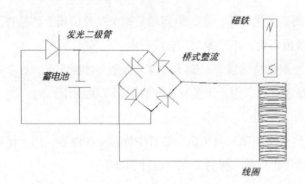

六、装置应用

振动发电装置的应用范围广泛，如可以可用于跑步机、健身踏步机等，还可以将运动效果用发电量来核算。使运动者可以明确知道自己运动后既锻炼了身体，又减轻了体重，还产生了可以使用的电能，甚至可以用自己运动所产生的电能给手机等电子产品充电，这大大提高了运动健身的趣味性。

在看《动物世界》等节目时，经常可以看到科学家在动物身上安装小型摄像机和定位装置等，这些设备的使用是需要消耗电能的，可以安装"振动发电装置"给设备供电。建议将振动发电装置与太阳能发电装置结合起来运用。

再如学校厕所的门经常会被打开、关闭，如果在门上安装该装置，得到的电能可用于厕所换气扇的使用。

七、创新点

1.将平时我们"浪费"的能量进行收集

在生活中我们开车时会有振动，走路时也会有振动，做很多事情都会产生振动。如果把这些"振动"加以利用进行发电，将会产生大量的电能供人们使用。

2.此装置可以提供稳定的电流、电压，实用性强

本装置经过四次改进，从理论上分析可以向外界提供稳定的电流与电压。

3.装置结构简单且适用范围广

装置的结构比较简单，相信如果做出实物体积也应该较小，可以安装在很多地方供人们使用。

八、收获与体会

作为一名高中学生，运用所学到的物理知识，根据现在社会关注的问题，并发挥自己的想象，设计了一套发电装置。在这一过程当中学会了发现问题和解决问题的方法，学会了如何去设计一个简单的电路，如何去写好一篇论文将一个问题解释清楚，在反复修改论文的过程中还锻炼了自己的写作能力。

这一次我独立完成了一个我曾认为很困难的任务，也锻炼了自己克服困难的勇气，培养了创新意识，学会了创新方法，提高了实践能力。

我的研究并没有停止，我觉得这个发电装置可能产生的电压不够高，这样会影响其适用范围。所以我决定在假期中学习一下变压器的知识，再次对这个发电装置进行"升级"，对于该装置的应用再进行一个突破。

（本课题获2015年第30届贵州省青少年科技创新大赛一等奖）

后 记

有心栽花花亦发

魏 林

　　我有一个梦想，梦想所有的孩子都能按照自己的兴趣自由成长；梦想中国的教育都能遵循教育的规律为孩子的成长提供适合其自由成长的土壤；梦想爱与尊重、自由与选择能成为教育的主旋律。

　　当下中国基础教育越来越受到社会普遍关注，教育领域的课程改革正稳步前行，一轮课程改革、二轮课程改革⋯⋯八轮课程改革，教育的华丽转身正越来越接近教育本真，我庆幸自己的梦想离现实越来越近。

　　2010年2月，我怀揣梦想，受组织任命就任贵阳市民族中学校长。几年来，我始终坚持课程是育人的核心、是育人的载体的理念，以"知行合一"的思想办教育，在国家课程、地方课程、校本课程三级课程管理体制下，开齐开足国家课程，体现国家意志；开设实施地方课程，彰显地域文化；开发建设校本课程，构建学校特色，坚持国家课程校本化，地方课程本土化，校本课程创新化。在校本课程的开发建设中，以课题研究为载体，由学生自组团队、自选课题、自选教师开展课题研究。六年来，学生开展的课题研究多达560项，其中获全国性奖39项，获省级奖60项，获市级奖 142项，共241项奖。

　　诚然，获奖是令人喜悦的，但真正让我感到欣慰的是学生在课题研究中的收获与成长。

　　2015年2月26日，我们组织邀请了2010年以来由贵阳市民族中学毕业考入大学的部分学生回母校座谈，学生的发言使我们感到教育梦想正一步一步得以实现。

罗雅馨，2012届高中毕业生，现就读于西南政法大学法律专业。2015年3月，作为西南政法大学优秀学生交流到澳大利亚悉尼科技大学学习。

"高一时参加研究课题《林城"黑的"的调查研究》，我发现'黑的'的存在主要是法制不健全，由此立志学习法律，高考时选择了法学专业"，罗雅馨如是说。

张立旎，2014届高中毕业生，现就读于四川外国语大学编导专业。因实践能力出类拔萃，2015年3月被选中送入英国艾利克斯大学学习英国戏剧专业。

张立旎说："高中时参加了《天使在人间》课题的研究，接触到盲聋哑学校的同学，他们和我们一样同在一片蓝天下，却看不到这个世界的斑斓色彩，听不到这个世界的华美乐章。当时我就立下了要报考编导专业的志愿，利用传媒，要让看不见的人听得见，让听不见的人看得见。"这个人生的规划已经具有了一种大爱情怀和社会责任。

李钏仪，2015届高中毕业生，考入西南大学中文系。她共参加过3项课题研究：《梦想之花，生根发芽》《有多少孩子牵不到妈妈的手——关爱留守儿童》《傈僳族民俗研究》。其中，《梦想之花，生根发芽》是她参与的第一个课题，开启了她的研究之旅，更像帮她打开了一扇大门，门外的世界有困难，更有收获。

"听完老一辈说起这段历史时颇为兴奋，原来离我们那么近的地方发生过这样伟大的事。传播这段历史很有必要，我们深感责任重大，像历史已经装在我们的背包里一样，沉甸甸的。"在《让红十字的光辉永远闪烁在图云关》的课题研究报告里，主笔的同学写下了这样一句话。

类似的案例有太多太多……

我为老师们在通过课程引导学生的同时拓展了自己的视野、提高了自己的能力感到由衷的喜悦，更为孩子们通过课题研究展现出来的责任与使命、成熟与担当感到由衷的欣慰。

开展学校课程建设，指导教师课程引领，引导学生自主探究，我欣喜地发现，培养学生社会责任感、创新精神和实践能力这个育人目标不再是写在书面的一句话，通过我们的培育、课程的引领是可以实现的。

学科知识，奠定基础；课题研究，提升素养；走进社区，学会担当；创意校园，展示风采……一系列综合实践活动课程的开设，用研究性学习方式进行学习突破了教科书是学生世界的局限，形成了世界是学生的教科书的开放格局，学生学会了用科学的、辩证的、理性的思维和方式去关注历史、关注自然、关注社会、关注民生、关注时政，懂得了尊重历史、保护自然、孝老爱亲、团结友善、创新发展的道理，明确了自己未来人生的发展方向，树立正确的人生观和价值观，体现了社会担当和社会责任感，储备了未来发展所需的基础知识和基本技能，实现了学生文化知识与综合素质、学生与教师、学校生活与社会生活的和谐发展，达到了为学生成长奠基的教育目的，最终实现学校教育从书本走向实践、从课堂走向社会、从传承走向创新。

2016年9月

图书在版编目（CIP）数据

课程引导力探究. 案例篇 / 魏林编著. –– 贵阳：
贵州人民出版社, 2016.9
ISBN 978-7-221-13556-8

Ⅰ. ①课… Ⅱ. ①魏… Ⅲ. ①课程—教学研究—中学
Ⅳ. ①G632.3

中国版本图书馆CIP数据核字(2016)第229785号

课程引导力探究·案例篇

魏　林　主编

出　版　人　　苏　桦
责 任 编 辑　　闵　英　张秋菊
装 帧 设 计　　陈　电　王丹丹
出 版 发 行　　贵州出版集团　贵州人民出版社有限公司
地　　　址　　贵阳市观山湖区会展东路SOHO办公区 A 座
印　　　刷　　贵阳德堡印务有限公司
规　　　格　　787×1092mm　1/16
字　　　数　　300千字
印　　　张　　18
版　　　次　　2016年9月第1版
印　　　次　　2020年11月第2次印刷
书　　　号　　ISBN 978-7-221-13556-8
定　　　价　　48.00元